SPD 船体结构设计

主　编　杜友威　曹爱霞
副主编　周新院　李　丹　石　晓

哈尔滨工程大学出版社
Harbin Engineering University Press

内容简介

本书着重阐述船舶各分段结构规范设计的基本知识、设计方法及典型实例,全书包括八章内容,分别是船体结构设计基础、工程管理与船体设置,以及外板和甲板板、船底结构、舷侧结构、甲板结构、舱壁结构、上层建筑与其他结构等模块化设计,每个模块化设计又按照结构设计基础知识、结构受力特点、结构设计要点、尺寸规范计算和结构建模实例教学等内容进行组织,符合船体结构设计的一般流程,可以以此开展船舶结构设计项目化教学。

本书主要作为应用型本科船舶与海洋工程专业教材,也可作为高职院校船舶工程技术专业课程(毕业)设计的参考教材,还可供从事船舶设计的工程技术人员参考。

图书在版编目(CIP)数据

SPD 船体结构设计/杜友威,曹爱霞主编. —哈尔滨:哈尔滨工程大学出版社,2018.7
ISBN 978 – 7 – 5661 – 1973 – 5

Ⅰ. ①S… Ⅱ. ①杜… ②曹… Ⅲ. ①船体结构 – 结构设计 – 计算机辅助设计 Ⅳ. ①U663 – 39

中国版本图书馆 CIP 数据核字(2018)第 135091 号

选题策划　史大伟
责任编辑　雷　霞
封面设计　刘长友

出版发行　哈尔滨工程大学出版社
社　　址　哈尔滨市南岗区南通大街 145 号
邮政编码　150001
发行电话　0451 – 82519328
传　　真　0451 – 82519699
经　　销　新华书店
印　　刷　黑龙江龙江传媒有限责任公司
开　　本　787 mm×1092 mm　1/16
印　　张　12.75
字　　数　337 千字
版　　次　2018 年 7 月第 1 版
印　　次　2018 年 7 月第 1 次印刷
定　　价　40.00 元

http://www.hrbeupress.com
E-mail:heupress@ hrbeu.edu.cn

前　言

　　《SPD 船体结构设计》是一本知识面较广,创造性和实践性非常强的教材。本教材主要围绕船舶结构规范设计所涉及的一些基本问题,结合项目化教学改革的实际经验,按照"理实一体化"的教学模式编写而成。本教材的特色和创新点如下:

　　1. 设计思路新。本教材从船体结构设计的一般过程入手,模块化设计部分按照"船舶结构基础知识—结构设计—实例教学"的设计思路进行内容编排,符合船体结构设计的一般思路和流程,体现了教学过程与生产设计过程的对接。

　　2. 设计规范标准新。教材采用了船舶设计最新的国家标准和中国船级社《钢质海船入级规范》(2015),引入了新的且应用性很强的设计软件——SPD 船舶设计系统,体现了教学内容和企业标准的对接。

　　3. 教学形式新。本教材遵循"理实一体化"的原则,按照船体分段结构展开模块化教学,由浅入深,边讲边练的原则进行编写,有利于组织教学。

　　4. 编写模式新。本教材编写过程中,与上海东欣软件工程有限公司的设计人员进行多次交流,确定了教材的体系和内容,并由企业人员共同承担编写任务,使得该教材与生产实际相符合。

　　本书由青岛黄海学院杜友威、曹爱霞任主编,由青岛黄海学院周新院、李丹、石晓任副主编,由青岛黄海学院田玉芹、孙伟、刘丽丽、杨春萍、吕婧、樊锡勋,威海海洋职业技术学院刘璐,上海东欣软件工程有限公司党军利参编。

　　哈尔滨工程大学船舶工程学院高良田教授担任本书主审并提出了许多宝贵意见,特此致以谢意。

　　由于编者水平有限,书中难免有错误和不妥之处,敬请广大同行和读者给予批评指正,以便在今后的教学过程中及本书再版时得以改正。

编　者

2018 年 4 月

目　　录

第1章　船体结构设计基础

1.1　概　　述

1.1.1　结构设计的主要内容

船体结构设计的主要内容是在满足船舶总体设计的要求下,解决船体结构的形式、构件的尺度与连接等设计问题,保证船体具有恰当的强度和良好的技术经济性能。衡量结构设计质量的优劣,主要从以下几方面来考虑。

(1)安全性。结构设计应保证船舶在各种外力作用下,具有一定的强度,以及必要的稳定性与刚度,不致因构件强度不足或失稳而引起结构的损坏,也不能使变形超过允许范围。同时应使船体结构具有良好的防震性能,使其在各种激振力作用下,不会产生频繁的振动。

(2)适用性。结构的布置与构件尺度的选用应符合营运的要求,例如,对于载运集装箱的货舱,结构的布置应便于装卸货物,居住工作舱室应保证具有适当的高度与通道。

(3)整体性。船舶是一个复杂的水上工程建筑物,各种机器、设备、仪表、家具以及各种系统与结构的布置及所选择的构件尺度有着密切的联系,因此结构设计必须与船舶性能、轮机、设备、电气及通风等设计密切配合,相互协调,分清主次,确保船舶在各个方面都具有良好的工作性能。

(4)工艺性。结构形式与连接形式的选择应便于施工,以提高劳动生产率。在选用结构材料品种时,应适当减少规格,以便于船厂采购和备料。此外,尚应按船厂的设备情况、生产组织管理等特点,合理制订船体建造的方案,采用先进的工艺措施,降低船舶的建造成本。

(5)经济性。在考虑了必要的结构强度、构件的腐蚀余量和使用、维修等方面后,应力求减小结构的质量,材料选用恰当,使船舶具有更好的经济性能。

1.1.2　结构设计方法

船舶具有造价高、使用期长、环境载荷恶劣等特点。在其使用期内可能遭遇到多种事故,这些随机的事故一旦发生,将对结构产生不利影响,导致整个船体结构失去工作能力,造成很大的经济损失。船体结构设计就是对船体结构的构件尺寸,根据所承受的载荷与能力进行计算和校核。主要方法有两大类:确定性设计法和结构可靠性分析法。

1.确定性设计法

确定性设计法基本上又可分为两种,即:

（1）规范设计法

根据船舶主尺度和结构形式，及各种营运、施工要求，按船级社制定的船舶建造规范的有关规定，决定构件的布置与尺度，再进行总强度与局部强度、结构稳定性等校核。若有不足之处，则修改原设计方案或按要求局部加强，重复校核，直至满足。但是规范中的简化公式未能充分考虑结构的详细应力分布、边界条件或结构布置，而为了获得较合理的构件尺寸，在规范中也规定了直接计算法，特别是超出规范适用范围的大型船舶和特殊船舶。这种按照结构力学的方法，根据某部分结构的各类构件的受载情况（载荷也有用概率法确定）、边界条件及构件的特性，将其建立一定的力学计算模型，在规定了构件的许用应力和稳定性标准的前提下，按规范要求校核构件。

（2）直接计算法

由于船型及构件布置的不同，规范不可能罗列全部特征，所以要求基于结构力学的知识，按各种构件和受力情况，直接进行强度计算以求得构件尺度。具有较高的力学合理性，而且可以预先选择目标函数，进行优化设计，最有可能实现的是质量轻。然而，这种计算方法按现有条件难以顾及施工的工艺性，特别是使用上的要求，诸如舱容、腐蚀、维修和航运的要求等，这些都是设计变量的非线性函数，无法用显式来表达，优化的结果往往会陷入局部最优点的搜索，其结果不一定适用，因此近年来国内外在结构优化中开始采用基于知识（Knowledge – Based）的 CAD 法，即基于众多专家的设计经验、规范、标准等的计算机辅助设计。

2. 结构可靠性分析法

在船体结构强度的确定性设计法中，将有关参量都取为定值。所采用的安全系数表现为强度的储备，使人们对结构产生某种安全裕度的印象，甚至使人们产生一种错觉，认为结构是绝对安全不会被破坏的。这种方法沿用已久，用它来检验构件的强度及构件尺寸的设计。然而，船体结构，无论是哪种船型，采用哪种结构形式，都是空间的板梁组合结构。这样，结构中某个构件失效后，内力重新分配，整个结构还能继续工作，要延续到有相当数量的构件失效后，整个结构才失效，结构具有较富裕的安全性储备。这就促使人们研究船体某些构件产生破坏的可能性（尽管这种机会极少），及其对结构损坏的影响，从而形成了采用概率法对结构进行可靠性分析。

结构可靠性是指结构在规定的时间内与条件下完成预定功能的概率，即达到结构的功能极限状态就可以认为结构失效。

此外，一个结构系统某些独立构件的失效并不一定产生有害影响，而对于一个静定结构的失效可能会产生致命的后果。这就导致了风险评估技术的出现，它是综合安全评估（Formal Safety Assessment，FSA）的重要步骤。

风险评估是结构系统可靠性方法与结构损伤冗余设计的一个合理延伸与综合。近年来，结构系统风险评估与决策建议在船舶与海洋工程领域中的应用正逐步引起人们的重视并得以推广。世界上主要船级社已制定了风险评估方法与准则的规范性文件。

1.2　船体结构设计的一般规定

1.2.1　船舶形式的分类

1. 按航行区域分类

航区不同,对船体结构的要求亦不相同,一般可分为下列3种。

(1)无限航区的海洋船舶

这类船舶可航行于世界上任一地区。由于航程长,海况复杂,因此,对结构强度等方面要求较高。

(2)限定航区的沿海船舶

这类船舶仅航行于某些限制的特定海域,对结构强度等要求可较上一种为低。有的船级社又将这类沿海船舶细分为近海航区、沿海航区与遮蔽航区等3种。中国船级社对这3类航区的划分如下:

①近海航区　系指中国渤海、黄海及东海距岸不超过200 n mile的海域;台湾海峡、南海距海岸不超过120 n mile(台湾岛东海岸、海南岛东海岸及南海岸距岸不超过50 n mile的海域)。

②沿海航区　系指台湾岛东海岸、台湾海峡东西海岸、海南岛东海岸及南海岸距岸不超过10 n mile的海域和除上述海域外距岸不超过20 n mile的海域;距沿海有避风条件且有施救能力的岛屿海岸不超过20 n mile的海域,但对距海岸超过20 n mile的上述岛屿,将按实际情况适当缩小该岛屿周围海域的距岸距离。

③遮蔽航区　系指在沿海航区内,岛屿与海岸、岛屿与岛屿围成的遮蔽条件较好、波浪较小的海域。在该海域内岛屿之间、岛屿与海岸之间的横跨距离不应超过10 n mile。

(3)特殊航区的船舶

这类船舶主要限于江、河、湖泊、水库等特殊水域中航行。

船舶又可以根据航区或水域的冰情,细分为有冰区加强者和无冰区加强者。前者可航行于冰区,后者只能在解冻期内航行。

上述类型的船舶的船体结构尺寸将取决于各航区的波浪、腐蚀及维修等情况,各国船级社均制定相应的规范或规定。

2. 按船舶用途分类

除特种用途的船舶,例如破冰船、起重船、挖泥船、拖船、调查测量船、实习船、车客渡船等外,船舶一般按用途分为客船和货船。货船又按运输货物的品种,分为装干货和装液货的两大类。前者又可分为装散货与装包装货两种,诸如运煤船、运粮食船、运矿砂船等的散装货船及集装箱船,后者又可根据不同的液货品种分成装水、装油及装气等数种,诸如运水船、油船、化学品船、液化气体船等数十种。由于载运货物不同,对其结构强度、结构形式、构件的腐蚀余量及其船用钢材等方面有不同的要求。

3. 按船体的材料分类

船舶按船体材料,主要分为金属材料的船舶和非金属材料的船舶两大类。

(1)金属材料的船舶

目前世界上多数船舶是采用金属材料制造的,而且使用最普遍的是低碳钢。随着冶金工业的不断发展与船型的开发,在船舶建造中,采用高强度钢的日益增多。高强度钢用于主船体某些受力较大的部位,化学品船的货舱还需采用耐腐蚀的不锈钢材料。

(2)非金属材料的船舶

①木船　木质船舶种类繁多,是能用于内河航运和江河与沿海的船舶。其结构采用木料建造,亦有采用钢骨木壳建造的。

②水泥船　有钢丝网水泥船与钢筋水泥船等。前者可用于建造内河拖轮、驳船等;后者适用于建造趸船、浮船坞等。

③玻璃钢船　目前限于制造救生艇、游览艇和赛艇等。

4. 按船体的结构形式分类

(1)横骨架式

此种结构形式的构件沿船长方向布置得密,而沿船宽方向布置得稀。通常中小型船舶的结构和船体首尾部采用这种结构形式者居多。

(2)纵骨架式

此种结构形式的构件沿船长方向布置得稀,而沿船宽方向布置得密。一般大型船舶货舱部分(诸如甲板、舷侧与底部结构)采用这种结构形式。

(3)混合骨架式

船体构件的布置既有横结构,也有纵结构。较典型的是底部和强力甲板采用纵骨架,而舷侧采用横骨架。散装货船、集装箱船和车客渡船多采用这种形式。

1.2.2　确定结构尺寸的主要要素

关于船体构件尺度的设计及其计算方法见本章以后各章节,本节仅叙述与确定构件尺度有关的几个要素。

1. 载荷与强度标准

(1)载荷的性质与类型

船舶承受的载荷有整体性的,亦有局部性的。整体性的载荷由船体整个结构来承受,如设计不良,将导致严重事故;局部性的载荷则由局部构件承受,局部构件设计不好也会产生损伤,在一定程度上会影响使用,如局部构件损伤所产生的裂缝蔓延,也会造成严重的事故。

表 1-1 为船舶在建造与营运过程中所受主要外载荷的类型。船舶承受的外载荷既有动力的,也有静力的。特别是船舶营运过程中受力异常复杂,而且具有随机性,为了便于分析与计算,做了某些假定。例如,构件受多种载荷时,可按每种载荷计算结果叠加;随机载荷分布函数可采用韦勃尔分布(Weihull)、瑞利分布(Rayleigh)等。

表 1-1　船舶所受主要外载荷的类型

船体承受载荷	载荷的类型
建造过程	加工与焊接的剩余应力； 变形校正应力； 吊运力； 坞墩或龙骨墩搁置力； 下水时水的冲击力
营运过程	静力： (1)船舶本身重力和装载重力； (2)静水加波面水压力； (3)冰块挤压力； (4)码头作业引起的不平衡力
	动力： (1)波浪冲击力； (2)船舶运动的惯性力； (3)振动惯性力
其他情况	(1)触礁或搁浅； (2)破舱后局部构件所承受的破舱水压力

资料来源:《船舶设计手册》。

(2)强度标准

为了设计构件的尺度或校核结构的强度,根据海况资料、船舶营运的经验、实船或模型的试验结果,加以理论上的分析与研究,制定出一套载荷、计算方法与许用应力相对应的强度标准,作为判别结构强度的依据。在按规范设计时,各构件尺度可按相应规范的计算方法确定,因为船级社制定的规范已综合考虑了载荷与强度标准要求。

2. 船舶主尺度与船型系数

(1)船舶主尺度

①船长 $L(\mathrm{m})$　沿设计夏季载重线,由艏柱前缘量至舵柱后缘的长度;对无舵柱的船舶,由艏柱前缘量至舵杆中心线的长度;但均不得小于设计夏季载重线总长的 96%,且不必大于 97%。

②船宽 $B(\mathrm{m})$　在船舶的最宽处,由一舷的肋骨外缘量至另一舷的肋骨外缘之间的水平距离。

③型深 $D(\mathrm{m})$　在船长中点处,沿船舷由平板龙骨上缘量至上层连续甲板横梁上缘的垂直距离;对甲板舷边为圆弧形的船舶,则由平板龙骨上缘量至横梁上缘延伸线与肋骨外缘延伸线的交点。

④型吃水 $T(\mathrm{m})$　在船长中点处,由平板龙骨上缘量至夏季载重线的垂直距离。

(2)船型系数

船体结构设计中最重要的船型系数是方形系数,它由下式确定:

$$C_B = \frac{\nabla}{LBT}$$

3. 构件的类型

船体结构构件可分为纵向(沿船长方向)和横向(沿船宽方向)两大类。为了便于分析,人为地将纵向构件区分为下述 4 种:

(1)第 1 类纵向构件

只承受总纵弯曲,如不装货的上甲板,该类构件所承受的总纵弯曲应力为 σ_1。

(2)第 2 类纵向构件

同时承受总纵弯曲应力 σ_1 和板架弯曲应力 σ_2,如底部结构的纵向桁材所承受的应力为 $\sigma_1 + \sigma_2$。

(3)第 3 类纵向构件

同时承受总纵弯曲应力 σ_1、板架弯曲应力 σ_2 与纵骨本身的局部弯曲应力 σ_3,如船底纵骨所承受的应力为 $\sigma_1 + \sigma_2 + \sigma_3$。

(4)第 4 类纵向构件

同时承受总纵弯曲应力 σ_1、板架弯曲应力 σ_2、纵骨局部弯曲应力 σ_3 和板本身的局部弯曲应力 σ_4,如纵骨架式的板所承受的应力为 $\sigma_1 + \sigma_2 + \sigma_3 + \sigma_4$,而横骨架式的板,因这类构件的 $\sigma_3 = 0$,所以它所承受的应力仅为 $\sigma_1 + \sigma_2 + \sigma_4$。

4. 船中剖面模数

船中剖面模数表征船体的总纵强度,可近似写为

$$W_{min} \approx 7.90 L^{\frac{5}{3}} BT$$

若部分采用高强度钢材料时,应考虑 0.625 ~ 0.8 的折减系数。

5. 局部强度

(1)板架强度

板架是由两向正交梁系、板和支撑周界组成的结构,共同承受外载荷。板架的强度取决于板架尺度、两向梁的数量、布置与刚性比、外载荷,以及板架的支撑情况。

(2)普通骨材强度

普通骨材(肋骨、纵骨、横梁、扶强材等)局部弯曲强度取决于外载荷、骨材的跨距与两端的支撑情况。

分析表明:对于承受横向载荷不大的纵骨,如上甲板纵骨,稳定性是决定构件尺度的主要因素;而承受较大横向载荷的纵骨,如船底纵骨,则强度条件是决定尺度的主要因素。

(3)板的局部强度

船体的板格一般视作支撑在刚性周界上,承受横向载荷或轴向力的刚性板。在计算板的强度时,将板视作刚性固定于其周界上,而在校验板的稳定性时,则认为自由支撑于其周界上。

6. 构件的带板

在计算船体构件的剖面模数和惯性矩时,应计入一部分与构件相连的板(如甲板板、外板、内底板、舱壁板等),即带板。带板的厚度取附连板的厚度,如附连板厚度不同,则取其平均厚度。带板的宽度主要是按该构件的具体计算要求而选取。考虑构件稳定性时,带板的宽度为 $36t$(t 为带板厚度)。

7. 钢材的选用

(1)船体构件的材料级别的钢级

我国《钢质海船入级规范》(下文简称为《钢规》)将一般船体结构划分为 A、B、D、E 四个钢级。在常温下,当船长大于或等于 90 m 时,船体结构用钢应符合表 1-2 的要求。当船长小于 90 m 时,船体结构用钢一般可以使用 A/AH 钢级。为了防止断裂,全船不同部位的船体构件按其所承受的应力情况分为 3 个类别,即次要类、主要类和特殊类。船体各强力构件的材料级别应不低于表 1-2 的规定。表内没有列入的构件一般可以使用 A/AH 钢级。

表 1-2　材料级别和钢级的使用

构件类别	构件名称	材料级别或钢级	
		船中 0.4L 内	船中 0.4L 外
次要类	(1)纵舱壁板,除主要类要求者外 (2)露天甲板板,除主要类和特殊类要求者外 (3)舷侧板	Ⅰ	A/AH
主要类	(1)船底板,包括平板龙骨 (2)强力甲板板,不包括特殊类要求的甲板板 (3)强力甲板以上的纵向连续构件,不包括舱口围板 (4)纵舱壁最上一列板 (5)垂直列板(舱口纵桁)和顶边舱的最上一列斜板	Ⅱ	A/AH
特殊类	(1)强力甲板处的舷侧顶列板① (2)强力甲板处的甲板边板① (3)在纵舱壁处的甲板列板② (4)集装箱船和其他有类似舱口角隅处与舷侧之间的强力甲板板③ (5)散货船、矿砂船、兼用船及其他有类似舱口的船舶在货舱口角隅处的强力甲板板④ (6)舭列板⑤⑥ (7)长度超过 0.15L 的纵向舱口围板⑦ (8)纵向货舱舱口围板的端肘板和甲板室过渡⑦	Ⅲ	Ⅱ(船中 0.6L 外为Ⅰ)

注:

①船长大于 250 m 的船舶,在船中 0.4L 范围内选用应不低于 E/EH 钢级;

②不包括双壳船在内壳纵舱壁处的甲板板;

③在货舱区域的长度范围内选用应不低于材料级别Ⅲ;

④在船中 0.6L 区域内选用应不低于材料级别Ⅲ,在货舱区域的其余长度范围选用应不低于材料级别Ⅱ;

⑤船长小于 150 m 且整个船宽范围内设有双层底的船舶,舭列板可以选用材料级别Ⅱ;

⑥船长大于 250 m 的船舶在船中 0.4L 范围内,舭列板选用应不低于 D/DH 钢级;

⑦选用应不低于 D/DH 钢级。

下面是《钢规》中关于材料级别选用的一些规定：

①船体构件应根据其所对应的材料级别和所取的厚度选用钢级,见表 1-3。

表 1-3　各材料级别要求的钢级

材料级别	I		II		III	
板厚 t/mm	低碳钢	高强度钢	低碳钢	高强度钢	低碳钢	高强度钢
$t \leqslant 15$	A	AH	A	AH	A	AH
$15 < t \leqslant 20$	A	AH	A	AH	B	AH
$20 < t \leqslant 25$	A	AH	B	AH	D	DH
$25 < t \leqslant 30$	A	AH	D	DH	D	DH
$30 < t \leqslant 35$	B	AH	D	DH	E	EH
$35 < t \leqslant 40$	B	AH	D	DH	E	EH
$40 < t \leqslant 50$	D	DH	E	EH	E	EH

②用于制造艉柱、舵、挂舵臂和艉轴架的板材一般应不低于由材料级别 II 所对应的钢级。对于承受集中力的舵结构(如半平衡舵的下舵承或平衡舵的上部分)应取材料级别 III。

③在船中 0.4L 区域内,凡采用钢级 E/EH 或材料级别 III 的单列板的宽度应不小于 800 mm +5L,但不必大于 1 800 mm。

④用于增强构件的材料级别,以及用于焊接连接件的材质(低碳钢或高强度结构钢),例如流水沟的扁钢或舭龙骨,通常应与该处的船体外板相同。

⑤集装箱船的中部 0.4L 区域内的强力甲板、舷顶列板及抗扭箱形结构所用的材料级别,在整个货舱区域内应保持不变。

⑥在具有艉楼的液货船上,艉楼前的强力甲板向前延伸至任何泵舱开口的周围,其材质应保持一致。

⑦在船体结构为 T 形或十字形接头,且使用全焊透焊接处和板材在板厚方向承受重大拉应力的构件,建议采用具有全厚度特性的 Z 向钢板。

《钢规》还对冷藏室结构用钢和冰区航行船舶结构用钢提出了特殊要求,这里不再详述。

(2)材料的选用原则

选用船体构件材料主要是考虑经济性,在保证船体强度和使用要求下尽量减少船体结构质量,以提高船舶的载重量。

选用船体构件材料在很大程度上取决于船舶的大小。就民用运输船舶而言,小型船舶采用高强度钢好处不大,800 箱以上的集装箱船及船长大于 150 m 的船舶才考虑采用高强度钢。

一般船用高强度钢的屈服极限为 315 ~ 390 N/mm²。由于高强度钢的弹性模数并未提高,而且其抗腐蚀性与低碳钢基本相同,因而即使高强度钢的屈服极限有相当大的提高,但构件尺寸的减小使得疲劳强度相应地下降。

一般高强度钢多用于主船体的强力构件上,对大型船舶(载重量 10 万吨以上的散货船与油船、1 000 箱以上的集装箱船),为了减少船体结构质量,除了货舱部分的纵向构件采用高强度钢外,某些横向构件(如横舱壁结构、强横梁、肋板等)也采用。

(3)材料的换算系数

船体构件尺度大都是按规范设计的,规范所规定的构件尺度是以低碳钢为基础的,因而采用高强度钢时,必须注意高强度钢的材料换算系数。对于屈服极限在 235 ~ 390 N/mm² 范围的高强度钢,材料换算系数 K 值见表 1-4。

表 1-4　材料换算系数

$\sigma_s/(\text{N} \cdot \text{mm}^{-2})$	K
235	1.00
315	0.78
355	0.72
390	0.70

1.2.3　结构布置的一般原则和规定

结构的布置,将直接影响船体结构的强度、质量及工艺性等,必须高度重视。这里,仅从强度方面考虑应遵循的一些基本原则,以便对此有一个总的概念。

1. 结构的整体性原则

在结构设计时,应遵循的基本原则是:有关构件应布置在同一平面内,以组成封闭的整体框架结构,起到共同承受载荷的作用。例如,甲板纵桁—横舱壁竖桁—内龙骨或底纵桁,甲板纵骨—横舱壁垂直防挠材—内底纵骨、船底纵骨,肋板—肋骨—横梁,舷侧纵桁—横舱壁水平桁—纵舱壁水平桁等。

2. 受力的均匀性和有效传递原则

结构构件的布置要尽可能均匀,以避免构件规格太多或是造成材料的浪费。此外,结构应保证某一构件承受外力后,能有效地将力传递到邻近的结构构件上,以避免某一单独的结构构件承受外力。例如,支柱的上、下端应固定在纵、横强骨架交叉的节点上,并且上、下支柱应尽可能布置在同一垂直线上,使支柱所承受的力能有效地传递给甲板及船底结构;当甲板或船底为纵骨架式时,舷侧普通肋骨的端部应以肘板与邻近的甲板及船底纵骨相连;当舷侧采用普通肋骨与强肋骨交替建造时,一般应设舷侧纵桁,使普通肋骨承受的载荷能通过舷侧纵桁传递给强肋骨。

3. 结构的连续性和减少应力集中原则

构件的布置应力求保证其连续性,尽可能避免构件突然中断。必须保证尽可能多的主要纵向构件连续贯通至艏、艉,如有困难,纵向强骨架应中断在横舱壁或横向强骨架上,并在横舱壁的另一边,设置至少延伸两个肋距的肘板。在同一船体横剖面内,不允许有超过 1/3 的甲板纵骨或船底纵骨中断,也不允许有多于两根的甲板或船底纵向强骨架间断,纵向构件中断的剖面彼此至少相距两个肋距,并要特别注意在大开口处的船体剖面上和高度应力集中的区域,绝对不允许中断船体纵向构件。在艏、艉应由纵向骨架式向横骨架式逐渐过渡。

为减少应力集中,所有船体构件的剖面形状应平顺过渡。例如,在甲板、平台、内底板、纵舱壁间断处,应装设肘板或其他结构使剖面逐渐消失;骨架梁腹板高度变化时,应有一过渡区,该区段的长度一般应不小于相邻腹板高度差的5倍。

4. 局部加强原则

在设计过程中,对那些在使用中要承受较大局部载荷的结构则进行适当的局部加强。例如,船首承受波浪砰击区域,艉部承受螺旋桨工作时水动压力处的结构,船上吊杆、桅杆、救生艇架、系缆桩、炮座等与船体相连接处的结构,以及航行冰区的船舶承受冰块挤压和撞击区域的结构,均应做适当的加强。各规范对此均有规定。

5. 基本规定

各规范对结构布置都有一些具体规定,见表1-5。为保证船舶的安全,海船应尽可能从防撞舱壁到艉尖舱壁设双层底。客船当船长 $50\,\text{m} \leqslant L < 61\,\text{m}$ 时,至少应自机舱前壁至防撞舱壁或尽可能接近该处之间设双层底;当船长 $61\,\text{m} \leqslant L < 76\,\text{m}$ 时,至少应在机舱以外设置双层底,并应延伸至防撞舱壁及艉尖舱壁或尽可能接近该处;当船长 $L \geqslant 76\,\text{m}$ 时,应在船中部设置双层底,并应延伸至防撞舱壁及艉尖舱壁或尽可能接近该处。

表1-5 结构布置的基本规定

构件名称		海船	内河船
肋骨或纵骨间距		标准间距 $S_b = 1.6L + 500\,\text{mm}$; 最大间距不超过1 m; 艉尖舱内不超过600 mm; 防撞舱壁距艏垂线 $0.2L$ 区域不超过700 mm; 离艉垂线 $0.15L$ 至艉尖舱壁间不超过850 mm	一般不大于600 mm
内龙骨		$B \leqslant 9\,\text{m}$ 两侧至少各一道; $9\,\text{m} \leqslant B < 16\,\text{m}$ 两侧至少各两道	$L > 30\,\text{m}$,间距$\leqslant 2.5\,\text{m}$; $L \leqslant 30\,\text{m}$,间距$\leqslant 2.0\,\text{m}$
旁桁材	横骨架式	$10\,\text{m} < B \leqslant 18\,\text{m}$ 两侧至少各一道; $B > 18\,\text{m}$ 两侧至少各两道; 在艏 $0.2L$ 内间距$\geqslant 3$ 个肋距	间距$\leqslant 4\,\text{m}$
	纵骨架式	$12\,\text{m} < B \leqslant 20\,\text{m}$ 两侧至少各一道; $B > 20\,\text{m}$ 两侧至少各两道; 在艏 $0.2L$ 内间距$\geqslant 4$ 个肋距	间距$\leqslant 4.5\,\text{m}$
双层底高度		$h \geqslant 700\,\text{mm}$,且不小于 $h_0 = 25B + 42d + 300\,\text{mm}$ 其中 B 为船宽,m;d 为吃水,m	$h \geqslant 800\,\text{mm}$; 平底船一般 $h \geqslant 700\,\text{mm}$

表 1 –5(续)

构件名称		海船	内河船
单底实肋板	横骨架式	每 1 肋位设置	每 1 肋位设置
	纵骨架式	一般不大于 3.6 m;在机舱至少每隔 1 个肋位设置,在主机座、锅炉座、推力轴承座下每 1 肋位上应设置;横舱壁及支柱下应设置;在艏 0.2L 区域内应每隔 1 个肋位设置	一般间距≤2.5 m;在机舱间距≤1.25 m
	防撞舱壁	距艏垂线不小于 0.05L;对 L > 200 m 的船舶,应不小于 10 m;但均不大于 0.08L;对球鼻艏可适当减小	L > 30 m,在距艏垂线 0.05L ~ 0.1L 内设置;L ≤ 30 m,距艏垂线应不大于 3.0 m

　　总之,船体结构设计的一般流程大体经历这几个过程。首先,选择合适的结构形式,确定肋骨间距;然后,可按外板、甲板、船底骨架、舷侧骨架、甲板骨架及支柱、舱壁、艏艉柱、艏艉结构、上层建筑及甲板室、机炉座、总纵强度校核等顺序,查规范公式进行计算,并最后选定结构尺寸,此时,需要循环反复此过程。例如,计算强力甲板厚度时,需要纵向连续的甲板骨架尺寸,而确定甲板骨架尺寸时又需要甲板厚度(作为骨架的带板)的资料,同时还要校验船体剖面模数是否满足纵向强度的要求。

　　此外还要注意,规范规定的尺寸是保证船舶安全可靠的最低标准,最后选定的尺寸还要根据船舶的实际使用要求而适当调整。

第 2 章　工程管理与船体设置

本教材所用软件为上海东欣软件工程有限公司开发的 SPD 船体设计系统。船体设计系统根据船体设计要求(包括船体总布置图、基本设计图、分段划分图、技术规格书、有关规范规则、建造方针、施工要领,以及由 HDSHM 船体线型三向光顺系统生成的船体型线等),采用图形交互的方式,进行三维的船体结构产品数据模型的建模,在计算机中先造出这艘船来。

系统可以生成以下内容:

(1)船体结构产品数据库。存放平面板架、曲面板架等船体结构的数据。船体结构产品数据带有拓扑关系数据。

(2)船体三维实体模型。屏幕显示的船体三维实体模型实现了交互设计,并为设计者提供了观察船体结构产品数据的窗口。船体三维实体模型也可作为管系设计等系统的船体背景。

(3)船体图纸。包括船体分段图等各种船体图纸。船体图纸符合船体制图标准。

(4)提供给 HDSHM 船体建造系统的零件文件及必要的数据文件,使船体设计与船体计算机辅助建造系统无缝连接。

系统的主要功能如下:

(1)船体项目设置功能。包括坐标定位面设置、模型设置、基本船体曲线设置、船体标准设置等功能。

(2)平面板架建模功能。包括分段定义、板架属性定义、边界定义、板缝定义、板零件定义、内孔定义、边界孔定义、扶强材定义、面板定义、折边定义、切口定义、补板定义、肘板定义、辅助画线等功能。

(3)曲面板架建模功能。包括船体曲线定义、曲面板缝定义、曲面板定义、曲面型材定义、曲面板架定义等功能。

(4)肘板建模功能。通过参数化建模的方式进行肘板定义。

(5)船体图纸生成功能。生成满足船体制图标准的截面图,提供标注添加和图形处理,得到船体图纸。可以生成分段结构图、工作图、外板展开图。

(6)数据报表功能。能生成结构属性表、重力重心表、零件装配明细表。

(7)船体零件生成功能。包括曲面板缝数据提取、曲面板数据提取、板材船体零件展开、板材和型材零件数据文件生成。

(8)船体装配计划功能。包括船体装配树生成、船体装配图生成、船体分段零件装配明细表生成、焊接计算。

(9)与舾装设计系统的接口功能。

(10)利用 AUTOCAD 图纸的快速建模功能。通过拾取 AUTOCAD 的 DWG 文件中的板架、扶强材、肋骨、纵骨等的图形,快速建模。

(11)通用功能。包括工程管理、图册和模型的管理、模型的查询、消隐的功能、模型的三维浏览等功能。

2.1　系统运行界面

启动船舶设计系统,出现如图 2-1 所示启动界面。

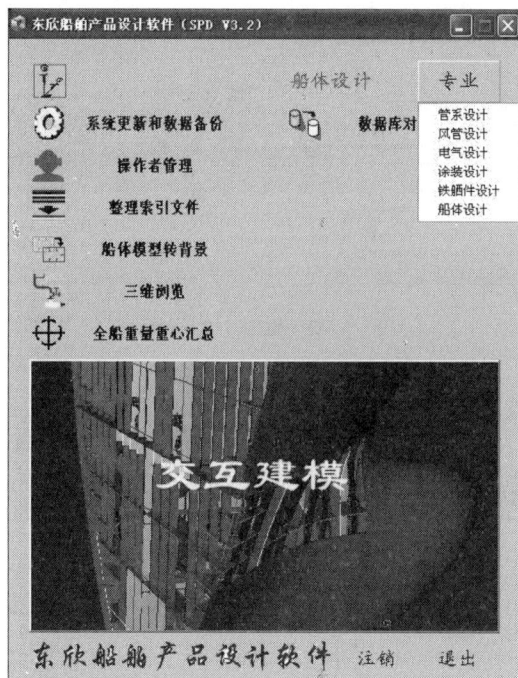

图 2-1　SPD 登录界面

在"专业"菜单中选择"船体设计"专业,船舶设计总系统界面即变换成船体设计专业的总控界面,里面布置有船舶设计总系统的通用功能按钮以及船体设计专业的专用按钮。单击"交互建模"按钮,即可进入船体设计系统的交互建模窗口,出现的系统界面如图 2-2 所示。

船体设计系统与舾装设计系统同属一个总的船舶设计系统,因此,与船舶设计系统的其他组成系统具有相同的图形平台和风格。

在船体设计状态下,界面上的一级功能按钮如图 2-3 所示。

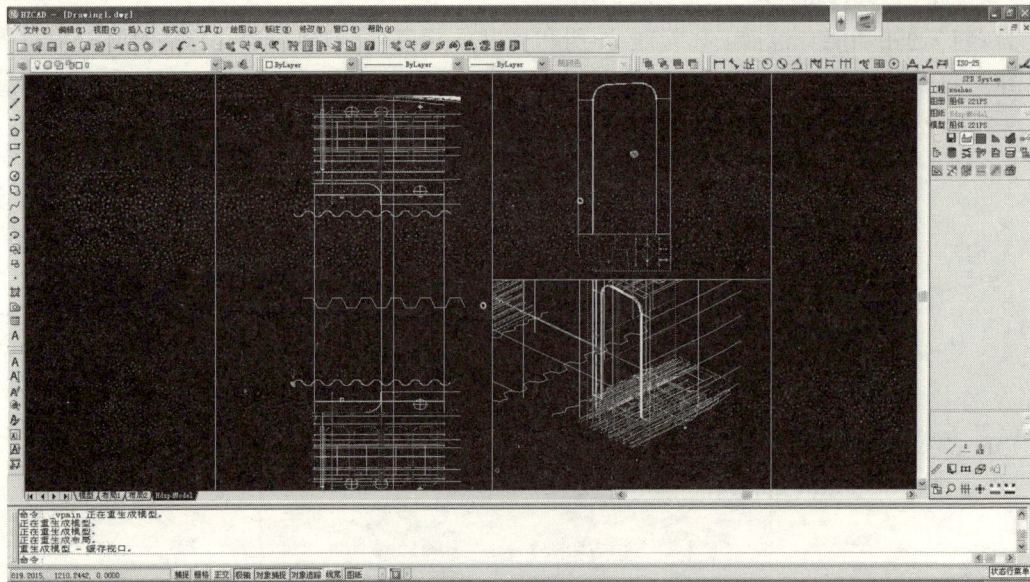

图 2-2　SPD 建模界面

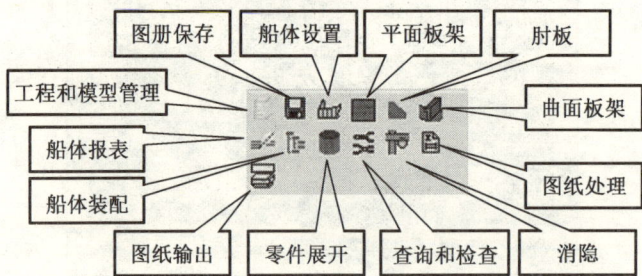

图 2-3　SPD 一级功能按钮

2.2　工　程　管　理

2.2.1　选择或创建工程

我们把一条船称为一个工程。

点击"工程管理"按钮,进行工程的选择或创建。但当前工程未关闭时,系统会提示先关闭当前工程,再进行工程的选择或创建。

点击"工程管理"按钮,出现如图 2-4 所示的工程管理对话框。

工程管理对话框中可设置"本地目录"和"共用目录"。通常,工程的共用目录和本地目录是服务器上的同一个目录,因此可不区分共用目录和本地目录。只有在不想让他人存取自己的图册模型数据,或避免网络存取影响工作速度时,才区分共用目录和本地目录,把共用目录设置在服务器上,把本地目录设置在本地机上。

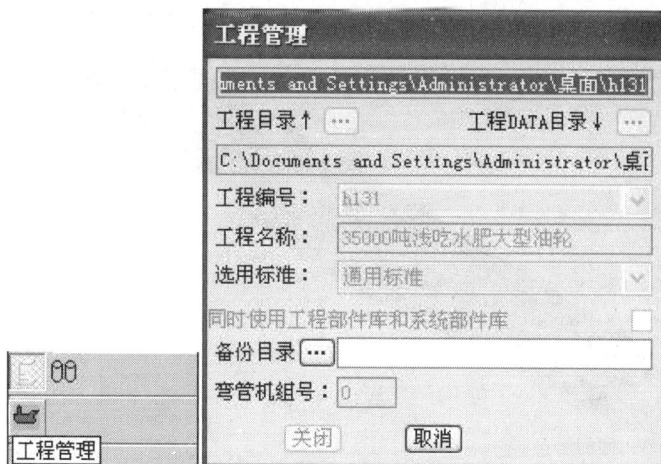

图 2 - 4   工程管理对话框

工程数据可以分为共用数据和非共用数据,存放在工程的 DATA、DRAWINGS、MODELS、OUTPUT 等子目录中,其中 DATA 子目录中的数据是整个工程共用的数据,包括船体型线数据、背景定义数据、原理库、名称库、工程部件库等数据,这些数据是所有模型都要使用,而且可能同时修改的,必须存放在工程的共用目录中,工程的共用目录中必须包含 DATA 子目录。而 DRAWINGS、MODELS、OUTPUT 等子目录中的图册数据、模型数据和其他输出数据,是不可以同时修改的数据,它们可以存放在工程的共用目录中,也可以存放在工程的本地目录中。

操作者点击"本地目录"后的"…"按钮,出现目录选择对话框。如果操作者在对话框选择了一个已有的船舶工程的目录,工程管理对话框中即显示所选择的工程的目录、工程编号、工程名称等信息,点击"打开"按钮,即切换到了所选择的工程。

如果要建立一个新工程,则操作者在目录选择对话框中应选择新船舶工程的父(上级)目录,工程管理对话框中即把"打开"按钮换名为"创建",并激活工程的本地目录、共用目录、工程编号、工程名称和选用标准等编辑框,供操作者键入相应信息。其中,选用标准只对舾装系统起作用,对船体设计,选"通用标准"即可。操作者在上面的本地目录编辑框中显示的父目录后输入要创建的新船舶工程的目录名,这时下面的共用目录编辑框中同步显示同样的目录名。如果操作者要区分共用目录和本地目录,可进入共用目录编辑框,输入共用目录的路径,也可点击"共用目录"右边的"…"按钮,从目录选择对话框中选择要创建工程的共用父目录,再在共用目录编辑框中添加工程目录名。最后,点击"创建"按钮,即创建了一个新工程。

2.2.2   坐标定位面设置

1. 船体坐标系

船体坐标系的坐标轴为 X、Y、Z。无论对民船,还是军船,坐标系的原点通常定在船艉的艉垂线处,X 轴向艏为正,Y 轴向左舷为正,Z 轴向上为正,如图 2 - 5 所示。

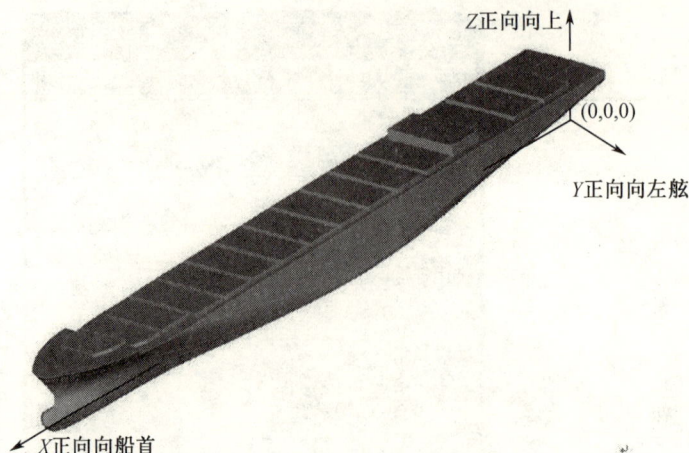

图 2 – 5　船体坐标系

2. 船体基本信息

（1）坐标定位面

坐标定位面是为船体坐标系确定的一组"参照物"（或称为"标签"），用于确定坐标位置。例如，用 FR188 来指示一个横剖面，用 DK1 来指示 1 号甲板。有了参照物，以后就可用 FR188 + 100 来表示相对于 188#肋骨向艏加 100 的位置，用 DK1 – 200 来表示相对于 1 号甲板向下 200 的位置，给船舶设计定位提供了便利，也可以用于绘制图纸中的定位线。

本系统中的坐标定位面有下列属性：

绘制定位线：设置是否要在图纸中绘制该定位线。

标注在边框：设置当绘制定位线时是否要在视区边界标注该定位线名称。

标注在中央：设置当绘制定位线时是否要在视区中央标注该定位线名称。

定位参考：设置该定位面是否作为定位参考面。不作为定位参考面的定位面，一般用于绘制定位线。

除肋号和纵骨定位面外，还有下列 6 种坐标定位面：正向横剖面、正向纵剖面、正向水线面、甲板面、反向横剖面、反向纵剖面。其中反向横剖面和反向纵剖面是专门用于军船的。

本系统的坐标定位面可以设置范围，该范围对输入无效，而当输出时，只有落在范围内的定位位置才会使用。

（2）肋号定位

船长坐标用肋号定位远要比用船长绝对坐标定位便利得多。为了生成"肋号"标签，先要给出肋距定义表数据。肋距定义表数据的格式如下：

$$F1, d1, F2, d2, F3, \cdots, Fn$$

这里，Fi 是肋骨号，di 是肋距。以上数据表示，从肋号 F1（也就是全船的最艉部的整肋号，对民船通常是一个负肋号，对军船通常是一个最大的肋号）起，到肋号 F2 止，其间每档肋距是 d1，从肋号 F2 起，到肋号 F3 止，每档肋距是 d2……

在"FR0 坐标"位置输入 0 肋号对应的绝对坐标。

对通常的船舶，0 肋号在艉部，"FR0 坐标"通常为 0。

对军用舰艇，0 肋号在艏部，"FR0 坐标"通常为一个大的正数。

按“肋号定位”按钮，即会在“已定义的定位面”列表中列出肋号定位标签。

不能直接修改或删除列表中的肋号定位标签，但是能够修改肋号定位面的定位属性。要修改肋号定位标签，必须先修改肋号定位描述数据，然后再按“肋号定位”按钮，在“已定义的定位面”列表中的肋号定位标签即被刷新。

有了肋号定位标签，在设计过程中就可以用相对肋号的船体长度坐标表示方式了。例如，FRi，FR$i+a$，FR$i-a$ 分别表示肋号 i，以及肋号 i 向大肋号方向加或减 a 毫米的船体长度坐标位置。注意，是向大肋号方向加或减。因此，对大肋号在船首的一般船舶，是向艏加或减；对大肋号在船尾的军用船舶，是向艉加或减。

(3)纵骨宽度和高度定位

在船体设计中，宽度和高度经常使用舯横剖面上的纵骨位置定位，此时就需要定义纵骨宽度和高度定位数据。通常只考虑外板曲面上的纵骨定位。甲板的纵骨号应在“曲面板架”的“创建标签”中作为“标签”来创建。

纵骨定位表数据格式如下：

$$d1, L1, d2, L2, d3, L3, \cdots, dn, Ln$$

这里，Li 是纵骨号，di 是纵骨间距。以上数据表示，纵骨号 L1 的宽度或高度绝对坐标是 d1，从纵骨号 L1 起，到纵骨号 L2 止，其间每档纵骨宽度或高度间距是 d2，从纵骨号 L2 起，到肋号 L3 止，每档纵骨宽度或高度间距是 d3……。宽度纵骨号与高度纵骨号不能同号。

有了纵骨定位表数据后，按相应的“宽度定位”或“高度定义”按钮，即会在“已定义的定位面”列表中列出该类纵骨定位面数据。纵骨定位面以 Li 的形式命名。对以宽度表示的纵骨定位面，同时产生 Li 和 L$-i$，Li 在左舷，L$-i$ 在右舷。

不能直接修改或删除列表中的纵骨定位面，但是能够修改纵骨定位面的定位属性。要修改纵骨定位面，必须先修改纵骨定位表数据，然后再按相应按钮，在“已定义的定位面”列表中的纵骨定位面即被刷新。

(4)获取线型文件生成船体曲面

船体曲面由一组型线样条文件表示，包括：

肋骨线样条文件	FRAME * ??. DAT
纵剖线样条文件	BLINE * ??. DAT
水线样条文件	WLINE * ??. DAT
结构线文件	JGX??. DAT
外板纵缝线文件	LSEA4??. DAT(本文件不是必需的)

其中，?? 为船号，与船体建造系统的产品数据目录的最后 2 个字符相同。可以有多个船体曲面，例如，船体外壳曲面和内壳曲面。* 是区分各船体曲面的字符串，例如：为空时表示船体外壳曲面，IB 可表示船体内壳曲面。

型线样条文件由 HDSHM 船体建造系统的程序生成，存放在船体建造系统的产品数据目录中。“获取线型文件”就是从船体建造系统的产品数据目录中获取指定的线型文件，改造成船体设计用的型线样条文件，存放在船舶设计工程的 DATA 目录中。改造后的型线样条文件的文件名中没有船号??。

按“获取线型文件”按钮，则显示“选择任意一个型线文件”的标准文件选择对话框，从 HDSHM 船体建造系统线型数据目录中选择该船的任意一个线型文件，则该船的线型文件和结构线文件会被提取到本系统中，产生相应的船体曲面。船体曲面命名为：SHELL *。这里，＊即为型线样条文件名中的字符串＊。

如果要去掉一个不需要的船体曲面，则只要在 DATA 文件夹中删掉相关线型文件即可。

如果没有 HDSHM 系统生成的型线样条文件，但具有经光顺的线型的 ACAD 图形文件，则可以用"型线管理"功能来生成样条文件。

（5）甲板块定义

为了在本系统中使用甲板面，必须先定义甲板块。具有不带折角的甲板中昂线并且具有相同的梁拱的甲板，称为一个甲板块。一个甲板面由一个或多个甲板块组成。当一个甲板的中昂线有折角时，应在折角位置划分成不同的甲板块。当一个甲板的梁拱在某肋位发生改变时，也应在该肋位划分成不同的甲板块。当一个甲板的梁拱在各肋位都不同时，应首先对甲板面像对船体曲面一样光顺，生成一组甲板型线文件，通过获取型线文件导入。

按"甲板定义"按钮，则出现甲板定义对话框。

在"甲板名称"中输入要新建或选择要修改的甲板块名称，然后分别在"中昂定义"和"梁拱定义"中输入中昂定义和梁拱定义数据，格式如下：

中昂定义：依次输入中昂上各点的肋位值和高度值。其中肋位前不带字母"FR"。

梁拱定义：依次输入各梁拱段的梁拱类型、拱宽、拱高。其中梁拱类型为 0 时是直线段，为 1 时是圆弧段。

下面列举几个梁拱定义的例子。图 2 - 6 平台甲板梁拱定义为 0,16 100,0；图 2 - 7 人字形甲板梁拱定义为 0,16 100,500；图 2 - 8 圆弧形甲板梁拱定义为 1,16 100,500；图 2 - 9 组合型甲板梁拱定义为 1,6 000,50,0,10 100,450。

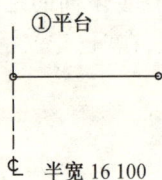

图 2 - 6 平台甲板梁拱定义

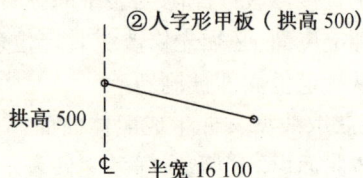

图 2 - 7 人字形甲板梁拱定义

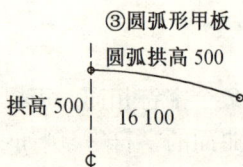

图 2 - 8 圆弧形甲板梁拱定义

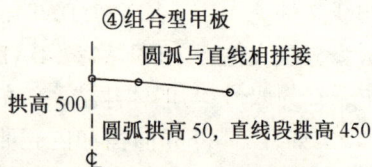

图 2 - 9 组合型甲板梁拱定义

2.2.3 图册和模型管理

1. 图册管理

在打开工程后，如果没有打开图册，则系统出现图 2 - 10 所示的按钮，供船体设计人员进行图册选择或创建。

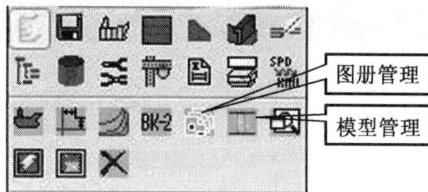

图 2 – 10　图册和模型管理图标

所谓图册,即图形文件,用于保存一批相关的图纸。图册管理用于创建图册、删除图册、打开图册、关闭当前图册、保存当前图册及其相关的模型。

图册分为不同的专业(科室),存放在该工程目录下的 Drawings 文件夹中。该文件夹是创建图册时自动生成的。

点击"图册管理"按钮,出现如图 2 – 10 所示的图册管理对话框。在"科室名称"下拉框中选择"船体"。系统在"文件名称"下拉框中显示属于船体的已有的图册文件名称。

2. 模型管理

模型是指在屏幕上显示的三维模型的数据文件,存放在该工程目录下的 Models 文件夹中。该文件夹也是在创建工程时自动生成的。

模型是船舶实体的某个部分在计算机中的表示,而图册是显示船舶实体的一个平台,它通过各个图纸和视图,显示加入图册中的模型所表示的船舶实体的形状和属性。图册可包含一个或多个模型,模型只有加入图册,才能显示,才能交互操作。一个模型可加入多个图册,在这个图册中可能是图册所要表达的主题的当前模型,而在其他图册中可能是作为陪衬来引用的模型。

在打开图册后,如果该图册包含有一个或多个模型,则同时打开这些模型。如果要在该图册中创建、修改、切换模型,则可点击"模型管理"按钮。模型管理用于创建模型、删除模型、将模型加入图册、设置图册中模型的状态(引用、打开、编辑、当前等)。

2.3　船　体　设　置

2.3.1　分段的定义

船体结构必须归属于船体分段。因此,要船体结构建模,首先必须定义船体分段。点击分段定义按钮,弹出分段定义对话框如图 2 – 11 所示。

定义内容包括分段名称和分段的范围,所有已经定义过的分段属性均会显示。

分段名:分段名称的长度不能超过 12 个字符,依据船舶成组的要求予以定义。

Xmin:分段范围中沿 X 方向(船长方向)的最小值,支持肋位号定义;

Xmax:分段范围中沿 X 方向(船长方向)的最大值,支持肋位号定义;

Ymin:分段范围中沿 Y 方向(船宽方向)的最小值;

Ymax:分段范围中沿 Y 方向(船宽方向)的最大值;

Zmin:分段范围中沿 Z 方向(船高方向)的最小值;

Zmax:分段范围中沿 Z 方向(船高方向)的最大值。

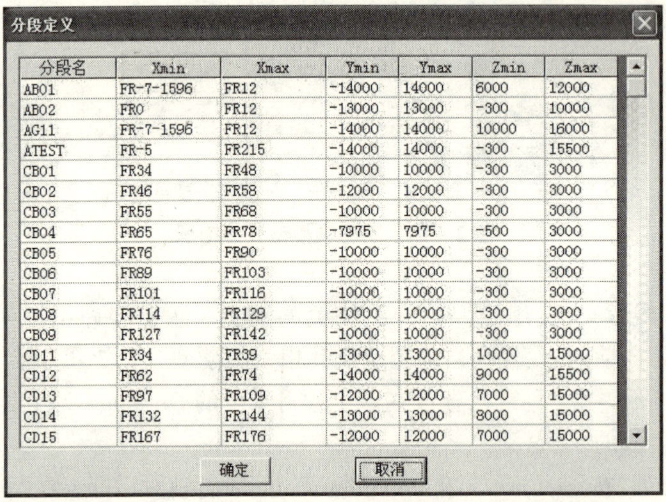

分段名	Xmin	Xmax	Ymin	Ymax	Zmin	Zmax
AB01	FR-7-1596	FR12	-14000	14000	6000	12000
AB02	FR0	FR12	-13000	13000	-300	10000
AG11	FR-7-1596	FR12	-14000	14000	10000	16000
ATEST	FR-5	FR215	-14000	14000	-300	15500
CB01	FR34	FR48	-10000	10000	-300	3000
CB02	FR46	FR58	-12000	12000	-300	3000
CB03	FR55	FR68	-10000	10000	-300	3000
CB04	FR65	FR78	-7975	7975	-500	3000
CB05	FR76	FR90	-10000	10000	-300	3000
CB06	FR89	FR103	-10000	10000	-300	3000
CB07	FR101	FR116	-10000	10000	-300	3000
CB08	FR114	FR129	-10000	10000	-300	3000
CB09	FR127	FR142	-10000	10000	-300	3000
CD11	FR34	FR39	-13000	13000	10000	15000
CD12	FR62	FR74	-14000	14000	9000	15500
CD13	FR97	FR109	-12000	12000	7000	15000
CD14	FR132	FR144	-13000	13000	8000	15000
CD15	FR167	FR176	-12000	12000	7000	15000

图 2-11　分段定义

分段范围的设定值应该比实际的分段范围稍微超出一些，以满足船体建模的需要。

2.3.2　基本船体曲线设置

基本船体曲线指的是 *X* 向、*Y* 向或 *Z* 向的坐标定位面与指定的船体曲面的交线，以及经转换的来自 HDSHM 系统的结构线和外板纵缝线。这些基本船体曲线大都是船体结构的轨迹线或边界线，在船体结构建模中需要引用这些基本船体曲线。基本船体曲线设置功能，使得可批量地生成船体曲线，避免在船体结构建模时一个个零碎地定义。

点击“船体设置”按钮，在弹出的船体设置工具条中点击“基本曲线”按钮，系统即显示生成基本曲线对话框。

这里不提供删除基本船体曲线的功能。如果要删除不需要的基本船体曲线，可使用“曲面板架”建模中的删除功能。

2.3.3　船体模型的刷新

船体模型是我们观察船体结构产品数据的窗口，也是进行交互设计建模的界面。船体结构设计是一个团队的行为，随时需要协调和借鉴。每个船体结构设计人员在进行所承担的设计项目时，需要调用已建的船体产品数据，需要知道同伴的进展，这可以通过船体模型的刷新来实现。“船体模型刷新”就是从船体产品数据库中搜索已有的指定的对象，形成船体模型实体并显示。

2.3.4　船体设计标准库

“船体标准设置”根据船体设计所采用的标准要求进行标准定义，生成船体标准数据库。

点击“船体设置”按钮，在弹出的船体设置工具条中点击“船体标准库”按钮，系统即显示船体标准设置对话框，如图 2-12 所示。

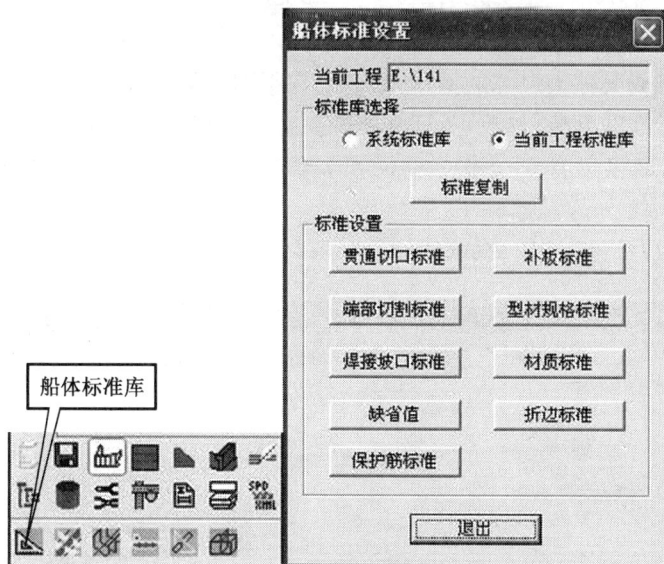

图 2 − 12　船体标准库

可以设置的船体标准有：

(1)贯通切口标准；

(2)补板标准；

(3)端部切割标准；

(4)型材规格标准；

(5)焊接坡口标准；

(6)材质标准；

(7)船体设计缺省值；

(8)折边标准。

有两类船体标准数据库：当前工程标准库和系统标准库。当前工程标准库在当前工程的 DATA 文件夹中，系统标准库在系统软件的 DADA 文件夹中。

每一个船体工程都应建立当前工程的船体标准数据库，在船体设计中只使用当前工程的船体标准数据库。在对话框的上方显示有当前工程的位置供核对。系统既可以设置系统标准库，也可以设置当前工程标准库，通过标准库选择单选框来选择。船体工程的船体标准数据库最初可以从系统标准库或先前工程的船体标准数据库复制得到，点击"标准复制"按钮可进行标准复制。对选中的标准数据库中的各标准可以进行创建、修改、验证、删除等操作，点击"标准设置"中的相应按钮可进行相应标准的设置。

用户可以根据系统提供的模板创建自己的标准。系统标准库中存有本系统开发单位随系统一起提供的船体标准。用户应根据本单位的实际和产品的实际情况，修改和扩充系统标准库中的船体标准。

通常，在当前工程的船体标准数据库只存放有该船体设计所需要的标准，该工程用不到的标准应该剔除，避免在标准调用时从过多的标准项中挑选。在系统标准库中应该包括使用过的各个标准。一条船设计结束，应该把该船采用的标准归并到系统标准库。

1. 贯通切口标准

贯通切口标准设置如下:

型材贯穿板架或其他大尺寸的型材时,需要在平面板架或型材上开设贯通切口。本功能进行贯通切口标准的创建、修改、验证和删除。贯通切口与所贯通的型材密切相关,贯通切口围绕着型材,最多可有 8 个节点半径和 7 个距离参数,设置贯通切口就是定义这些参数。

点击"贯通切口标准"按钮,系统即显示"切口标准定义"对话框,如图 2 – 13 所示。

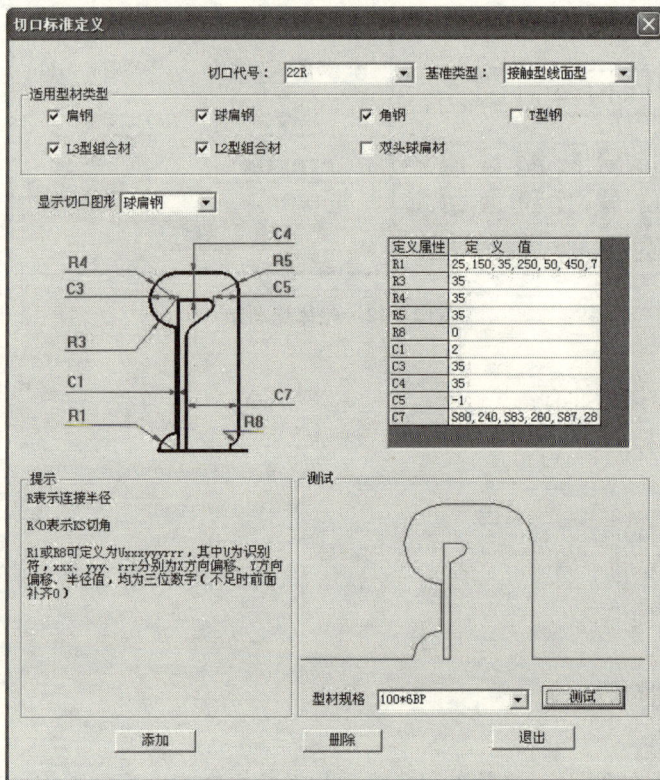

图 2 – 13　"切口标准定义"对话框

切口代号是字符串。"切口代号"组合框列出切口标准库中已定义的切口代号。

在"基准类型"的下拉框中选择所要定义的切口的基准类型。有 5 种基准类型:水密型、全开型、接触型线面型、接触非型线面型、两面接触非水密型。

"适用型材类型"规定了该切口所适用的各种型材,用户使用复选框进行选择。

选中一种基准类型和一种型材类型,即在切口示图区显示该基准类型在选择的型材类型时的切口示图。示图中图示描述该切口所需要的参数 R_i 和 C_i,并列出定义各参数的表格。参数定义值可以是常数,也可以是规定的条件表达式,使其适应各种场合。

2. 补板标准

在平面板架上开设型材贯通切口时,有时为了补强或为了水密,需要设置补板。补板与贯通切口和贯通的型材密切相关,相对于切口和型材,指定补板类型和搭接距离等参数就能定义补板标准。本功能进行补板标准的创建、修改、验证和删除。

点击"补板标准"按钮,显示如图 2 – 14 所示的"补板标准定义"对话框。

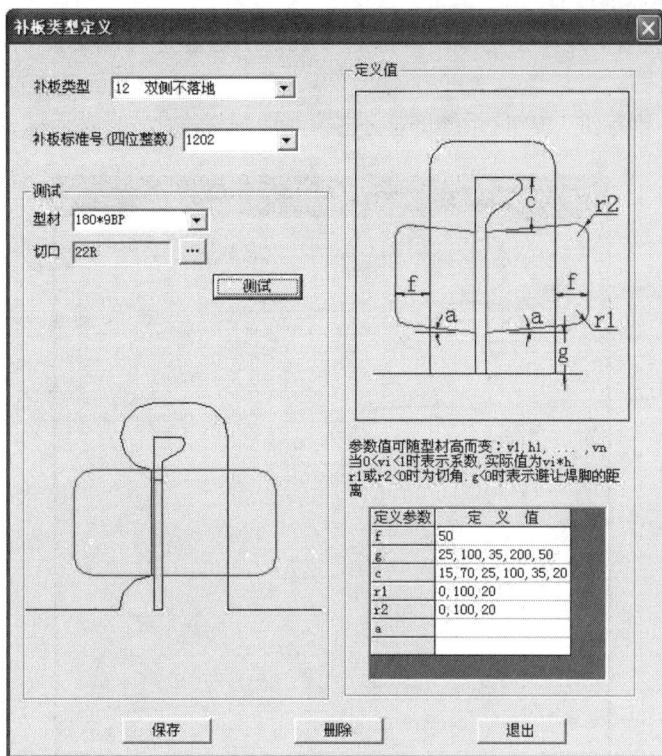

图 2 – 14　"补板标准定义"对话框

在"补板类型"的下拉框中选择所要定义的补板的基准类型。有 10 种基准类型,如表 2 – 1所示。

表 2 – 1　补板标准

序号	类型号	类型	序号	类型号	类型
1	11	单侧不落地	6	32	双侧水密
2	12	双侧不落地	7	33	三侧水密
3	21	单侧落地	8	34	单侧嵌入式水密
4	22	双侧落地	9	35	右上侧水密
5	31	单侧水密	10	36	右上侧包角水密

基准类型表述的开头的数字是补板基准类型的代号。

在选择了一种补板基准类型后,系统即在"补板标准号"组合框列出标准库中已定义的该基准类型的补板标准号,并显示该基准类型的补板的示图。示图中图示描述该类型补板所需要的参数,列出定义各参数的表格。

补板标准号是一个 4 位整数,通常前 2 位取上面补板基准类型的代号,后 2 位为序号。

3. 端部切割标准

（1）端部切割标准设置

端部切割标准用于定义型材零件端部的形状。本功能进行端部切割标准的创建、修改和删除。

点击"端部切割标准"按钮，系统即显示"端部切割标准定义"对话框，如图 2－15 所示。

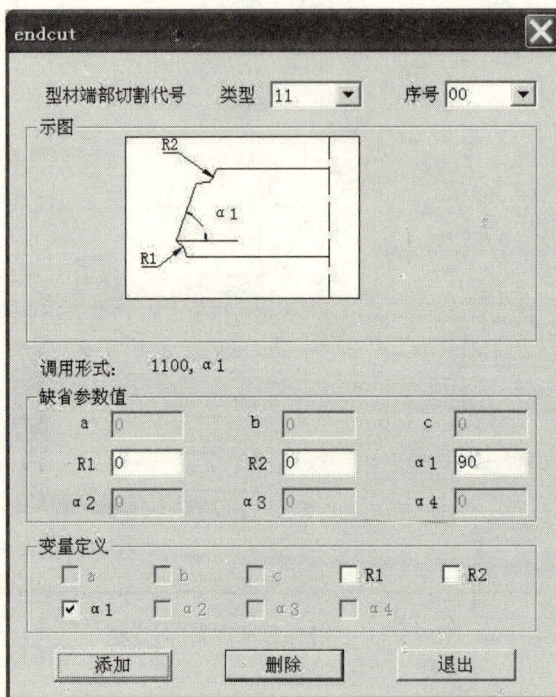

图 2－15　"端部切割标准定义"对话框

型材端部切割代号是 4 位整数，前 2 位是端部切割类型码，后 2 位是序号。在"类型"下拉框中选择所要定义的端部切割标准的类型。有二十多种端部切割类型，分别对应各种不同类型的型材和端部形式。

在选择了一种端部切割标准的类型后，系统即在"序号"组合框列出标准库中已定义的该类型的端部切割标准的序号，并显示该类型的端部形式的示图，注明描述该类型端部形式所需要的参数。

端部形式可以通过 a、b、c、$R1$、$R2$、$\alpha1$、$\alpha2$、$\alpha3$、$\alpha4$ 等 9 个参数给出。一种类型的端部形式只使用其中几个参数，不使用的参数的编辑框自动设置成不可用。参数的具体含义在端部形式的示图中已表明。参数可分为两种：一种是在端部切割标准设置时给了定值的参数，以后在调用端部切割标准定义型材端部形式时不再需要给出；还有一种是变量，在端部切割标准设置时给了缺省值，但用户在调用端部切割标准定义型材端部形式时仍可指定变量的值，或由系统根据节点形式自动计算变量的值。在"变量定义"区设置是否要把某个参数设置为变量。

"调用形式"字符串显示该端部切割标准以后的调用形式。

用户选择一种端部切割标准的类型，在"序号"组合框中给出一个新的序号，在"缺省参数值"表中给出参数的缺省定义值,按"添加"按钮,即可创建端部切割标准。

用户选中一个已有的端部切割标准,系统即显示该端部切割标准的全部描述信息。如果用户修改该端部切割标准的描述信息,按"添加"按钮,即可修改该端部切割标准。如果按"删除"按钮,即可在获确认后删除该端部切割标准。

（2）端部切割类型和参数

端部切割类型和参数的形式可以从软件中选取。类型 11 ~ 19 适用于扁钢,21 ~ 28 适用于球扁钢和角钢,31 ~ 38 适用于 T 型钢。类型 11 还适用于除球扁钢、角钢和 T 型钢外的各种型材。

4. 型材规格标准

型材规格标准用于定义型材的型材名和规格尺寸,以便在船体建模时通过组合框来选择引用,保证型材名和规格尺寸的统一。本功能进行型材规格标准的创建、修改和删除。

点击"型材规格标准"按钮,显示"型材标准定义"对话框,如图 2 – 16 所示。

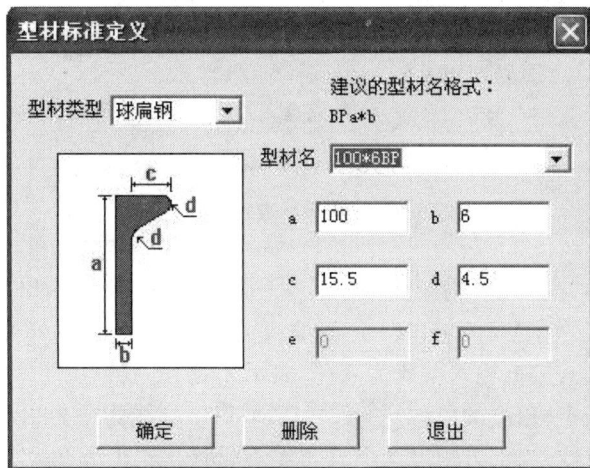

图 2 – 16　"型材标准定义"对话框

常用的型材类型有十多种,在"型材类型"下拉框中选择所要定义的型材类型。在选择了一种型材类型后,系统即显示该类型的型材的示图,图示描述该类型的型材所需要的参数,并在"型材名"组合框列出标准库中已定义的该类型的型材名。型材名满足一定的编码规则。

5. 焊接坡口标准

零件通常要根据焊接方式和板厚的不同而开设不同的焊接坡口。本系统可定义坡口标准。在坡口标准中给出各坡口的标准代号和相应的描述。以后在船体设计时,对板架的边界、板缝、型材零件的端部,就可以选择标准库中的坡口标准代号来定义坡口,使得在船体出图时可以读取模型中的坡口信息,把它们标注在船体图纸上,也为以后零件数控切割,利用数控切割机自动切割坡口创造了条件。

点击"坡口标准"按钮即弹出"坡口标准定义"对话框,如图 2 – 17 所示。

在"坡口代号"下拉框中列有已定义的坡口代号。选择坡口代号,系统显示已定义的该坡口代号的描述数据,供浏览或修改。也可在"坡口代号"中键入坡口代号,即建立一个新的坡口标准。

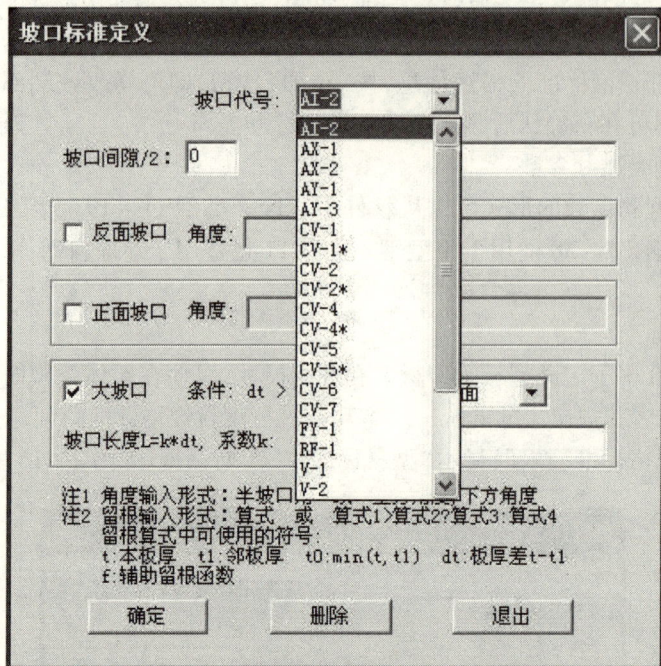

图 2 - 17 "坡口标准定义"对话框

一个坡口标准由"反面(非构架面)坡口""正面(构架面)坡口"和"大坡口"三部分中的一个或几个部分组成。在"反面坡口""正面坡口"和"大坡口"复选框中选择坡口标准的组成部分,未被选中的,其数据输入框成为灰色,表示无效。

在坡口标准定义中,角度的单位是"度"。以坡口中心线为分界,当坡口角均分时,角度为坡口角的一半的度数;当上方角度与下方角度不同时,以"上方角度,下方角度"的形式给出角度,这里不做详述。

6. 材质标准

材质标准给出材料的牌号和密度。在船体设计时,可以选择标准库中的材质,避免材质数据的不一致。在重力重心计算时也要引用标准库中的材质标准数据。

点击"材质标准"按钮,即弹出"材质定义"对话框,如图 2 - 18 所示。

在"材料牌号"格中输入材料牌号。材料牌号为不超过 8 个字符的字符串。在"密度"格中输入材料的密度,单位为:千克/分米^3。在"表面处理"格中输入材料的表面处理要求,可以为空。

在列表最下方的空白行中输入材料牌号、密度和表面处理的数据,即新建了一个材质标准。在列表最下方又会出现新的空白行,供输入另一个材质标准。

在列表中选择一个已有的材质标准,修改材料牌号、密度和表面处理的数据,即修改了一个材质标准。

7. 折边标准

船体折边可以有如图 2 - 19 所示基本形式:

在本船体设计系统中,选择一种船体折边的基本形式,指定折边参数 A、K、R、r,就定义了一种船体折边标准。

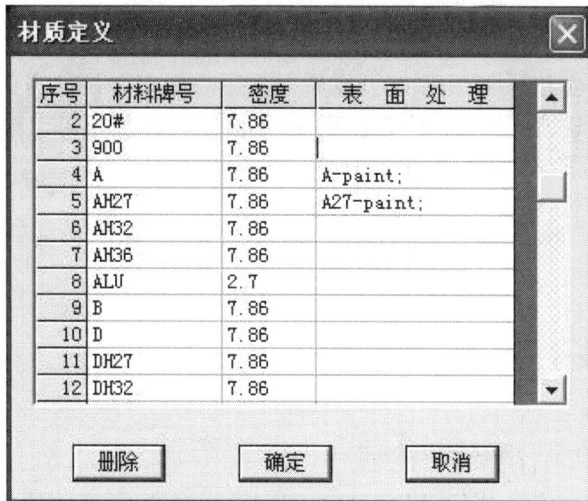

图 2 – 18　"材质定义"对话框

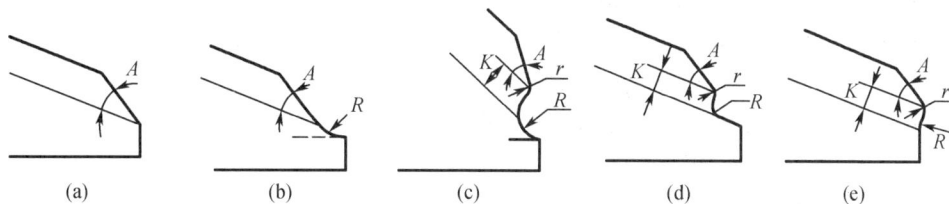

| (a) | (b) | (c) | (d) | (e) |

图 2 – 19　折边标准基本形式

有了船体折边标准,在描述船体构件的折边时,只要引用船体折边标准号,给出折边宽度,就能在指定的边界上生成船体折边。

8. 船体缺省值

船体缺省值给出在船体设计建模时的一些缺省值,使得用户在大多数情况下可直接使用系统给出的缺省值,只有在必要的时候才重新键入其他数值,方便建模。

点击"船体缺省值"按钮,即弹出"缺省值定义"对话框,如图 2 – 20 所示。

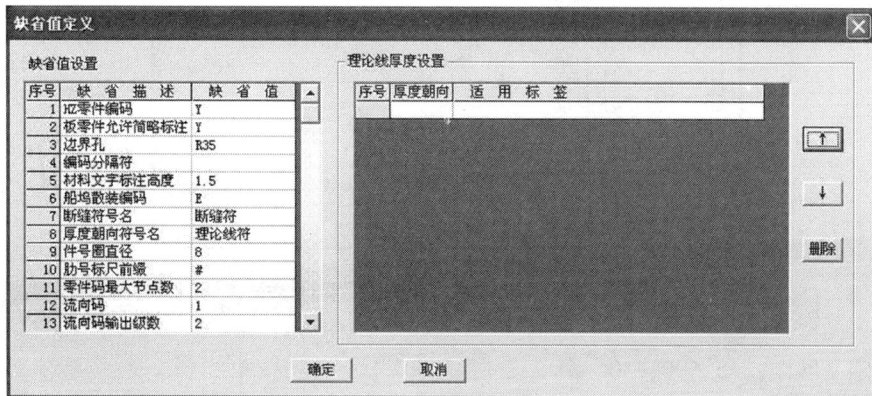

图 2 – 20　"缺省值定义"对话框

在列表中列出了目前系统所定义的全部船体缺省值。船体缺省值的意义可从其"缺省描述"中得知。

船体缺省值的命名和添加,由系统开发者根据用户要求和设计需要进行添加。用户不能添加或删除船体缺省值的项,也不能更改"缺省描述",但用户可以根据船体工程的具体情况,设置"缺省值"的具体配置值。

2.4 参数初始化建模实训

2.4.1 工程及模型管理

1. 工程建立

(1)建立一个文件夹,存放工程数据。

(2)输入工程编号 h131 及名称 15 000 t,选用通用标准,点击创建。

附:每个创建完成的工程应该包括 4 个文件夹及产品配置文件:

①DATA:存放工程产品数据库(包括系统标准库、工程数据库等);

②DRAWINGS:存放船体分段图纸(创建完船体图册后生成该文件夹);

③MODEL:存放船体分段模型(创建完船体模型后生成该文件夹);

④OUTPUT:输出文件(用于存放输出的图表);

⑤Proj. ini:配置文件。

2. 坐标定位面设置

在工程和模型管理工具条中按坐标定位面按钮 ![按钮],出现如图 2 – 21 所示对话框。

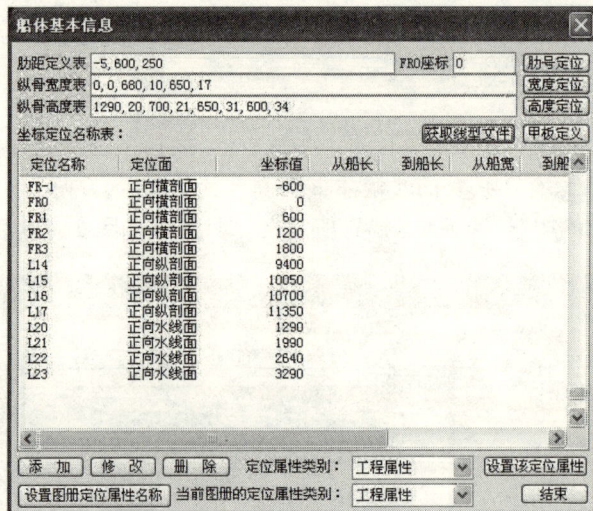

图 2 – 21 "船体基本信息"设置对话框

(1)定义肋距: – 5,600,250

注:全船坐标从 FR – 5 号肋位到 FR250 号肋位之间的相邻肋位间距为 600 mm。

（2）纵骨宽:0,0,680,10,650,17

注:0L 纵骨到 10L 纵骨宽度相邻纵骨间距为 680 mm,10L 纵骨到 17L 纵骨宽度相邻纵骨间距为 650 mm。

（3）纵骨高:1 290,20,700,21,650,31,600,34

注:20L 纵骨高度 1 290 mm,20L 纵骨到 21L 纵骨相邻纵骨高度间距为 700 mm,21L 纵骨到 31L 纵骨相邻纵骨高度间距为 650 mm,31L 纵骨到 34L 纵骨相邻纵骨高度间距为 600 mm。

（4）获取线型文件

提取建造系统中的线型光顺文件,如图 2 - 22 所示。

（5）定义甲板 1D,如图 2 - 23 所示。

图 2 - 22　获取线型对话框

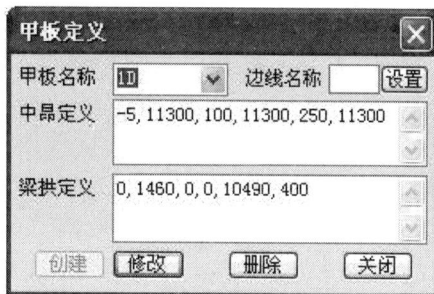

图 2 - 23　甲板定义对话框

①中昂: - 5,11 300,100,11 300,250,11 300;

②梁拱:0,1 460,0,0,10 490,400。

3.图册和模型建立

（1）创建船体图册

科室名称:船体。文件名称:221PS。船体图册范围:FR188 ~ FR203, - 12 000 ~ 12 000, - 500 ~ 12 000,如图 2 - 24(a)所示。

（2）创建船体模型

专业名称:船体。模型名称:221PS。船体模型范围:FR188 ~ FR203, - 12 000 ~ 12 000, - 500 ~ 12 000,如图 2 - 24(b)所示。

注意:船体图册的范围与分段范围的关系,一般船体图册范围要比分段范围大,并且一个图册可以包括多个模型,所以图册范围必定大于模型范围。

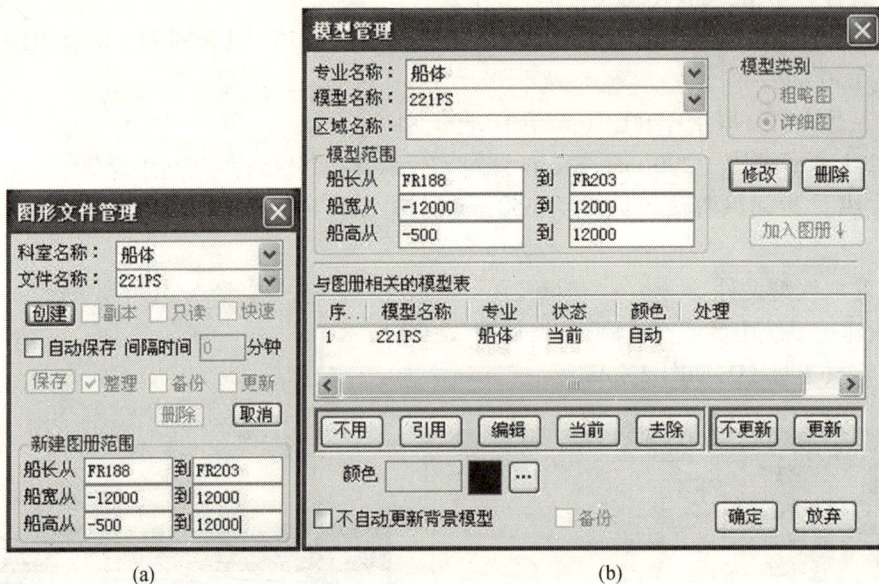

(a)　　　　　　　　　　　　　　　　　　(b)

图 2－24　"图形文件管理"和"模型管理"对话框

2.4.2　船体设置

1. 分段定义

点击"船体设置"按钮,在弹出的船体设置工具条中点击"分段定义"按钮,系统即显示"分段定义"对话框,如图 2－25 所示。

图 2－25　"分段定义"对话框

分段定义的范围要不大于图册的范围,一个图册里边可以包括多个分段,此时可以通过分段定义对话框完成多个分段的定义。本例以 15 000 t 级顶推驳船货舱分段为例,定义范围如图 2－25 所示。

2. 生成基本曲线

在"曲面"组合框的下拉列表中选择曲面,例如 SHELL。如果要生成 X 向坐标定位面与指定的船体曲面的交线,则选中"生成 X 向基本曲线"复选框;如果要生成 Y 向坐标定位面与指定的船体曲面的交线,则选中"生成 Y 向基本曲线"复选框;如果要生成 Z 向坐标定位面与指定的船体曲面的交线,则选中"生成 Z 向基本曲线"复选框,如图 2－26、图 2－27 所示。

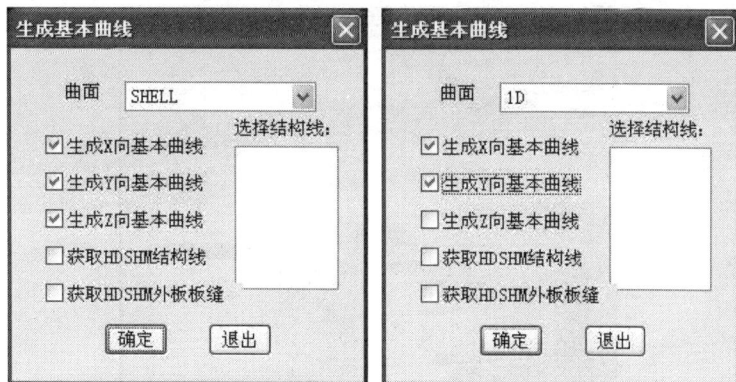

图 2 - 26　曲面 SHELL 和 1D 基本曲线生成

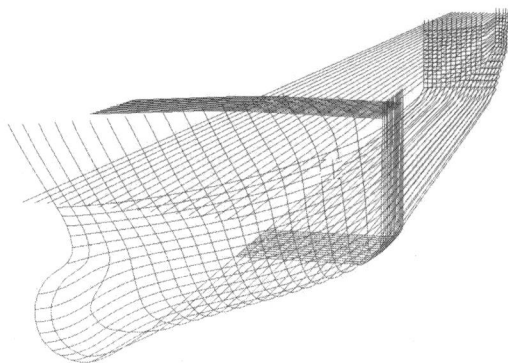

图 2 - 27　船体基本曲线

点击"确定"按钮,系统即生成指定的基本船体曲线。生成的基本船体曲线的名字如下:

X 向基本曲线: < 曲面名 > X < 肋号 >,例如,SHELLX30。

Y 向基本曲线: < 曲面名 > Y < 纵骨定位面号 >,例如,SHELLYL2。

Z 向基本曲线: < 曲面名 > Z < 纵骨定位面号 >,例如,SHELLZL41。

3. 刷新船体模型

点击"船体设置"按钮,在弹出的船体设置工具条中点击"刷新船体模型"按钮,系统即显示"模型设置"对话框,如图 2 - 28 所示。

对话框中,"加入"列表中可以给出指定要加入模型中的对象,指定的对象不受模型范围的限制;也可直接键入要加入的对象名。给出要加入的对象名,可以使用通配符" * "和"?"," * "通配一个字符串,"?"通配一个字符。

"剔除"列表中可以给出不加入模型中的对象。给出要剔除的对象名,可以在组合框的下拉列表中选择要剔除的指定类型的对象,有图 2 - 28 右图所示类型的对象可供选择;也可以在表格中直接键入要剔除的对象名,可以使用通配符" * "和"?"," * "通配一个字符串,"?"通配一个字符。

操作者可进行"刷新模型""仅加入对象"和"仅剔除对象"的操作。

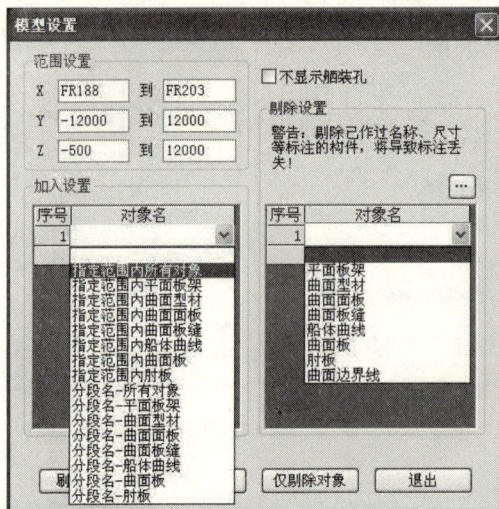

图 2-28 "模型设置"对话框

4. 船体标准库

标准库分为系统标准库和当前工程标准库两类。系统标准库是软件自带的标准库,当前工程标准库是新建工程中将要使用的标准库。新建的工程可以从系统标准库中进行复制。

(1)点击"船体设置"按钮,在弹出的船体设置工具条中点击"船体标准库"按钮,系统即显示船体标准设置对话框,如图 2-29 所示。

(2)选中当前工程标准库,点击标准复制按钮,进入标准复制菜单,如图 2-30 所示。

(3)通过"标准类型"选择所要复制的标准,再从"标准列"中选中所有标准,点击复制选中的标准完成复制。建议把所有标准全部复制,注意此过程是把 SPD 系统标准库中的标准复制到当前工程标准库,供当前工程所用。

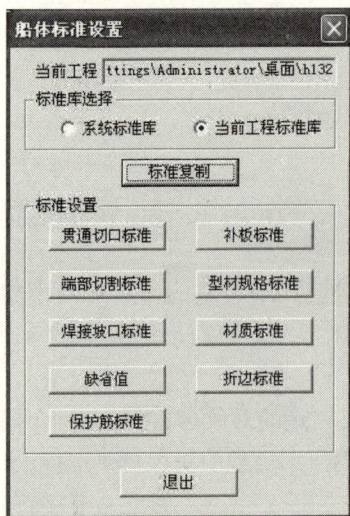

图 2-29 "船体标准设置"对话框

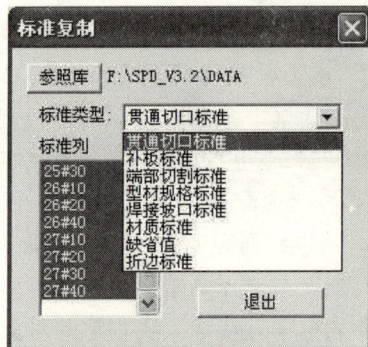

图 2-30 "标准复制"对话框

第 3 章　外板和甲板板设计

3.1　概　　述

3.1.1　外板和甲板板的作用

（1）构成船体外壳,保证船体水密,使得船体具有漂浮和运载能力。甲板做水平分隔,与舱壁及围壁共同将船体分隔成各种用途的舱室。

（2）保证船体总纵强度。

（3）作为船底、舷侧和甲板构件的有效带板,并将作用在甲板和外板上的载荷通过甲板和外板及其构件相互传递,共同保证船体的局部强度和刚度。

（4）形成光顺的型线,减小航行阻力。

3.1.2　外板和甲板板的受力

1. 总纵弯曲的正应力和剪应力

甲板与船底板是船体等值梁的翼板,主要承受船体总纵弯曲所产生的正应力;而舷侧外板是船体等值梁的腹板,主要承受船体总纵弯曲而产生的沿型深变化的正应力与剪应力。

2. 横向载荷

舷外的水压力与舱内的液体压力作用在外板上,板会产生局部变形。同样,各层甲板根据功能的不同,承受着不同的横向载荷,如货物、人员、设备重力,以及露天甲板的上浪压力等。这些载荷通常以水柱高度来计算。

3. 拍击载荷

船舶在波浪中航行时,艏部可能露出水面,然后又突然下降拍击水面,形成很大的载荷。这种载荷不仅影响总纵弯曲的弯矩,而且会引起船体的震动和局部压力。

4. 船首的波浪冲击力

船舶航行中容易产生纵摇,引起甲板上浪冲击,并对船首产生波浪冲击力。针对大型高速船舶,特别是圆艏和外飘船首要进行艏部加强。

5. 冰压

冰区航行的船舶还受到冰块的挤压和撞击,需要对外板和舷侧构件进行必要的加强。

6. 偶然性载荷

某些船舶由于特殊的营运要求和航行条件限制,有可能与他物碰撞或与河床摩擦,需要采取适当的加强。

3.2　外板和甲板板设计

3.2.1　外板的特点及其排板

1. 外板尺寸基本特点

根据船梁承受总纵弯曲产生的沿船长变化的弯矩和剪力,通常舯部弯矩最大,向艏艉逐渐减小到零,最大剪力一般位于距离艏艉端 0.25L 处。通常船级社规范将外板划分为舯部(0.4L),艏艉部(0.075L)和过渡部分 3 个区域。舯部的外板要比两端厚,舯部的底板与舷顶列板由于承受较大的总纵弯曲应力,一般比舷侧外板厚。

船体尾部外板承受着螺旋桨旋转时的脉动压力和振动惯性力,加上此处外板需火工加工,因此也必须加厚。

艏部底部由于承受较大的拍击,因此该部分的底板及其内部构件也需要加强。另外,船首外飘处的外板和内部构件也需适当加强。

2. 外板的排列

外板的排列应结合整个船体的分段划分一起考虑,并注意以下几点:

(1)强度方面

平板龙骨和舷顶列板沿船长的宽度应尽可能保持不变,因此首先要排列的是这两列板。板与板之间的焊缝应布置在结构应力最小的剖面处,尽可能远离剖面突变的区域或开口区域。外板的横向焊缝不宜布置在肋骨间距的中点,应尽可能布置在肋距的 1/4～1/3 处。一则该区域的局部弯曲应力较小,二则减少焊接所引起的凹凸变形,从而减少肋距间板的初挠度,有利于板的稳定性。

(2)美观方面

外板的排板应力求整齐美观,特别是水线以上部分。首先根据钢板的宽度在肋骨型线图上初步布置板缝,然后再按投影将板缝绘制在外板展开图上,必须保证两者的线条光顺。水线以上部分的舷侧板板缝应尽可能与甲板边线保持平行,并保持相同的宽度通达两端。至于艏艉两端较尖瘦,以致肋骨型线的展开长度缩短,从而使排板造成了拼板,拼板区尽量布置在靠近舭板的上下列板上。

(3)板缝与构件的交叉问题

外板的排列一般都是纵向布置的,应避免板缝的扭曲。纵向板缝最好不与纵向的水密构件(如纵舱壁)相交叉。与非水密构件相交叉时,应使两者的尖角大于 30°,防止在较长一段距离内板缝与构件相互重叠。同时,平行板缝、内部构件的角焊缝与板缝之间距离不应太近,两条平面对接焊缝距离不少于 100 mm,角焊缝与对接焊缝距离不少于 50 mm。

(4)经济性

外板的排列应充分利用钢板的规格,避免将大材切割成小材。此要求在船体分段划分设计时,根据钢板规格,结合船厂的设备与工艺要求,合理确定分段的位置与分段长度。应尽可能采用宽板和长板,以求将焊接量减至最少。

(5)工艺性

①外板的分段缝处及需要火工加工的钢板应留有一定的长度与宽度余量,一般至少应取 30～50 mm。火工加工的钢板尚须考虑厚度的余量,一般取 1～3 mm。

（2）在排板时，应力求减少具有双曲度的钢板数量。有双曲度的板（如轴包板的排板）应设计得尺度小些。

（3）不要将板缝布置在圆弧曲率之处，以防止焊接收缩引起弧形的不光顺。例如舭板不宜在其圆弧处增设纵向板缝，并尽可能由一整块板组成，以减少弯曲加工的板列。

3.2.2　甲板板的特点及其排板

1. 甲板的类型

在主船体最上一层连续贯通全长的甲板称为上甲板，也称第一甲板。以下各层甲板统称下层甲板，依次为第二甲板、第三甲板等。上甲板以下局部设置的甲板称为平台甲板或平台。在保证船体强度中起主要作用的甲板，称为强力甲板。设有短桥楼或甲板室的舰艇的强力甲板，一般也是上甲板。

上甲板以上的各层甲板和平台，统称为上层建筑甲板（superstructure deck），由下至上依次为 01,02,03 甲板等。或者按照其所在位置的主要功能分别命名，如艏楼甲板、桥楼甲板、艉楼甲板，以及游步甲板、驾驶甲板、罗经甲板等。

2. 甲板的梁拱和舷弧

为了便于甲板排水和减少甲板上浪，一般船舶的露天甲板都具有梁拱和舷弧，如图 3 - 1 所示。而下甲板通常无梁拱和舷弧。上层建筑甲板梁拱会有所减小或不设梁拱。

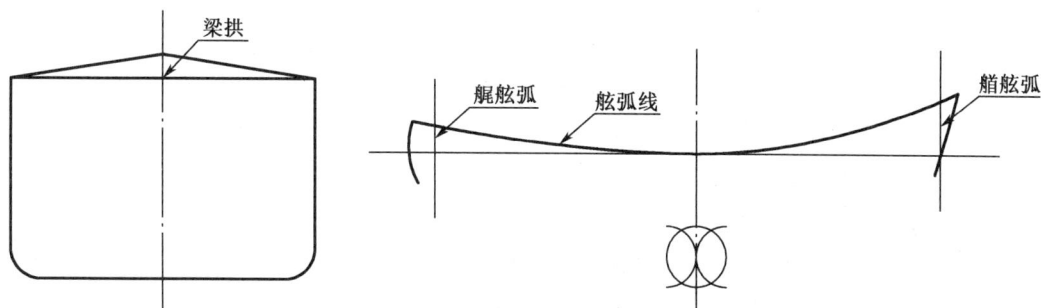

图 3 - 1　梁拱和舷弧

（1）梁拱

梁拱是甲板在两舷与舷顶列板交点的连线与纵中剖面线的交点，至横剖面中线与甲板板交点的垂直距离，简称为甲板的横向曲度，如图 3 - 1 所示。梁拱可增加甲板的强度，便于排泄甲板积水和增加储备浮力。梁拱的取值范围一般在船宽（B）的 $1/100 \sim 1/50$ 之间，干货船的梁拱通常取 $B/50$，客船的梁拱取 $B/80$ 或更小。

梁拱的形状通常为曲线形，也有折线形的。曲线形梁拱一般是一段圆弧，且全船梁拱高度相同的各层甲板以及同一层甲板各处（不论该处甲板宽度是多少）的梁拱圆弧半径是相同的。

（2）舷弧

在甲板的纵向上，艏艉高而中间低所形成的曲线叫舷弧线（sheer curve）。在船长中点处舷弧线最低，从该点画一条与基线（base line）平行的直线，则舷弧线上任一点量至该线的垂直距离就称为该点的舷弧（sheer），如图 3 - 1 所示。舷弧可增加储备浮力，便于甲板排水，减少甲板上浪和使船体外形更美观。其中位于艏垂线处的舷弧叫艏舷弧（fore sheer），位于艉垂线处的舷弧叫艉舷弧(after sheer),艏舷弧是艉舷弧的 2 倍。

上甲板的边缘沿船长方向,船中部低、两头高的曲线称为舷弧。现在有些大型船舶为了建造方便,取消了舷弧。

舷弧的大小是根据船舶航海性能而定的。通常艏舷弧高(上甲板艏端与船中部甲板边线最低处高度之差)是艉舷弧高(上甲板艉端与船中部甲板边线最低处高度之差)的 2~4 倍。在没有艏楼的船上艏舷弧更高些。上甲板边线在纵中剖面上的投影是两抛物线(船中向艏、向艉各为一根不同的抛物线),这两根抛物线称为标准舷弧。有些船的上甲板采用折线代替曲线舷弧,但这种形式使上甲板坡度过陡,不便行走,故较少采用。

3.强力甲板板的基本特点

强力甲板板厚与外板特点相同。在船梁承受总纵弯曲时,在舯部的弯矩最大,向艏艉逐渐减小到零。通常船级社的规范将甲板划分为舯部($0.4L$)、艏艉部($0.075L$)和过渡部分 3 个区域,舯部的强力甲板要比两端厚。开口间的甲板板不能有效地参与船舶的总纵弯曲,因此该部分甲板板与艏艉部($0.075L$)范围内的甲板板相同。

对于大开口的船舶(如集装箱船、散货船和多用途船),舱口之间的角隅处由于出现双力矩的作用,应力较高,所以该区域往往采用厚板加强,角隅也采用圆角。也有为改善该处角隅的高应力,将开口之间的横向过道在其强力甲板平面中设计成弱的构件,角隅采用方角形式。特别注意的是在开口的最前端与最后端的角隅应力集中系数较高,往往采用负角隅。

对于承受较大的局部载荷,如克令吊、锚机和绞缆机等处的甲板板应适当加厚。

对作为液舱顶的甲板板或平台板厚度应较相同水柱高度处的舱壁板增厚 1 mm。根据船级社规定,液舱顶的甲板板或平台板,当船长大于 90 m 时为 8 mm;当船长为 60~90 m 时为 7 mm;当船长小于 60 m 时为 6 mm。

4.甲板板的排板

甲板板的排板原则基本上与外板相同,但它的曲度并不像外板那样复杂,通常无须火工加工,除外板排列要求外,还需考虑以下几点:

(1)舯部甲板边板应保持相同的宽度,至艏艉端可逐渐减小,且其厚度亦可减薄至端部甲板板厚。

(2)为美观起见,甲板中央一列板沿船长布置应保持相同宽度。排板时,通常先排列甲板边板与中央一列板,然后自中心线向两侧排列,力求两舷的板列相互对称。

(3)舯部板厚过渡到两端板厚时,应逐步过渡。通常两相邻板的厚度差不宜大于薄板的厚度。

(4)纵横的板缝不得位于开口的角隅。货舱开口处的端接缝至少距开口横向边缘 500 mm以上,而且让过开口角隅的圆弧半径。

(5)在舱口角隅处加厚板与舱口间甲板区薄板间的纵向接缝应在距该舱口角隅弧线终止点内侧至少100 mm。

(6)排板时应注意甲板下纵向构件的位置,避免板缝与这些构件相重合或相距很近,一般要求至少100 mm。

(7)锚机、绞缆机和克令吊座下甲板采用加厚板,一般增厚 2~6 mm。

3.2.3 外板和甲板板尺寸确定

1. 外板尺寸的确定

外板的尺寸可遵循船级社的规范确定,此处暂不考虑特殊区域的加强,仅对外板做一般的尺寸计算。

本教材选用上海东欣软件工程有限公司提供的船体培训的型线数据。该船型为散货船,设计船长为 150 m,货船部分船底采用纵骨架式双层底结构,舷侧采用横骨架式单层舷侧结构,甲板为纵骨架式结构,中间设有货舱口,且该区域位于舯部(0.4L 为船长)。

船体外板尺寸如表 3 – 1 所示。

表 3 – 1 外板尺寸规范计算表

构件名称	计算公式		计算值	实取范围
船底板	$t_1 = 0.043s(L+230)\sqrt{\dfrac{F_b}{K}}$ $t_2 = 5.6s\sqrt{(d+h_1)F_bK}$ $t_3 = (0.035L+6)\sqrt{\dfrac{sK}{S_b}}$		$t_1 = 8.2$ mm $t_2 = 8.93$ mm $t_3 = 10.42$ mm	$t \geqslant 10.42$ mm
平板龙骨	宽度	$b = 900 + 3.5L$	$b = 1\,425$ mm	$b \geqslant 1\,425$ mm
	厚度	$t = t_{船底板} + 2$	$t_1 = 10.2$ mm $t_2 = 10.93$ mm $t_3 = 12.42$ mm	$t \geqslant 12.42$ mm
舭列板	$t_1 = \dfrac{rF_b}{165K}$,t_1 不小于相邻船底板厚		$t_1 = 9.09$ mm $t_2 = 10.42$ mm	$t \geqslant 10.42$ mm
舷侧外板	距基线 3/4D 以上: $t_1 = 0.073sE^{-1}(L+110)\sqrt{\dfrac{F_d}{K}}$ $t_2 = 4.2s\sqrt{(d+h_2)K}$		$t_1 = 9.53$ mm $t_2 = 8.52$ mm	$t \geqslant 9.53$ mm
	距基线 1/4D 以下: $t_1 = 0.072sE^{-1}(L+110)\sqrt{\dfrac{F_b}{K}}$ $t_2 = 6.3s\sqrt{(d+h_1)F_bK}$		$t_1 = 9.40$ mm $t_2 = 10.04$ mm	$t \geqslant 10.04$ mm
	距基线 1/4D 到 3/4D: $t_1 = \sqrt{L}$ t_2 用内插值法		$t_1 = 12.25$ mm $t_2 = 9.28$ mm	$t \geqslant 12.25$ mm

表 3-1（续）

构件名称	计算公式		计算值	实取范围
舷顶列板	宽度	$b = 800 + 5L$	$b = 1\,550$ mm	$b \geqslant 1\,550$ mm
	厚度	$t_1 = 0.085sE^{-1}(L_1 + 110)\sqrt{\dfrac{F_d}{K}}$ $t_2 = 0.9s\sqrt{(L+75)K}$	$t_1 = 7.83$ mm $t_2 = 9.45$ mm	$t \geqslant 9.45$ mm

注:s——肋骨间距或纵骨间距,m,计算时取值应不小于肋骨的标准间距;

d——吃水,m;

L_1、L——船长,m;

F_b、F_d——折减系数,对于外板和甲板,折减系数 F_b 和 F_d 应不小于 0.7;对于骨材,折减系数 F_b 和 F_d 应不小于 0.8;对船长小于 65 m 的船舶,F_b 和 F_d 均取为 1;

E——$E = 1 + \dfrac{s^2}{S^2}$;

S——船底桁材或龙骨间距,m;

h_1——$h_1 = 0.26C$,计算时取不大于 0.2d;

h_2——$h_2 = 0.5C$,计算时取不大于 0.36d;

K——材料系数,见表 1-4;

C——系数,当 $L < 90$ m 时,取值 $C = 0.041\,2L + 4$,当 90 m $\leqslant L \leqslant$ 300 m,$C = 10.75 - \left(\dfrac{300-L}{100}\right)^{\frac{3}{2}}$。

2. 甲板板尺寸的确定

外板的尺寸可遵循船级社的规范确定,此处暂不考虑特殊区域的加强,仅对甲板板做一般的尺寸计算。

该船甲板采用纵骨架式结构,船体甲板板的尺寸见表 3-2。

表 3-2　甲板板尺寸规范计算表

构件名称	计算公式		计算值	实取值
强力甲板	船中 0.4L 区域开口线外: $t_1 = 0.06s(L_1 + 110)\sqrt{\dfrac{F_d}{K}}$ $t_2 = 0.9s\sqrt{(L+75)K}$		$t_1 = 7.83$ mm $t_2 = 9.45$ mm	$t \geqslant 9.45$ mm
	船中 0.4L 区域开口线内: $t = 0.9s\sqrt{(L+75)K}$		$t = 9.45$ mm	$t \geqslant 9.45$ mm
甲板边板	宽度	$b = 500 + 6.8L$	$b = 1\,520$ mm	$b \geqslant 1\,520$ mm
	厚度	$t \geqslant t_{强力甲板}$	$t_1 = 7.83$ mm $t_2 = 9.45$ mm	$t \geqslant 9.45$ mm

注:S、L_1、L、F_d、K 参数同表 3-1。

3.3　外板和甲板板建模实例

3.3.1　生成外板

创建外板首先要有外板板缝才能创建外板,船体板缝的位置决定了板的形状和尺寸。如图 3－2 所示,板缝的创建要充分考虑到板的规格和排板的要求,如果出现板缝与内部型材小角度交叉、重合或距离太小等情况,还需对板缝进行偏移。在进行板缝名称定义时,一般 T 代表横向,L 代表纵向,PI 代表支柱。

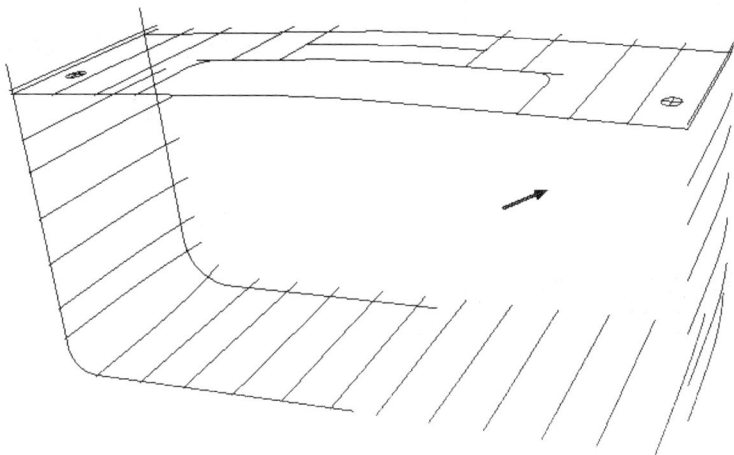

图 3－2　外板板缝和甲板板缝

1. 外板板缝建立

外板板缝由端缝和纵缝组成。一列板通常由两个纵缝和两个端缝围成,分别为列板的两个长边和两个短边。

(1)端缝:ST1:X = FR188 + 100(平面截交线),ST2:X = FR201 + 250(平面截交线)。板缝定义如图 3－3 所示。

(2)纵缝:SL1 ~ SL6:Y = 900,2 900,4 900,7 000,8 950,10 850(平面截交线),SL7 ~ SL12:Z = 1 450,2 680,4 460,6 240,8 020,9 220(平面截交线)。板缝定义如图 3－4 所示。

SL13:该板缝为船体舷顶列板的上边缝,通常利用船体外壳板与船体甲板的交线即甲板边线沿着肋骨弧长方向偏移的方式建立。

①利用 SHELL 与 1D 曲面求交生成曲线 221K1,如图 3－5 所示,该曲线即为甲板边线。

②SPD－H 中板缝创建有一种定义形式为"参考曲线偏移",这样就可以利用 221K1 向上偏移 150 mm 生成最高一根纵缝 SL13,如图 3－6 所示。

至此,船体外板的板缝创建完成,板缝生成效果图和板缝列表如图 3－7、图 3－8 所示。

2. 外板板建立

外板板缝创建结束以后就可以进行外板板的建立,有如下参数需要确定。

图 3-3 外板端缝定义

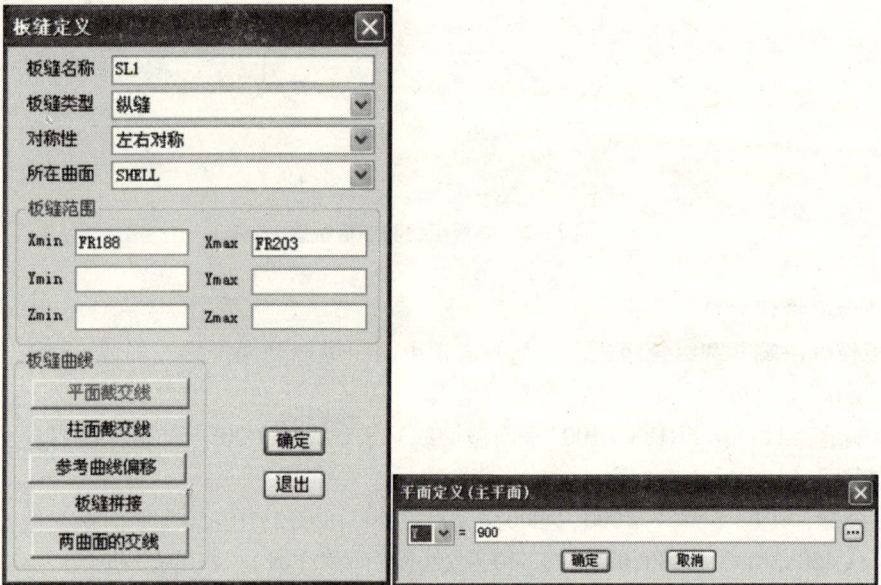

图 3-4 外板纵缝定义

（1）曲面板名称：曲面板名称前缀为分段名，名称为 PL + 数字的形式；

（2）零件编码：根据船厂要求填写，每个船厂的零件编码不尽相同，这里不做介绍；

（3）板对称性：有左右对称、仅左、仅右、跨中几项，对于外板一般选择左右对称，K 列板不做定义；

（4）材料牌号：原则上根据送审图纸的要求填写，根据板厚（$t \leqslant 20$ mm）及船体工作环境，这里可以选用 CCSA 级别普通船用钢；

（5）所在曲面：这里选择 SHELL 面，该曲面即为前面获取的线型文件所形成的曲面；

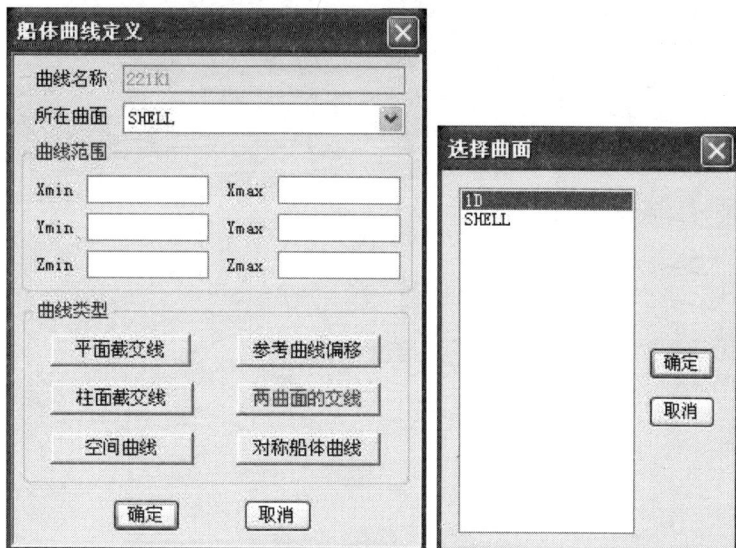

图 3－5　曲线 221K1 定义

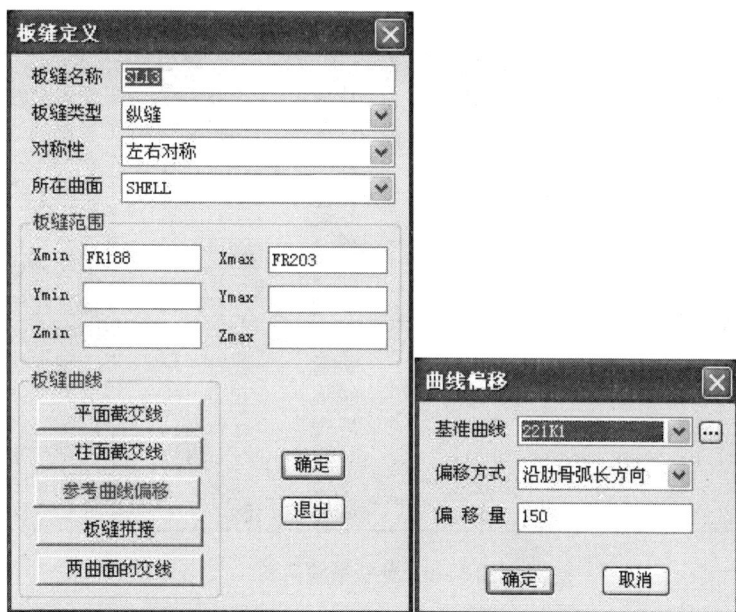

图 3－6　纵缝 SL13 定义

（6）曲面板的厚度朝向：型线内厚度为 0，型线外厚度为计算的所有的板厚值，具体厚度值见图 3－10 的曲面板列表；这里切记选择型线外厚度，因为作为钢质海船，船体型表面不包括外板，型表面以内布置型材，型表面以外布置外板。

生成的外板三维图和外板属性列表如图 3－9、图 3－10 所示。另外，这里还要特别注意 K 行板和普通列板的区别，如图 3－11、图3－12所示。

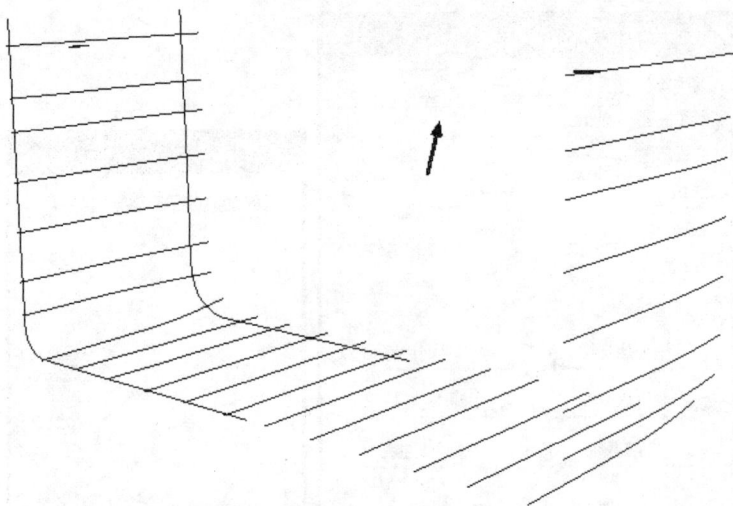

图 3 - 7　外板板缝生成图

| 对象类型 | 曲面板缝 |

序号	标识名	所在曲面	板缝类型	对称性	定义方式
8	1DT2	1D	端缝	跨中	平面截交线
9	SL1	SHELL	纵缝	左右对称	平面截交线
10	SL10	SHELL	纵缝	左右对称	平面截交线
11	SL11	SHELL	纵缝	左右对称	平面截交线
12	SL12	SHELL	纵缝	左右对称	平面截交线
13	SL13	SHELL	纵缝	左右对称	曲线偏移
14	SL2	SHELL	纵缝	左右对称	平面截交线
15	SL3	SHELL	纵缝	左右对称	平面截交线
16	SL4	SHELL	纵缝	左右对称	平面截交线
17	SL5	SHELL	纵缝	左右对称	平面截交线
18	SL6	SHELL	纵缝	左右对称	平面截交线
19	SL7	SHELL	纵缝	左右对称	平面截交线
20	SL8	SHELL	纵缝	左右对称	平面截交线
21	SL9	SHELL	纵缝	左右对称	平面截交线
22	ST1	SHELL	端缝	跨中	平面截交线
23	ST2	SHELL	端缝	跨中	平面截交线

图 3 - 8　外板板缝列表

这里要注意几个问题：

(1)边界定义时,选择由艉向艏,顺时针方向,除 K 行板外,必须形成封闭区域,如果分不清方向,也必须选择一个方向让板缝首尾相接,最后可以通过反序改变。

(2)全船板缝的布置和外板创建最好由一个人来做,这样可以防止一个分段与另一个分段的板缝冲突。

(3)当板缝和板零件定义结束后发现板缝及板零件定义出错时,请不要重做,点击"表选择操作对象",对板缝和板零件进行修改或删除等操作,否则会出现对象被重复定义的问题。

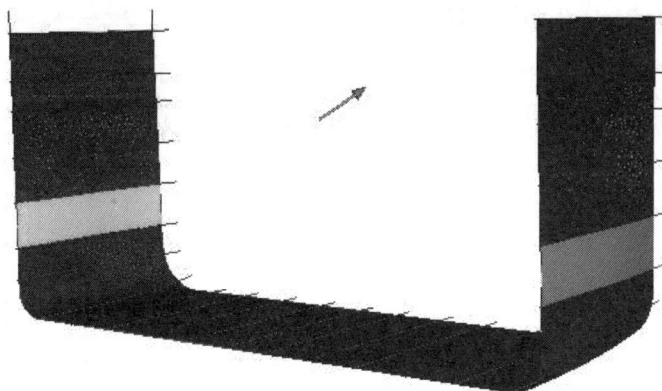

图 3 - 9 船体外板三维生成图

对象类型 [曲面板 ▼]

序号	标识名	零件编码	对称性	材料牌号	内厚度	外厚度	边界数	K行板	所在曲面
1	221PS-PL15		左右对称	A	0	12	4		1D
2	221PS-PL14		左右对称	A	0	13	4		1D
3	221PS-PL16		左右对称	A	0	12	4		1D
4	221PS-PL13		左右对称	A	0	12	4		SHELL
5	221PS-PL12		左右对称	A	0	12	4		SHELL
6	221PS-PL11		左右对称	A	0	12	4		SHELL
7	221PS-PL10		左右对称	A	0	12	4		SHELL
8	221PS-PL1		跨中	A	0	14	3	√	SHELL
9	221PS-PL2		左右对称	A	0	12	4		SHELL
10	221PS-PL3		左右对称	A	0	12	4		SHELL
11	221PS-PL4		左右对称	A	0	12	4		SHELL
12	221PS-PL5		左右对称	A	0	12	4		SHELL
13	221PS-PL6		左右对称	A	0	12	4		SHELL
14	221PS-PL7		左右对称	A	0	12	4		SHELL
15	221PS-PL8		左右对称	A	0	12	4		SHELL
16	221PS-PL9		左右对称	A	0	12	4		SHELL

图 3 - 10 船体外板属性列表

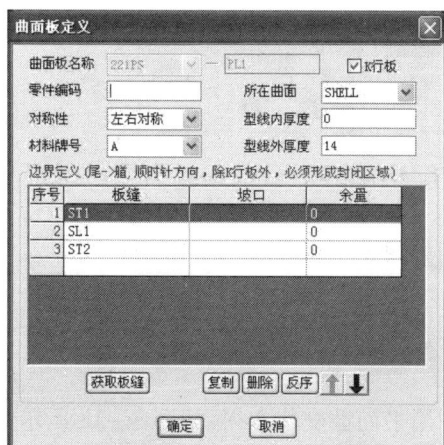

图 3 - 11 K 列板定义界面

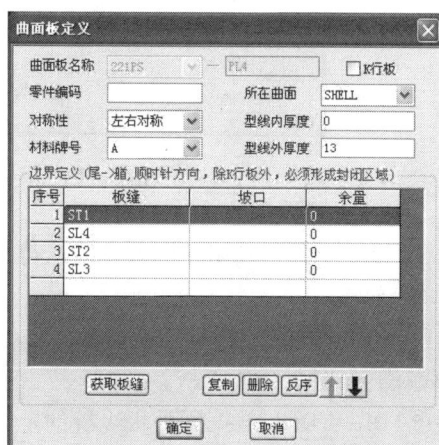

图 3 - 12 普通列板定义界面

3.3.2　生成甲板及曲面面板

1. 甲板板缝创建

为了简单起见,本教材选用东欣软件工程有限公司提供的甲板建模板缝培训数据,如图 3 - 13 所示,在此基础上补全甲板各列板。

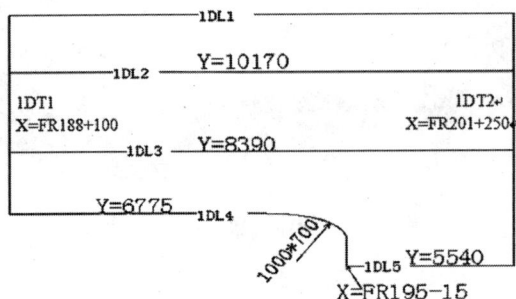

图 3 - 13　甲板的板缝位置

（1）端缝

①1DT1、1DT2:数据同外板端缝,利用平面截交线求得,如图 3 - 14 所示。

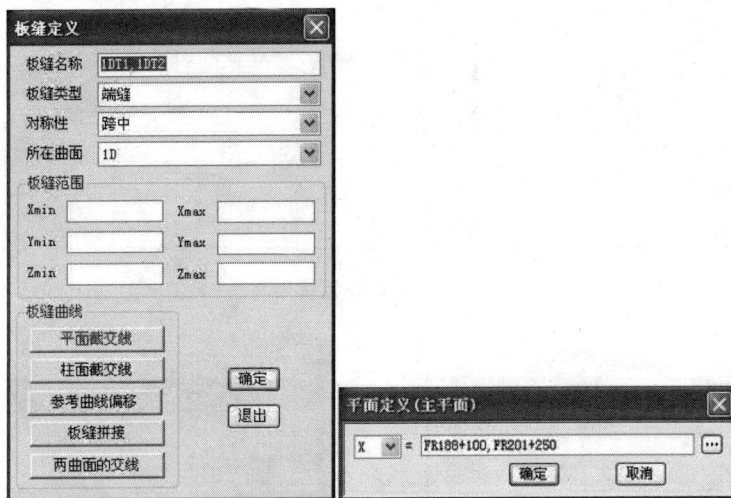

图 3 - 14　甲板端缝 1DT1、1DT2 定义

②1DT3、1DT4:利用平面截交线求得,板缝范围如图 3 - 15、图 3 - 16 所示。

（2）纵缝

①1DL1:甲板边线,利用两曲面的交线求得,注意所在曲面为 1D,选择曲面为 SHELL,不要颠倒,如图 3 - 17 所示。

②1DL2、1DL3:数据同外板纵缝的定义方式,利用平面截交线求得,如图 3 - 18 所示。

③1DL4:用柱面截交线生成板缝,如图 3 - 19 所示,注意柱面准线样条由一系列的线段组成,本身是有范围的,所以此时板缝范围可以为空。

④1DL5:数据同外板纵缝,利用平面截交线求得,注意板缝范围,如图 3 - 20 所示。

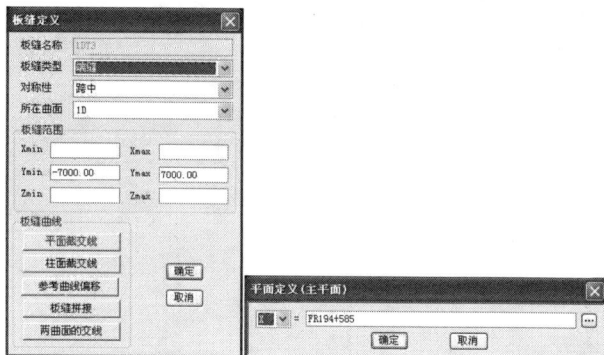

图 3 – 15 甲板端缝 **1DT3** 定义

图 3 – 16 甲板端缝 **1DT4** 定义

图 3 – 17 甲板纵缝 **1DL1** 定义

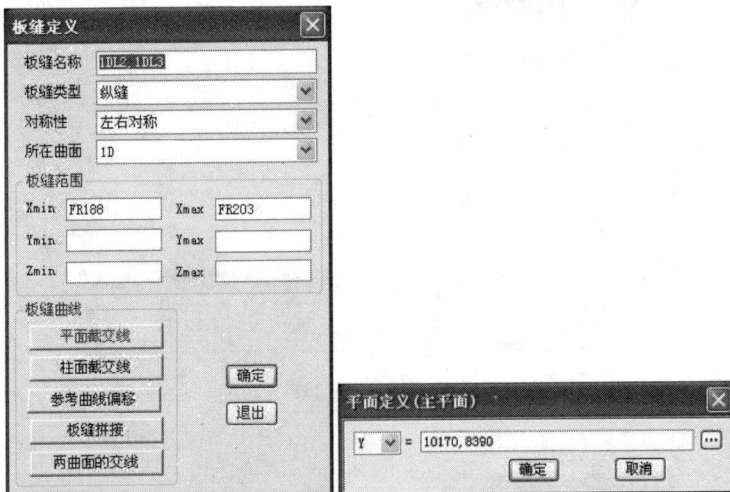

图 3 – 18　甲板纵缝 1DL2、1DL3 定义

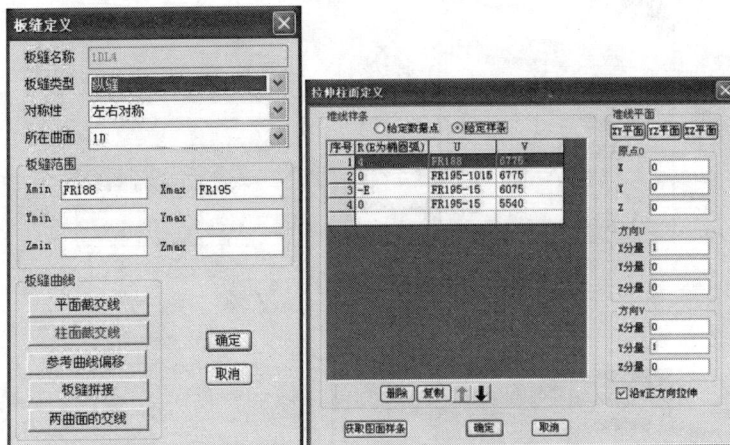

图 3 – 19　甲板纵缝 1DL4 定义

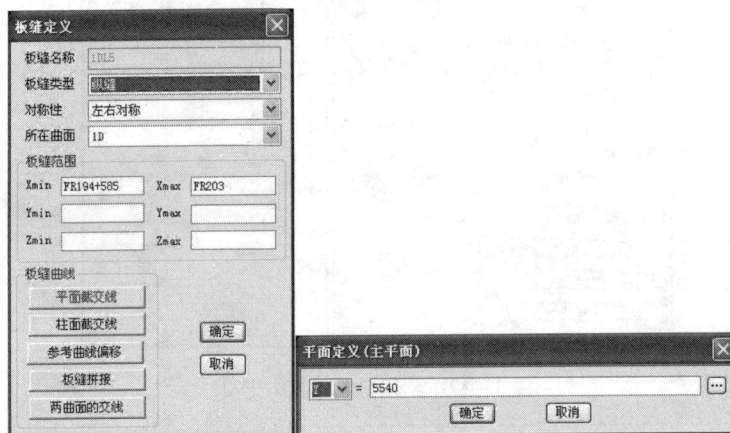

图 3 – 20　甲板纵缝 1DL5 定义

⑤1DL6：利用板缝拼接功能把 1DL4 与 1DL5 拼接生成，注意先选 1DL4，后选 1DL5，且注意板缝范围，如图 3 - 21 所示。

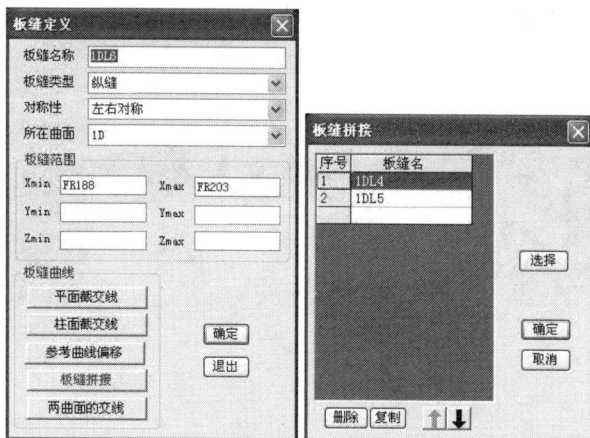

图 3 - 21　甲板纵缝 1DL6 定义

⑥1DL7：利用平面截交线，主平面为 Y = 3 540，如图 3 - 22 所示。

图 3 - 22　甲板纵缝 1DL7 定义

到此，该总段甲板板缝创建结束，生成图和属性列表如图 3 - 2、图 3 - 23 所示。

序号	标识名	所在曲面	板缝类型	对称性	定义方式
1	1DL1	1D	纵缝	左右对称	曲面间交线
2	1DL2	1D	纵缝	左右对称	平面截交线
3	1DL3	1D	纵缝	左右对称	平面截交线
4	1DL4	1D	纵缝	左右对称	柱面截交线
5	1DL5	1D	纵缝	左右对称	平面截交线
6	1DL6	1D	纵缝	左右对称	板缝拼接
7	1DT1	1D	端缝	跨中	平面截交线
8	1DT2	1D	端缝	跨中	平面截交线

图 3 - 23　甲板板缝属性列表

2.甲板板的创建

根据定义好的板缝创建甲板曲面板,产生对应列表,如图 3-24、图 3-25 所示,注意中间两列横向放置的板的对称性为跨中。

图 3-24　甲板板的三维生成图

对象类型　曲面板

序号	标识名	零件编码	对称性	材料牌号	内厚度	外厚度	边界数	K行板	所在曲面
1	221PS-PL18		跨中	A	0	12	4		1D
2	221PS-PL17		左右对称	A	0	12	4		1D
3	221PS-PL16		左右对称	A	0	12	4		1D
4	221PS-PL15		左右对称	A	0	12	4		1D
5	221PS-PL14		左右对称	A	0	13	4		1D
6	221PS-PL19		跨中	A	0	12	4		1D

图 3-25　甲板板的属性列表

最后,我们可以获得船体外板和甲板的三维立体生成图和属性列表,如图 3-26、图 3-27 所示。

图 3-26　船体外板和甲板的生成图

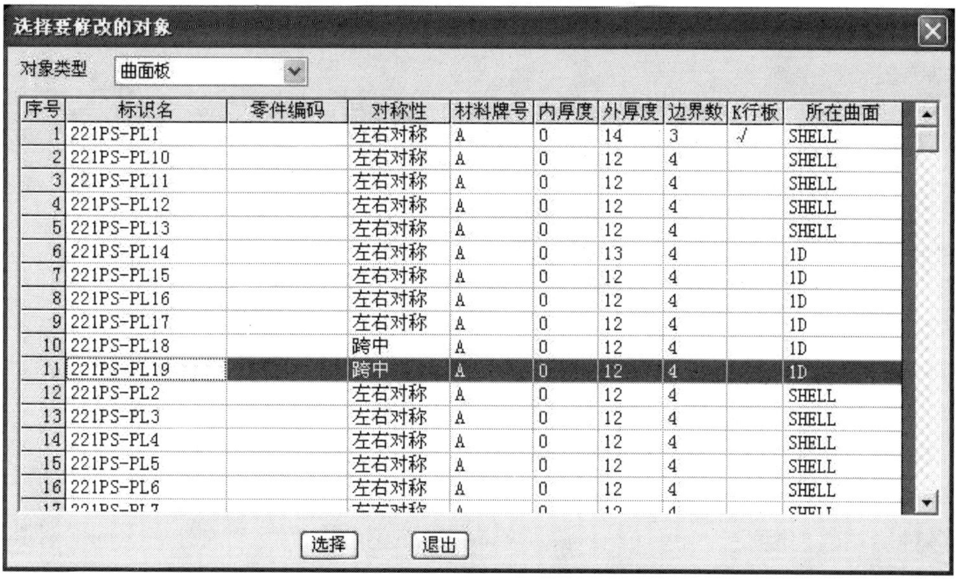

选择要修改的对象

对象类型　曲面板　▼

序号	标识名	零件编码	对称性	材料牌号	内厚度	外厚度	边界数	K行板	所在曲面
1	221PS-PL1		左右对称	A	0	14	3	√	SHELL
2	221PS-PL10		左右对称	A	0	12	4		SHELL
3	221PS-PL11		左右对称	A	0	12	4		SHELL
4	221PS-PL12		左右对称	A	0	12	4		SHELL
5	221PS-PL13		左右对称	A	0	12	4		SHELL
6	221PS-PL14		左右对称	A	0	13	4		1D
7	221PS-PL15		左右对称	A	0	12	4		1D
8	221PS-PL16		左右对称	A	0	12	4		1D
9	221PS-PL17		左右对称	A	0	12	4		1D
10	221PS-PL18		跨中	A	0	12	4		1D
11	221PS-PL19		跨中	A	0	12	4		1D
12	221PS-PL2		左右对称	A	0	12	4		SHELL
13	221PS-PL3		左右对称	A	0	12	4		SHELL
14	221PS-PL4		左右对称	A	0	12	4		SHELL
15	221PS-PL5		左右对称	A	0	12	4		SHELL
16	221PS-PL6		左右对称	A	0	12	4		SHELL
17	221PS-PL7		左右对称	A	0	12	4		SHELL

选择　　退出

图 3 – 27　船体外板和甲板的属性列表

第4章　船底结构设计

4.1　概　　述

底部结构位于船体的最下部,是保证船体总纵强度和局部强度的重要结构。

船底有单底和双层底两种形式,也有横骨架式和纵骨架式两种布置形式。

单底结构是由船底板和底部骨架结构组成,结构比较简单,施工方便,但承受总纵弯曲和局部载荷能力较弱,抗沉性差。大多用于小型船舶、内河运输船、载重量600 t以下的油船及各种船舶的首尾端。双层底结构除了船底板外,还由内底板及内外底之间的骨架结构组成。双层底除了提高船的抗沉性,保证船舶的安全,还可以作为压载舱、隔离舱和各种液体舱;双层底通常设置在防撞舱壁至艉尖舱舱壁范围。

作用在底部结构上的外载荷主要有:

(1)总纵弯曲载荷:当船梁中拱时,底部承受压缩正应力;当船梁中垂时,底部承受拉伸正应力。

(2)局部横向载荷:外部水压力,舱内压载水、货物及装置的重力,坞墩反力等。

(3)动力载荷:船首底部承受的波浪的砰击力,船尾底部承受螺旋桨的脉动水压力,机舱底部承受机器的振动力,货舱底部承受货物重力以及装卸时的动力载荷。

(4)船底与河床的摩擦或偶然搁浅产生的碰撞等。

4.2　船底结构设计

4.2.1　横骨架式双层底结构

1.内底板和内底边板

内底板大多采用纵向排列,靠近外板的一列板为内底边板。

为了进入双层底施工、清舱和检修,尽量在每舱两对角处的内底板上开设人孔。在机舱双层底中比较小的舱,可在水密侧桁材或水密肋板上只开一个人孔。

在下列区域内,内底板应局部增厚:

(1)双层底内的燃油舱区域,内底板厚度应不小于8 mm。

(2)如货舱舱口下未铺设木铺板,应将舱口下内底板至少增厚2 mm。如采用抓斗或其他类似机械卸货而又未铺木铺板,内底板至少增厚5 mm。

2.中桁材

纵中剖面处的纵向构件称为中桁材,船中0.75L区域内不开人口或减轻孔(如必须开孔,应予以加强)并保持连续,通常为水密结构。船中0.75L区域以外可以开孔,但开孔高度通常不超过其高度的40%。

　　某些船舶双层底中心线附近用箱形中桁材代替一般的中桁材,如图 4 − 1 所示,它是由两道平行的桁材、内外底板和骨材等组成的箱形结构。在箱形桁材内不设肋板,在每个肋位上设置内底骨材及船底骨材,在船体中心线上或在靠近船体中心线处设置间断的船底纵向骨材。

　　箱形桁材的优点是能在双层底内构成一条水密通道,用来布置管系,便于检修。但其缺点是重力增加较多,结构复杂,需要增设通风、照明等设施,如图 4 − 1 所示。

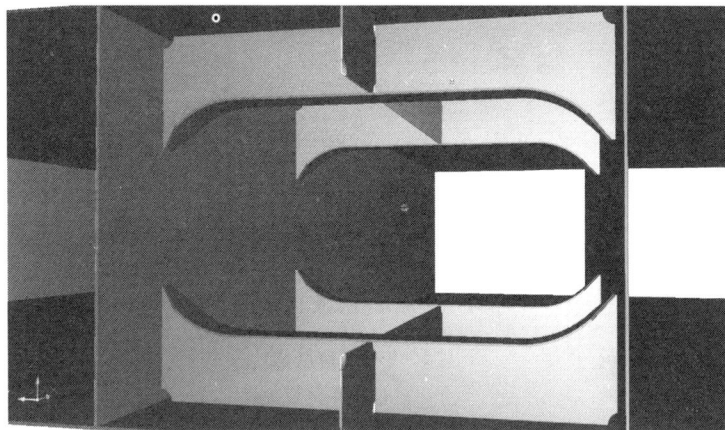

图 4 − 1　箱形中底桁

3. 肋板

　　肋板是设置在船底肋位上的横向构件,对保证船底的局部强度和船体横向强度起重要作用。按其结构形式有实肋板、组合肋板和轻型肋板之分。按肋板的设置情况,又有两种:一种是每一肋位设置的实肋板;另一种是每隔 4 档肋距(不大于 3.2 m)设置实肋板,而在实肋板之间的肋位上设置组合肋板或轻型肋板。

　　(1)实肋板

　　在机舱、锅炉座下及推力轴承座下应每个肋位设置实肋板;横舱壁以及支柱下应设置实肋板;距艏垂线 0.2L 以前区域应每个肋位上设置实肋板。实肋板上一般开有减轻孔(部分兼作通道孔),开孔位置的前后最好能直线排列,便于施工与检修时人员的出入。开孔大小一般不得小于 350 mm × 450 mm,其最大高度不得超过肋板高度的一半,否则要进行局部加强。船长超过 90 m 或肋板高度超过 0.9 m 时,实肋板上应设置垂直加强筋,其间距不大于 1.5 m,厚度与肋板相同,宽度为肋板高度的 1/100。

　　(2)水密肋板

　　考虑水密肋板可能单面受载,其板厚除以上要求外,当水密肋板高度大于 0.9 m 而不超过 2 m 时,应设置间距不大于 0.9 m 的垂直加强筋,加强筋两端应削斜。油密肋板的加强筋要求同水密肋板。

　　当双层底与边液体舱或隔离舱内部相连通,或实肋板高度超过 2 m 时,水密肋板的尺度应满足深舱要求,垂直加强筋的端部要加肘板。

　　(3)组合肋板

　　横骨架式的双层底在不设置实肋板的肋位上应设置组合肋板,在中桁材和内底边板处设置肘板,该肘板的厚度应与该区域的肋板厚度相同。当双层底高度大于或等于 800 mm

时,肘板应有面板或折边,其宽度为厚度的 10 倍,但不宜大于 90 mm。旁桁材处应设加强筋,加强筋的尺寸与内底骨材相同。

在锅炉舱区域内的骨材及撑柱应增厚 2 mm。

当内底板上承受较大压力时,上述的骨材等构件应考虑这种作用力。

组合肋板的船底骨材及内底骨材与肘板的搭接要求应符合一般肘板与肋骨的搭接要求,如图 4 - 2 所示。

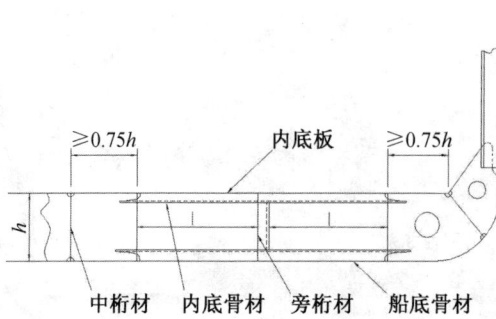

图 4 - 2 组合肋板

(4)轻型肋板

横骨架式双层底在不设置实肋板的肋位上,可设置轻型肋板以代替组合肋板。轻型肋板腹板厚度不小于所在区域实肋板厚度。其开孔边缘至内底或船底的最小距离应不小于中桁材高度的 0.2;从中桁材和内底边板至开口边缘的距离应不小于中桁材高度的 0.5;旁桁材与开口边缘的距离不小于中桁材高度的 0.25;开口长度应不超过 1.2 倍中桁材高度。肋板上的垂直加强筋间距应不大于 2.2 m,如图 4 - 3 所示。

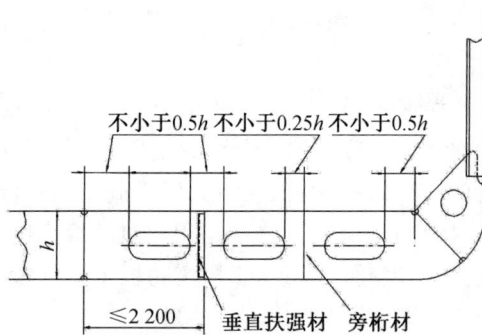

图 4 - 3 轻型肋板

4.旁桁材

船宽大于 10 m 的船舶,中桁材两侧至少各设 1 道旁桁材;船宽大于 18 m 时,中桁材两侧至少各设 2 道旁桁材,桁材之间的间距一般不大于 4 m。但距艏垂线 0.2L 以前区域,旁桁材设置间距应不大于 3 个肋距。旁桁材应尽可能均匀设置。

4.2.2　纵骨架式双层底结构

1. 内底板与内底边板

内底板与内底边板尺寸同横骨架式。内底边板应在每个肋位处设置通达邻近底纵骨的肘板,肘板边缘应做加强,肘板厚度与肋板相同。

2. 船底桁材

在实肋板之间的中桁材两侧,应设通达邻近纵骨的肘板,其间距一般不大于 1.2 m,肘板厚度与肋板相同。

如中桁材是水密的,则在肋板与肋板之间(间距大于 1 个肋距)应设置与水密肋板同样尺寸的垂直加强筋。

对船宽大于 12 m 但不大于 20 m 的船舶,中桁材两侧至少应各设 1 道旁桁材。对船宽大于 20 m 的船舶,中桁材两侧至少应各设 2 道旁桁材,桁材之间的间距一般不大于 5 m,距艏垂线 0.2L(L 为船长)以前区域,旁桁材间距应不大于 3 档纵骨间距。旁桁材应尽可能均匀设置。

如果双层底与边液体舱或深舱内部相连通,水密旁桁材厚度尚应符合深舱要求。

上述桁材均应设置垂直加强筋。旁桁材上的垂直加强筋应按对实肋板的规定设置,水密旁桁材上的垂直加强筋应按对水密肋板的规定设置。某些船舶,用箱形中桁材代替一般的中桁材。为了增加其通道空间,减小其内部构件尺寸,除了在每个肋板的相应位置设置横向构件外,在两个肋板中间增设一道横向构件,此时桁材的外侧应设置通到相邻纵骨的肘板。

3. 船底纵骨

船底纵骨的最大间距应不大于 1 m。当实际间距大于计算值 200 mm 时,船底外板和纵骨将另行考虑。

在锅炉舱内的纵骨、撑柱及肘板等应增厚 2 mm。

纵骨穿过非水密肋板时,纵骨应与肋板和该处肋板上的垂直加强筋焊接。

当纵骨在水密肋板处中断时,纵骨应以长度和宽度等于船底纵骨高度 2.5 倍的肘板与水密肋板连接,肘板的厚度与肋板相同。当船长超过 200 m 时,船底纵骨一般应穿过水密肋板,但也可采用相应的替代结构。

4. 肋板

在机舱区域,至少每隔 1 个肋位应设置实肋板,但在主机座、锅炉座、推力轴承座下的每个肋位处均应设置实肋板。横舱壁下和支柱下应设置实肋板。

距艏垂线 0.2L 以前区域应在每隔 1 个肋位上设置实肋板。

其余区域实肋板间距不大于 3.6 m。

肋板上的每根纵骨处应设置垂直加强筋。非水密肋板垂直加强筋的厚度等于肋板厚度,宽度应不小于 150 mm;船长小于 90 m 时,加强筋的宽度取不小于 1.65L,但至少为 50 mm。水密肋板垂直加强筋的尺寸与水密肋板要求相同。垂直加强筋应与内外底纵骨焊接。

肋板厚度与高度之比一般不小于 1/130。

如果双层底与边液舱或深舱内部相连通时,水密肋板厚度及其扶强材均应符合深舱的要求。

4.2.3 船首底部加强

对横骨架式的双层底应每档肋位设置实肋板,同时应设置间距不大于 3 个肋距的旁桁材,并在中间设置有折边的半高旁桁材,应将旁桁材和半高旁桁材尽量向首延伸。对纵骨架式的双层底应每隔 1 个肋位处设置实肋板,船底纵骨剖面模数应比实际计算值增大 10%,但应注意该公式的 l 值应不小于 1.85 m。应设置间距不大于 3 个纵骨间距的旁桁材,并应尽量向船首延伸。

4.2.4 船底结构尺寸确定

1. 横骨架式双层底结构

横骨架式双层底结构由中底桁、旁底桁、实肋板、水密肋板、组合肋板及内底板、船底板等组成,具体尺寸计算见表 4 - 1。

表 4 - 1 横骨架式双层底结构规范计算表

名称	尺寸要求			布置要求及规范说明
内底板和内底边板	船中 0.4L 区域内: $t = 0.04L + 5s + 2.1$ $t \geqslant 6$ 机炉舱区域内: $t = 0.055L + 4.8$			机炉舱区域内: $t_{内底板} = t_{内底边板}$ 货舱区域内: $t_{内底板} < t_{内底边板}$ 具体规定参照《钢规》2.6.9 部分的规定
中底桁	高度	$h_0 \geqslant 25B + 42d + 300$ 且 $h_0 \geqslant 650$ mm		船中 0.75L 区域内不开人口或减轻孔(如必须开孔应予以加强)并保持连续
	厚度	船中 0.4L 内	$t_1 = (0.007\ 7h_0 + 4)\sqrt{K}$	
		船端 0.075L 内	$t = t_1 - 2$	
		炉舱内	$t = t_1 + 2.5$	
箱形中底桁	加强筋	$W = 22sdl^2K$		两道平行桁材之间的距离不大于 2 m; 该区域的船底板和内底板应适当加厚
旁底桁	厚度	$t = t_{中桁材} - 3$ $t \geqslant t_{肋板}$ $t = t_{水密} - 2$		尽量均匀布置; 船宽大于 10 m 时,两侧至少各设 1 道;船宽大于 18 m 时,两侧至少设 2 道,桁材间距小于 4 m

表 4-1(续)

名称	尺寸要求			布置要求及规范说明
肋板	实肋板	货舱和机舱区域: $t_1 = (0.007\ 7h_0 + 1)\sqrt{K}$ 炉舱及污水井处: $t_1 = (0.007\ 7h_0 + 1)\sqrt{K} + 2.5$		机舱、锅炉座下、推力轴承座下及艏垂线 $0.2L$ 以前,每个肋位设实肋板,横舱壁及支柱下必须设实肋板,其余实肋板间距不大于 3.2 m; 船长超过 90 m 或肋板高度超过 0.9 m 时,实肋板上应设加强筋,厚度同肋板板厚,宽度为 $0.1h_0$
	水密肋板	厚度	$t = t_1 + 2$ 且 $t \leq 15$	水密舱壁下设水密肋板; 当高度大于 0.9 m 小于 2 m 时,须设间距小于 0.9 m 的加强筋,且两端削斜处理。 当与边液体舱或隔离舱内部相连通或高度超过 2 m 时,水密肋板参考对深舱的要求,同时垂直加强筋端部加肘板连接
		加强筋	$W = 5.5shl^2K$	
	组合肋板	肘板	同实肋板	当高度 $h \geq 800$ mm 时,肘板应设有面板或折边;当骨材跨距大于 2.5 m 时应设撑柱; 锅炉舱区域内的骨材及撑柱应增厚 2 mm; 船底及内底骨材与肘板的搭接要求可以查询《钢规》2.5.5.3 部分的规定
		船底骨材	$W = (15 - 2.5l_1)sdl^2K$	
		内底骨材	85% W	
		中间撑柱	当 $W > 85$ cm³ 时, $A = 23.8 + 0.04W$ 当 $W \leq 85$ cm³ 时, $A = 0.32W$	
	轻型肋板	腹板厚度同实肋板		开口边缘距离船底和内底 $\geq 0.2h_{中桁材}$; 距离中桁材和内底边板 $\geq 0.5h_{中桁材}$; 距离旁桁材 $\geq 0.25h_{中桁材}$; 开口长度 $\geq 1.2h_{中桁材}$。 具体要求参照《钢规》2.6.8.1 部分的规定

注:s——肋骨间距或纵骨间距,m,计算时取值应不小于肋骨的标准间距;

　　d——吃水,m;

l——骨材或桁材距,m;

l_1——同 l,但 $l > 2.5$ m 时,取 $l_1 = 2.5$ m;

L_1、L——船长,m;

h_0——中桁材高度或双层底计算高度,m;

B——船宽,m;

h——由内底板到溢流管顶的垂直距离,m;

K——材料系数,见表 1 – 4。

2. 纵骨架式双层底结构

纵骨架式双层底结构由船体纵骨、内底纵骨、船底桁材、肋板、内底板、船底板等组成,具体尺寸计算见表 4 – 2。

表 4 – 2　纵骨架式双层底结构规范计算表

名称	尺寸要求			布置要求及规范说明
内底板和内底边板	船中 0.4L 区域内: $t = 0.04L + 5s + 1.1$ $t \geqslant 6$ 机炉舱区域内: $t = 0.055L + 3.8$			机炉舱区域内: $t_{内底板} = t_{内底边板}$ 货舱区域内: $t_{内底板} < t_{内底边板}$ 具体规定参照钢规 2.6.13 部分的规定
中底桁	高度	$h_0 \geqslant 25B + 42d + 300$ 且 $h_0 \geqslant 650$ mm		船中 0.75L 区域内不开人口或减轻孔并保持连续; 实肋板之间的中桁材须设通达邻近纵骨的肘板,其厚度与肋板同厚,如中桁材是水密结构,每个空出的肋位须设加强筋
	厚度	船中 0.4L 内	$t_1 = (0.007\ 7h_0 + 4)\sqrt{K}$	
		船端 0.075L 内	$t = t_1 - 2$	
		炉舱内	$t = t_1 + 2.5$	
旁底桁	厚度	$t = t_{中桁材} - 3$ $t \geqslant t_{肋板}$ $t = t_{水密} - 2$		尽量均匀布置,且须设加强筋; 船宽大于 12 m 时,两侧至少各设 1 道;船宽大于 20 m 时,两侧至少设 2 道,桁材间距小于 5 m; 船长超过 90 m 或桁材高度超过 0.9 时,旁底桁上应设加强筋

表 4 – 2（续）

名称		尺寸要求		布置要求及规范说明
肋板	实肋板	板厚	货舱和机舱区域	$t = 1.1t_1$ 且 $t \leqslant 15$	机舱、锅炉座下、推力轴承座下及艏垂线 0.2L 以前，每个肋位设实肋板，横舱壁及支柱下必须设实肋板，其余实肋板间距不大于 3.6 m
			炉舱及污水井处	$t = 1.1t_1$ 且 $t \leqslant 15$	
		加强筋	同板厚、宽度不小于 150 mm 或者 $1.65L(L < 90 \text{ m})$		
	水密肋板	板厚	$t = t_1 + 2$ 且 $t \leqslant 15$		肋板上的每根纵骨处应设垂直加强筋
		加强筋	$W = 5.5shl^2K$		
船底纵骨		间距	$S_b = 1.6L + 500$		最大间距不超过 1 m；纵骨可以穿过水密舱壁加水密补板，也可以中断加肘板连接
		剖面模数	$W = \dfrac{8.5f}{1.73 - F_b}(d + h_1)sl^2K$		
内底纵骨		间距	$S_b = 1.6L + 500$		内底纵骨的间距尽可能与船底纵骨相等；内底纵骨的朝向尽可能与船底纵骨一致
		剖面模数	$85\% W$		

注：S_b——标准间距,m;

　　f——系数,有中间垂直撑柱时为 0.52,无中间垂直撑柱时为 1.0;

　　F_b——折减系数;

　　h_1——$h_1 = 0.26C$,计算时取不大于 0.2d;

　　S、d、L_1、L、l、l_1、B、h、K 参数同表 4 – 1。

4.3　船底结构建模实例

该部分结构所取尺寸可能与实际尺寸计算有误差,在计算时可以根据实际船型主尺度和规范计算结果确定具体尺寸范围。下面以一艘 20 000 t 级散货船为例,对其底部几个典型结构进行建模。

4.3.1　船底纵骨

1. 船体迹线刷新

首先需要生成船底纵骨所在位置的迹线,通过刷新纵剖基本曲线获得,如图 4 – 4 所示。

2. 生成纵骨

利用船体迹线 SHELLYL1,2,3,…,17;SHELLZL20,21,22,…,33 生成纵骨,规格:260 * 10BP。起止位置同外板端缝位置。船底纵骨定义如图 4 – 5 所示。

图 4-4 SHELLY* 系列船体曲线刷新

图 4-5 船底纵骨定义对话框

（1）基础属性定义

以 L11 对应纵骨为例，对称性为左右对称，材料牌号选取 20#钢，位置标签为 L11（型材标签需提前激活，激活对话框如图 4-6 所示），厚度方向向中（可以向舷，根据型材理论线定位进行朝向选取）。

（2）倾角定义

选取型材在迹线平面以内，型材朝向选取曲面内侧。

（3）起始端和终止端定义

同外板板缝，端部连接取5（与其他型材对接），端部形式为2110。

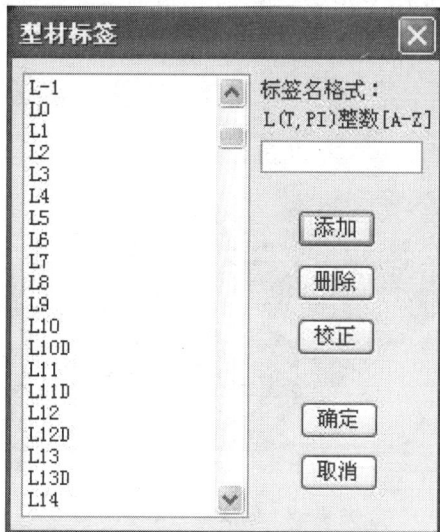

图 4 - 6　"型材标签"定义对话框

3. 纵骨附加属性定义

纵骨附加属性主要是给型材开内孔、边界孔、贯穿切口(贯穿切口定义将在后面讲解)等定义。图 4 - 7、图 4 - 8 为纵骨开内孔和开边界孔。

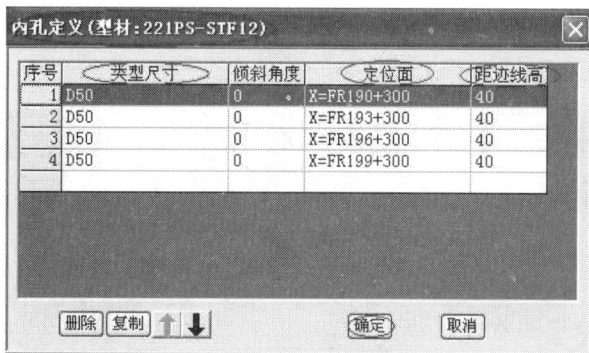

序号	类型尺寸	倾斜角度	定位面	距边线高
1	D50	0	X=FR190+300	40
2	D50	0	X=FR193+300	40
3	D50	0	X=FR196+300	40
4	D50	0	X=FR199+300	40

图 4 - 7　纵骨开内孔

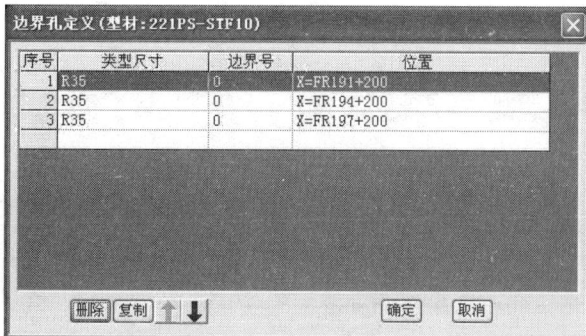

序号	类型尺寸	边界号	位置
1	R35	0	X=FR191+200
2	R35	0	X=FR194+200
3	R35	0	X=FR197+200

图 4 - 8　纵骨开边界孔

　　船底纵骨建模结果如图 4 - 9 所示。此外,可以通过曲面型材的复制功能对创建完成的型材在相似位置进行复制,从而增加建模效率,此时要注意被复制型材和新位置迹线的关系。

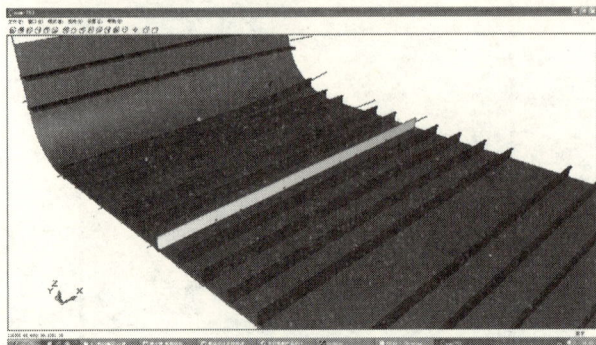

图 4 - 9　船底纵骨三维浏览

4.3.2　内底板架

1. 内底板板架

根据《钢规》计算可得双层底的高度,这里取双层底高度为 1 800 mm,由于该散货船设有底边舱,因此板架左右位置设定为 Y = [- 8 800,8 800],前后位置同外板端缝。

(1)板架属性定义

板架名:1800Z。定位面:Z = 1 800,左右对称。如图 4 - 10 所示。

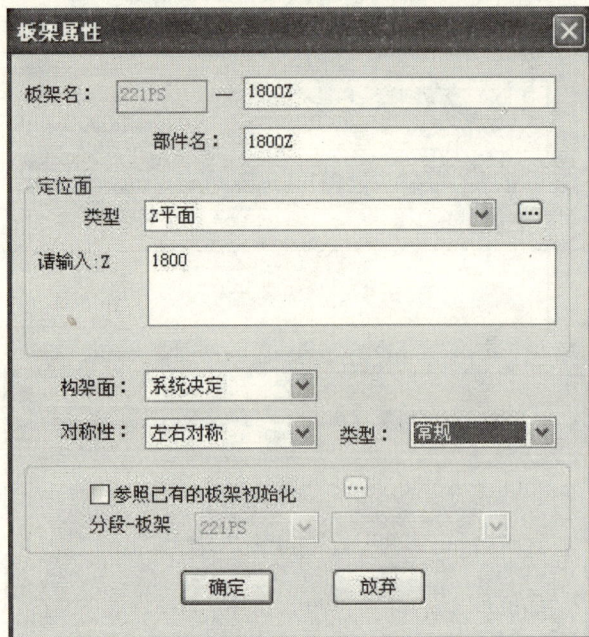

图 4 - 10　板架属性定义

（2）边界定义

Lim1：直线 Y = 8 800。Lim2：直线 X = FR188 + 100。Lim3：直线 Y = 0。Lim4：直线 X = FR201 + 250。如图 4 – 11 所示。

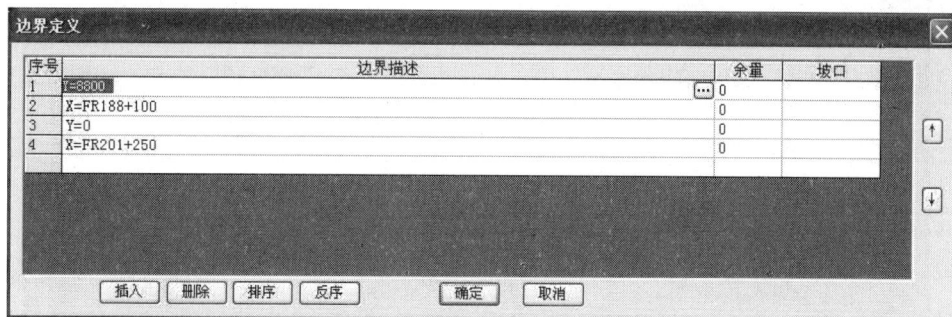

图 4 – 11　边界定义

（3）板缝定义

Seam1：直线 Y = 950。Seam2：直线 Y = 2 900。Seam3：直线 Y = 4 850。Seam4：直线 Y = 6 850。如图 4 – 12 所示。

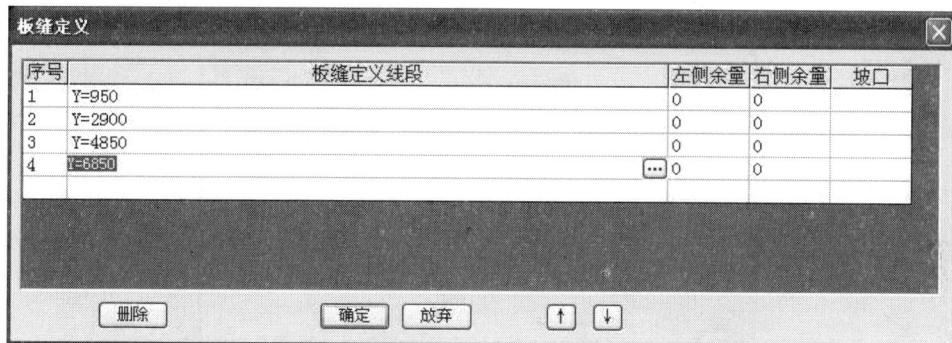

图 4 – 12　板缝定义

（4）板零件定义

板零件为 5 个,厚度统一取 10 mm,材料选择普通 A 级钢,如图 4 – 13 所示。

（5）平面扶强材定义(内底纵骨)

船体内底板位置距离中和轴较近,且受力小于船底外板,因此选用型材界面模数也稍小于船底纵骨,可以通过截面模数计算结果查表进行选取,这里取 240 * 10BP,20#钢。定位位置与船底纵骨对齐,球头朝向与船底纵骨保持一致,如图 4 – 14、图 4 – 15 所示。

2. 底边舱斜板架

底边舱斜板架不同于普通的板架结构,向内倾斜的设计便于散货的清舱,其结构如图 4 – 16所示。

（1）板架属性

板架名为 1X,定位面用三点斜平面进行定义,三个点的坐标,如图 4 – 17 所示。

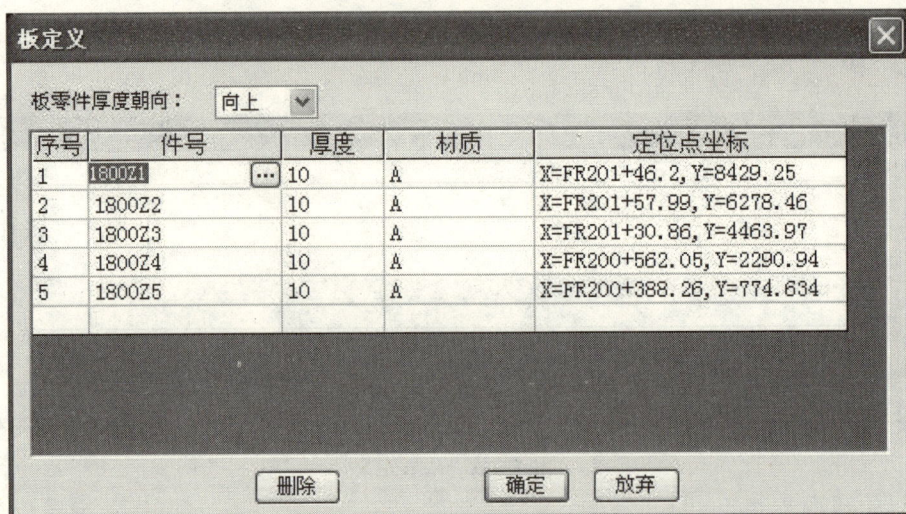

图 4 – 13　板零件定义

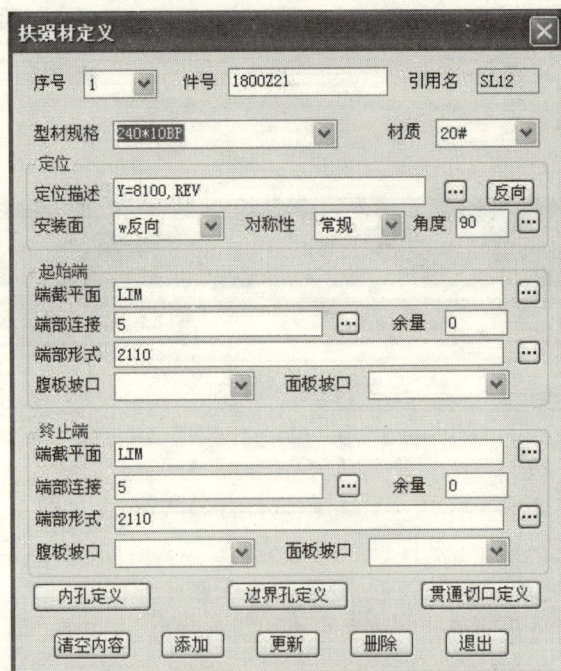

图 4 – 14　扶强材定义

（2）边界定义

Lim1：直线 Y = 8800。Lim2：直线 X = FR188 + 100。Lim3：船体曲面 SHELL。Lim4：直线X = FR201 + 250。

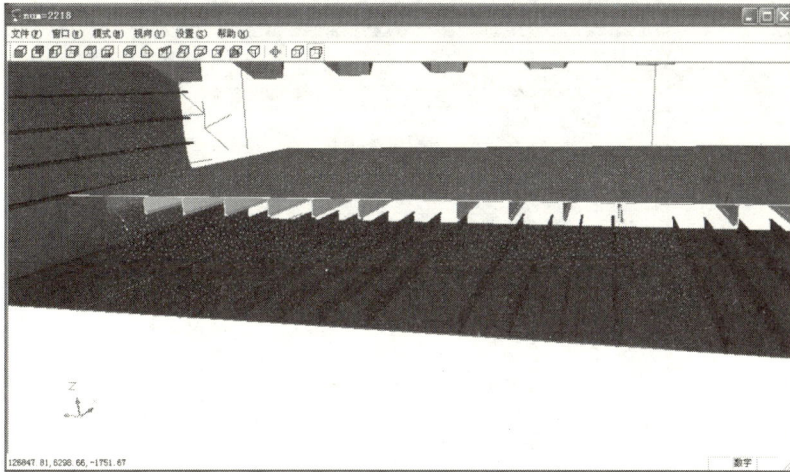

图 4 − 15　内底纵骨三维浏览

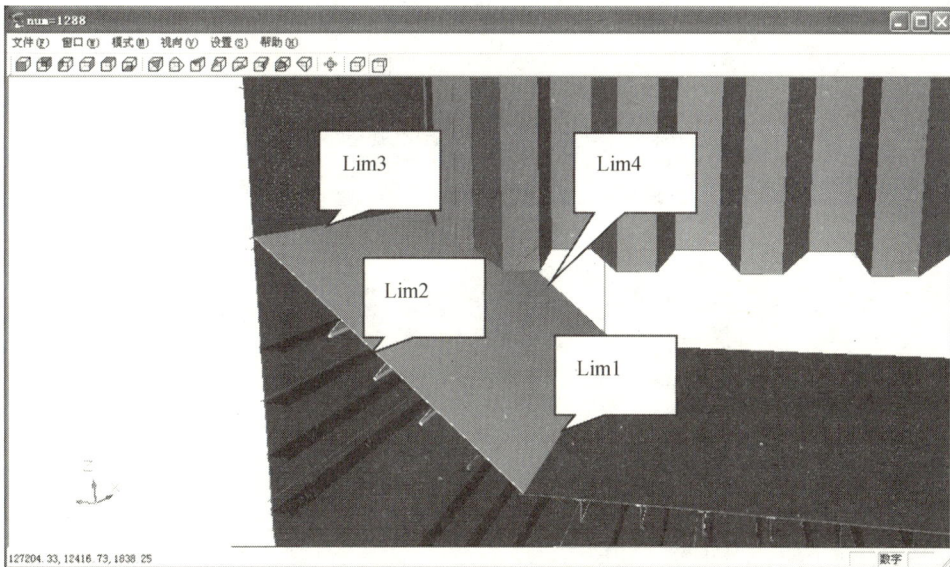

图 4 − 16　底边舱斜板架三维浏览

(3)扶强材定义

扶强材的规格和间距同内底纵骨,定位描述可以采用边界偏移来控制各扶强材的间距,如图 4 − 18 所示。

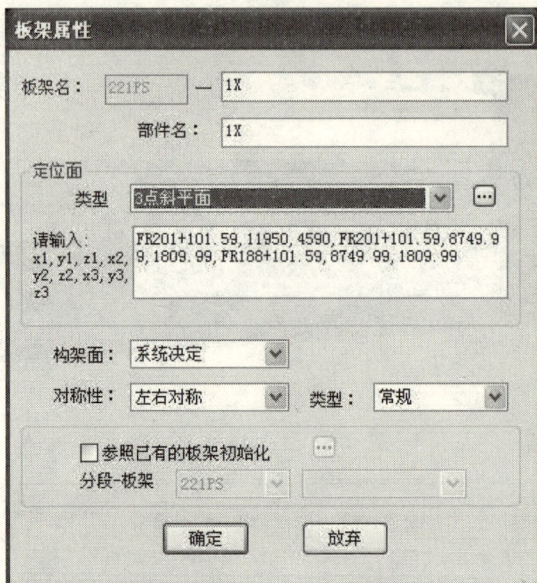

图 4 –17　底边舱斜板架属性定义

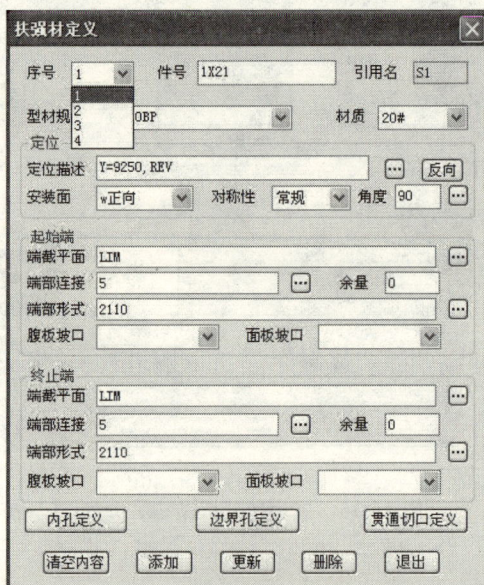

图 4 –18　底边舱斜板架扶强材定义

4.3.3　船底实肋板

船底实肋板是纵骨架式双层底结构的横向主要支撑结构,如图 4 – 19 所示。

(1)板架属性定义

板架名:189FC(此处 189F、189FA 以及 189FB 等板架名被其他板架占用);定位面:X =
FR189,左右对称。如图 4 – 20 所示。

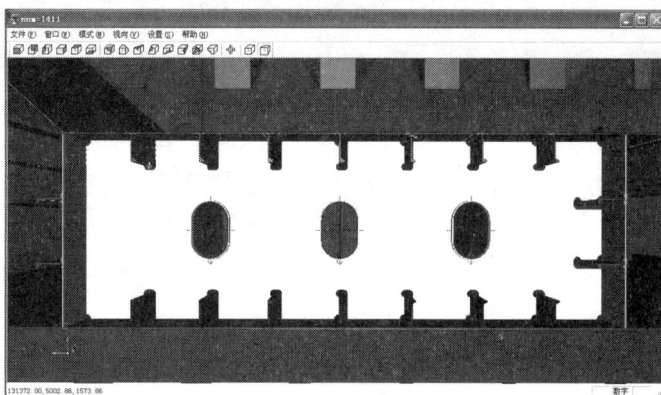

图 4 - 19　实肋板结构

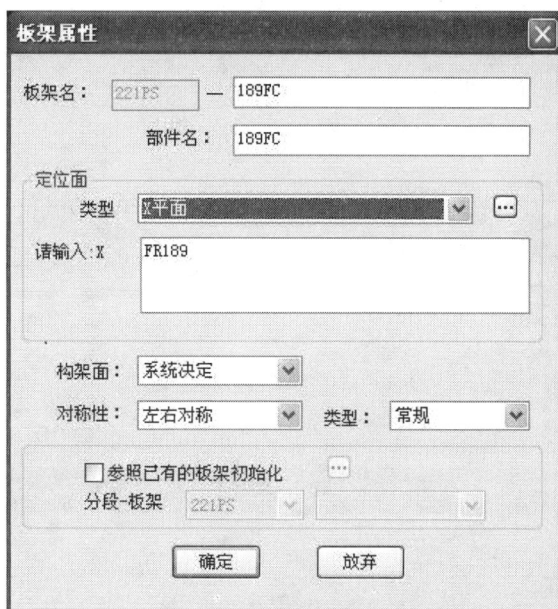

图 4 - 20　板架属性定义

（2）边界定义

Lim1：板架剖面线"221PS - 8750Y"。Lim2：板架剖面线"221PS - 1800Z"。Lim3：板架剖面线"221PS - 3400Y"。Lim4：船体曲面 SHELL。如图 4 - 21、图 4 - 22 所示。

（3）板缝和板零件定义

这里不添加板缝，板零件厚度取 10，材质为 A 级钢。板零件定义对话框如图 4 - 23 所示。

（4）板架的内孔

取 HO800 * 600 规格的腰圆孔作为人孔，角度取 90，定位坐标为 Z = 900，Y = 4 760；Z = 900，Y = 6 120；Z = 900，Y = 7 450。如图 4 - 24 所示。

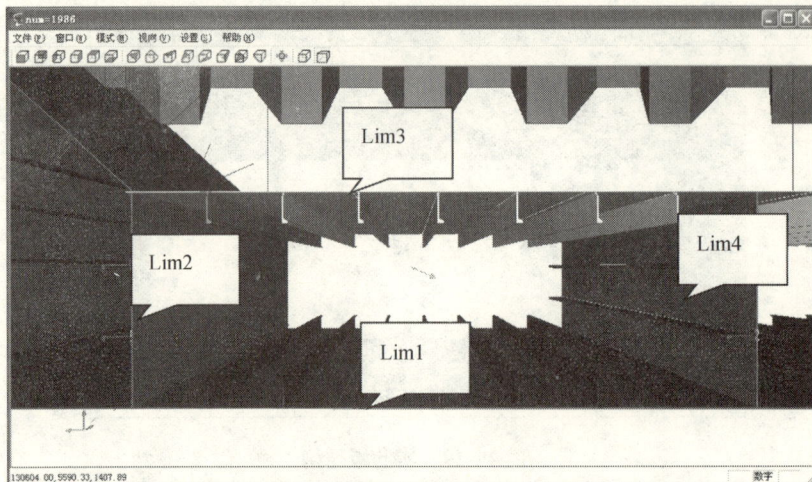

图 4 – 21　实肋板边界

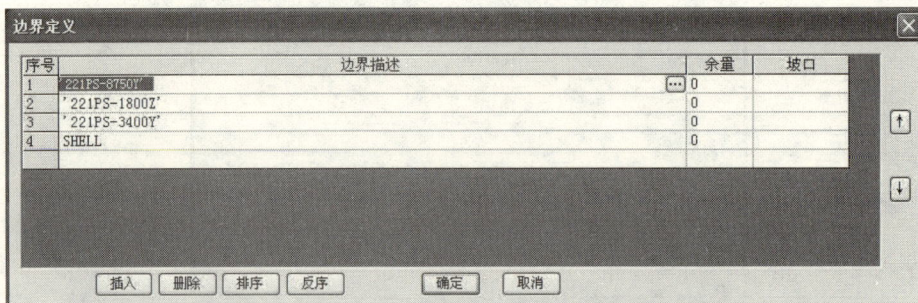

图 4 – 22　实肋板边界定义

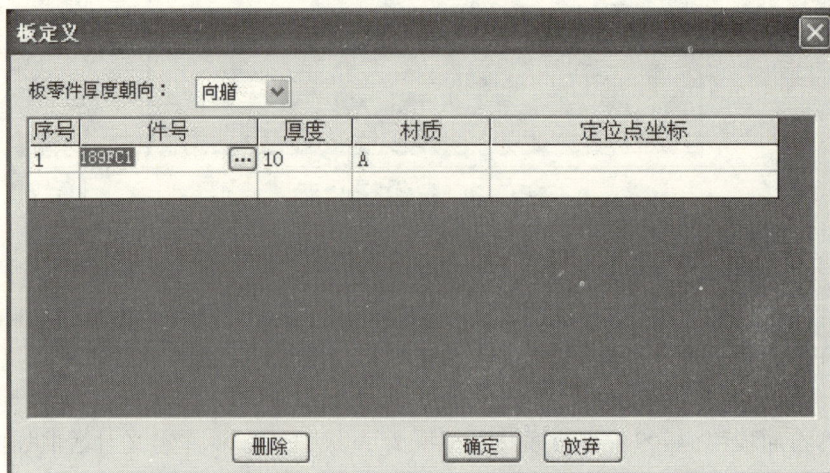

图 4 – 23　板零件定义对话框

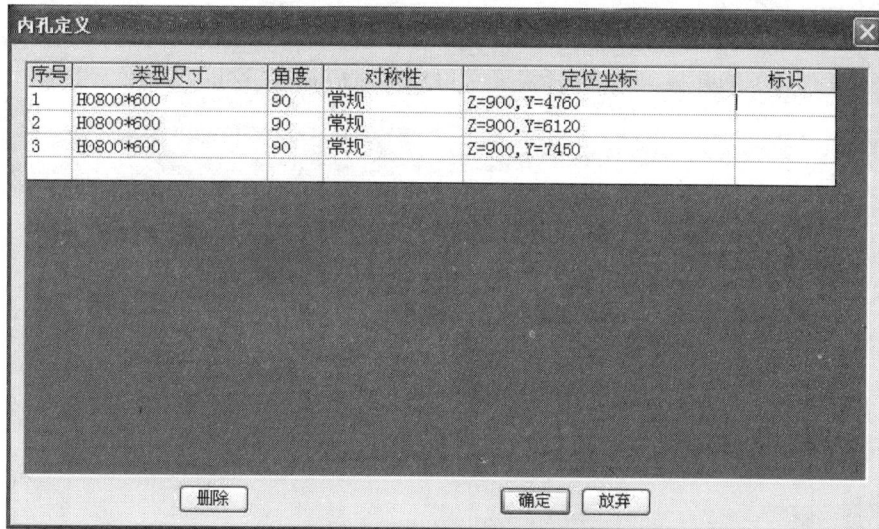

图 4-24　内孔定义对话框

（5）板架的边界孔

取规格为 R50 的扇形孔，定位坐标为 CORNER = 1，2，3，4，如图 4-25 所示。

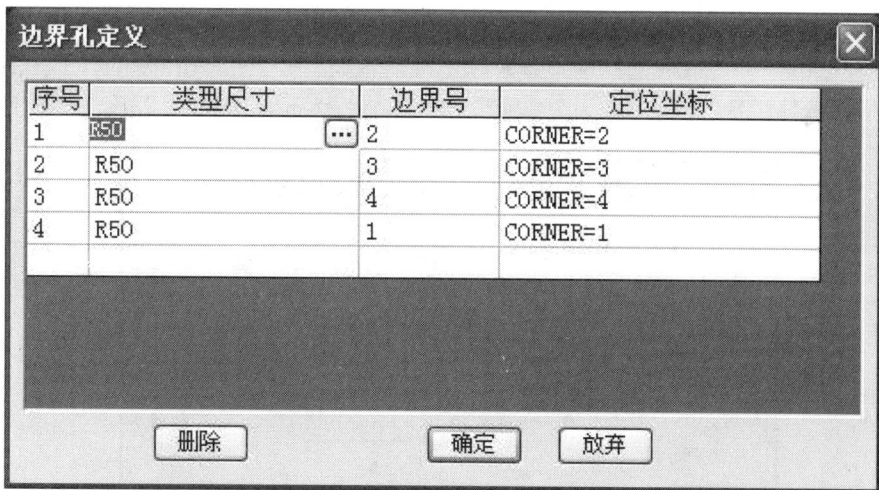

图 4-25　边界孔定义对话框

(6)板架的贯穿切口

所有穿过该板架的型材或组合型材(板架＋面板),该实肋板的贯穿切口定义如图4－26 所示,这里选择不加补板,根据实际需要可以添加对应补板,这里不做深入讲解。

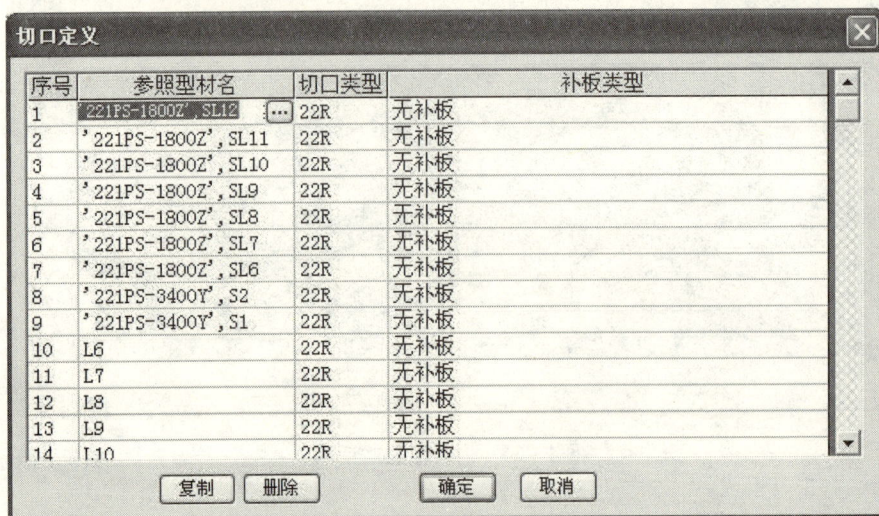

图4－26　切口定义对话框

(7)面板添加

为了补偿由于开孔造成的结构强度和稳定性的减弱,为三个内孔(腰圆孔)添加面板加强,定位描述选择内孔,型材规格为200＊10FB 的扁钢,材质为 A 级钢,如图4－27 所示。

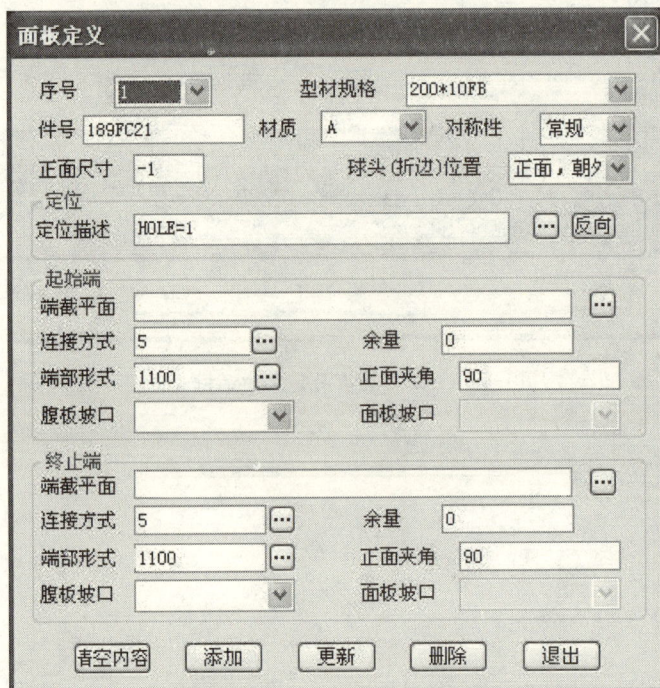

图4－27　面板定义对话框

（8）扶强材添加

扶强材规格为 100 ＊10FB,连接并支撑内底纵骨与船底纵骨或纵骨与面板,扶强材的定位方式采用 8,9,10 三种定位方式。这里要注意型材的端部连接以及扶强材的厚度方向。扶强材定义、定位方式的选取以及扶强材三维结构浏览如图 4－28、图 4－29 所示。

图 4－28　扶强材定义以及定位方式的选取

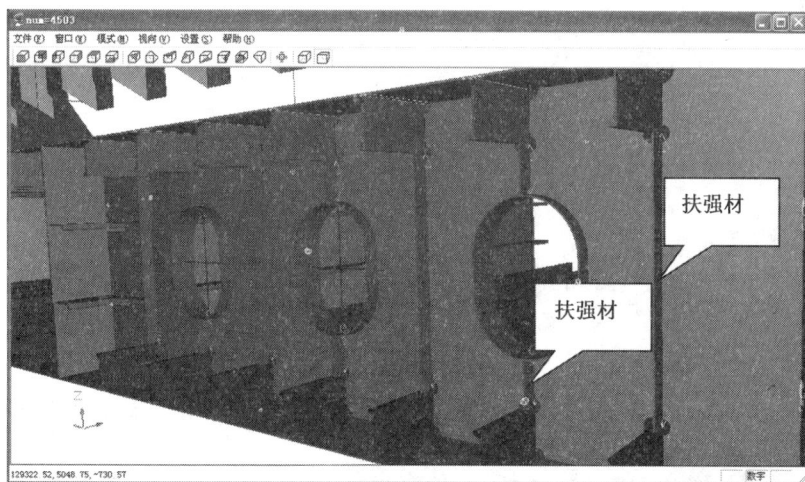

图 4－29　扶强材三维结构浏览

(9)板架的零件属性表

通过零件属性表,可以查询并核对零件及其属性是否定义正确,并可以通过反馈属性进行修改,该实肋板结构的零件属性见表 4 - 3。

表 4 - 3　双层底实肋板结构的零件属性表

类别	构件名	零件编码	对称性	规格	材料
板架	221PS - 189FC	189FC	PS		
板零件	221PS - 189FC:P1	189FC1	PS	t = 10 - 5338 * 1800	A
扶强材	221PS - 189FC:S1	189FC24	PS	100 * 10FB - 1280	A
扶强材	221PS - 189FC:S2	189FC25	PS	100 * 10FB - 1280	A
扶强材	221PS - 189FC:S3	189FC26	PS	100 * 10FB - 1280	A
扶强材	221PS - 189FC:S4	189FC27	PS	100 * 10FB - 1280	A
扶强材	221PS - 189FC:S5	189FC28	PS	100 * 10FB - 410	A
扶强材	221PS - 189FC:S6	189FC29	PS	100 * 10FB - 410	A
扶强材	221PS - 189FC:S7	189FC30	PS	100 * 10FB - 240	A
扶强材	221PS - 189FC:S8	189FC31	PS	100 * 10FB - 240	A
扶强材	221PS - 189FC:S9	189FC32	PS	100 * 10FB - 240	A
扶强材	221PS - 189FC:S10	189FC33	PS	100 * 10FB - 240	A
扶强材	221PS - 189FC:S11	189FC34	PS	100 * 10FB - 240	A
扶强材	221PS - 189FC:S12	189FC35	PS	100 * 10FB - 240	A
面板	221PS - 189FC:F1	189FC21	PS	200 * 10FB - 2285	A
面板	221PS - 189FC:F2	189FC22	PS	200 * 10FB - 2285	A
面板	221PS - 189FC:F3	189FC23	PS	200 * 10FB - 2285	A

4.3.4　底边舱实肋板

1. 板架属性定义

板架名:189F。定位面:X = FR189,左右对称。如图 4 - 30 所示。

2. 边界定义

Lim1:船体曲面 SHELL。Lim2:板架剖面线"221PS - 1X"。Lim3:板架剖面线"221PS - 8750Y"。边界及边界定义如图 4 - 31、图 4 - 32 所示。

3. 平面曲线定义

平面曲线 B:内孔用,其定义如图 4 - 33 所示。曲线 C、D、E、F:板缝用,其划分如图 4 - 34 所示。

4. 板缝定义

以平面曲线 C、D、E、F 所在位置定义板缝,如图 4 - 35 所示。

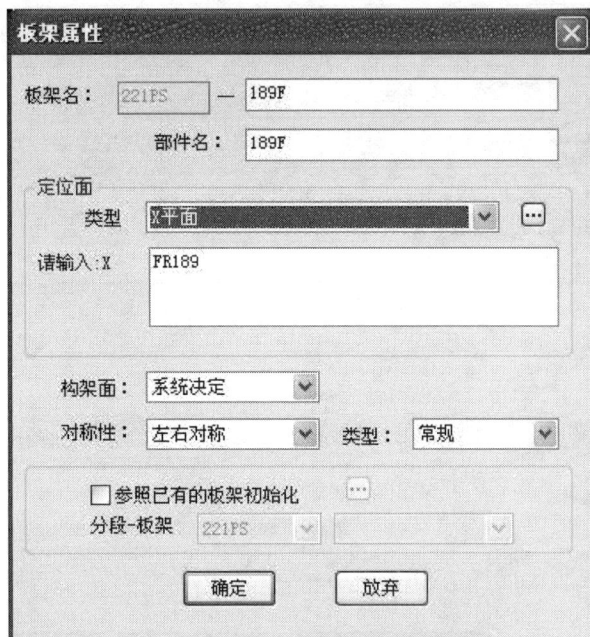

图 4 – 30　板架属性定义

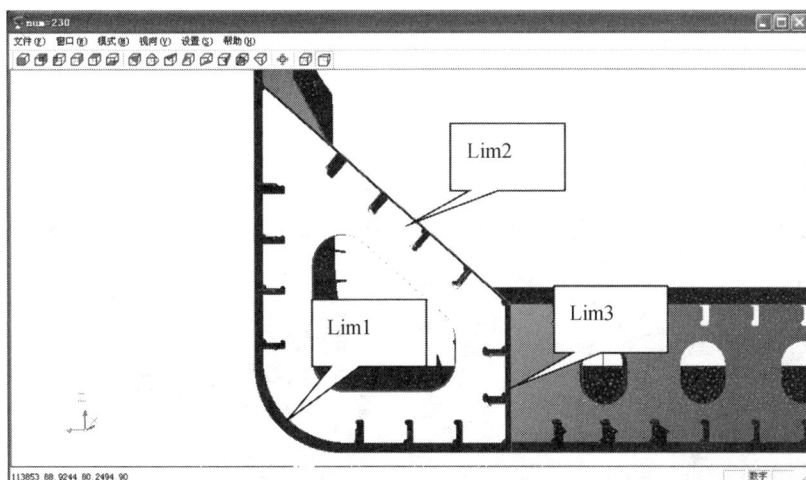

图 4 – 31　底边舱实肋板边界

5. 边界孔定义

取规格为 R50 的扇形孔,定位坐标为 CORNER = 1,2,3,定义如图 4 – 36 所示。

6. 贯穿切口定义

所有穿过该板架的型材或组合型材(板架 + 面板),这里不再展示。

7. 扶强材和面板添加

对内孔添加面板加强,面板在板缝的地方断开,型材规格为 200 * 10FB 的扁钢,材质为 A 级钢。

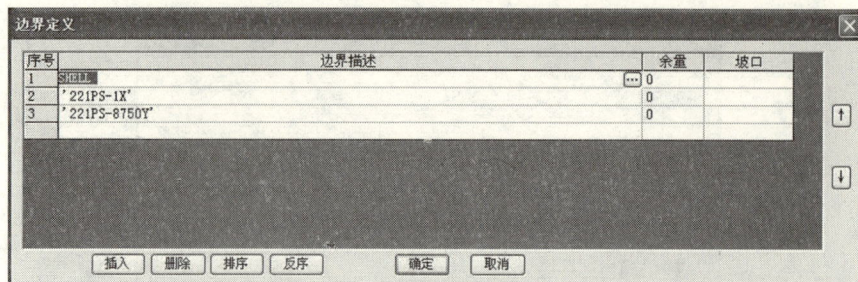

图 4 - 32　边界定义对话框

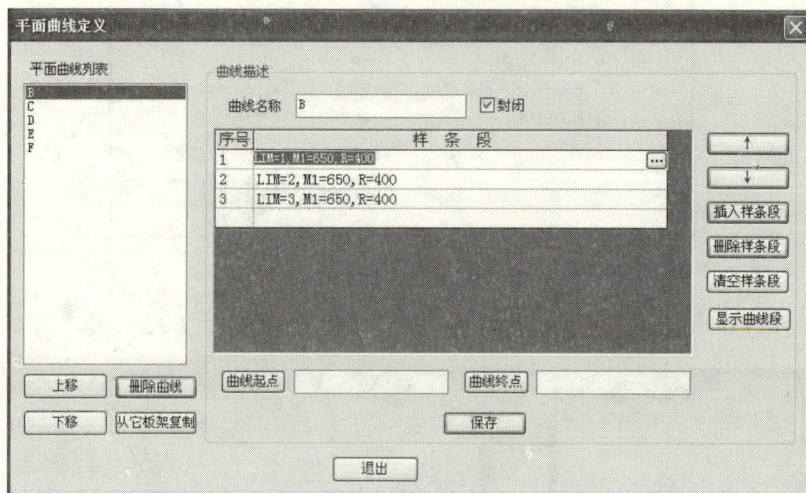

图 4 - 33　平面曲线 B 定义

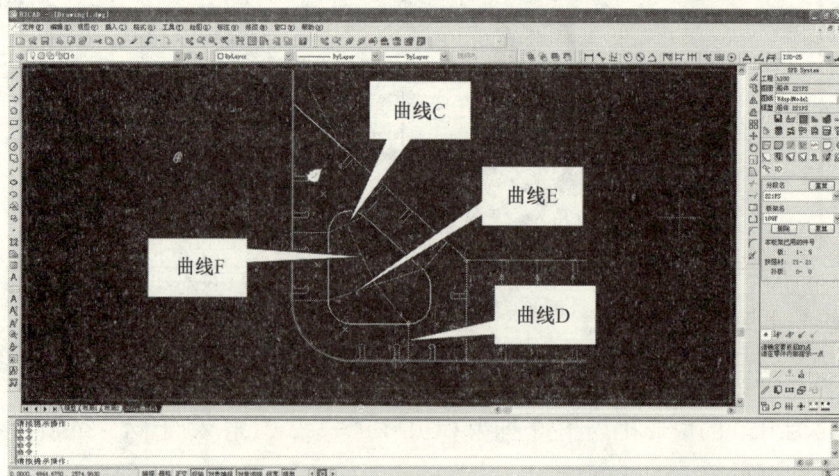

图 4 - 34　平面曲线 C、D、E、F 划分图

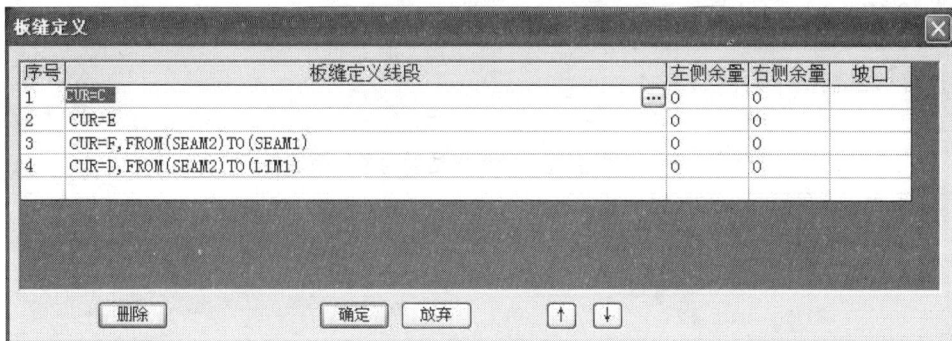

图 4 – 35　板缝定义

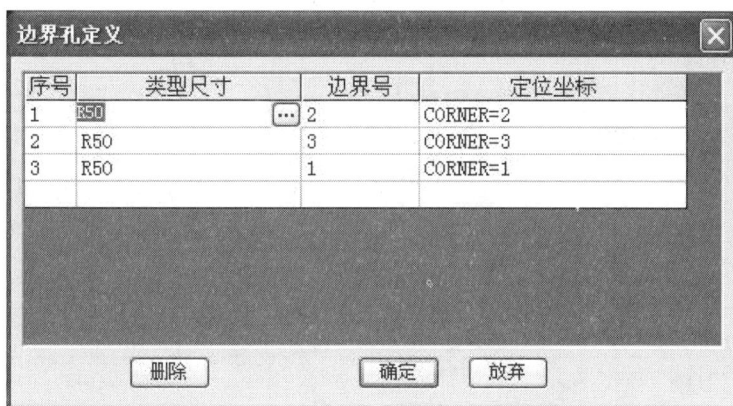

图 4 – 36　边界孔定义

扶强材规格为 100 * 10FB,连接并支撑各纵骨型材与面板,扶强材的定位方式采用 8,9,10 三种定位方式,这里要注意型材的端部连接以及扶强材的厚度方向。扶强材添加位置如图 4 – 37 所示。

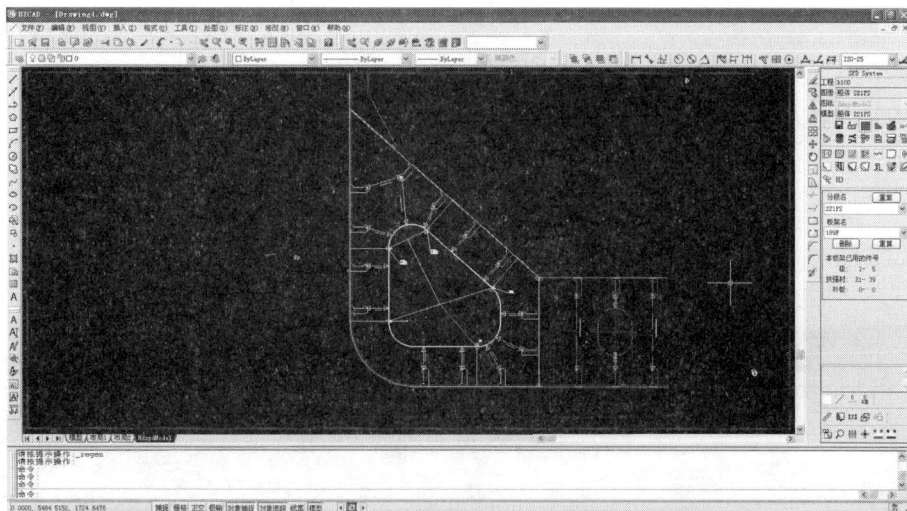

图 4 – 37　扶强材添加位置

8. 板架的零件属性表

通过零件属性表,可以查询并核对零件及其属性是否定义正确,并可以通过反馈属性进行修改,见表 4－4。

表 4－4　底边舱实肋板结构的零件属性表

类别	构件名	零件编码	对称性	规格	材料
板架	221PS－189F	189F	PS		
板零件	221PS－189F:P1	189F1	PS	t = 10 －1739 * 2270	A
板零件	221PS－189F:P2	189F2	PS	t = 10 －650 * 1211	A
板零件	221PS－189F:P3	189F3	PS	t = 10 －1526 * 1446	A
板零件	221PS－189F:P4	189F4	PS	t = 10 －2150 * 1078	A
板零件	221PS－189F:P5	189F5	PS	t = 10 －1050 * 2124	A
扶强材	221PS－189F:S1	189F21	PS	100 * 10FB －648	A
扶强材	221PS－189F:S2	189F22	PS	100 * 10FB －471	A
扶强材	221PS－189F:S3	189F23	PS	100 * 10FB －390	A
扶强材	221PS－189F:S4	189F24	PS	100 * 10FB －390	A
扶强材	221PS－189F:S5	189F25	PS	100 * 10FB －390	A
扶强材	221PS－189F:S6	189F26	PS	100 * 10FB －390	A
扶强材	221PS－189F:S7	189F27	PS	100 * 10FB －486	A
扶强材	221PS－189F:S8	189F28	PS	100 * 10FB －513	A
扶强材	221PS－189F:S9	189F29	PS	100 * 10FB －390	A
扶强材	221PS－189F:S10	189F30	PS	100 * 10FB －412	A
扶强材	221PS－189F:S11	189F31	PS	100 * 10FB －390	A
扶强材	221PS－189F:S12	189F32	PS	100 * 10FB －390	A
扶强材	221PS－189F:S13	189F33	PS	100 * 10FB －808	A
扶强材	221PS－189F:S14	189F34	PS	100 * 10FB －882	A
面板	221PS－189F:F1	189F35	PS	200 * 10FB －1742	A
面板	221PS－189F:F2	189F36	PS	200 * 10FB －1211	A
面板	221PS－189F:F3	189F37	PS	200 * 10FB －914	A
面板	221PS－189F:F4	189F38	PS	200 * 10FB －1458	A
面板	221PS－189F:F5	189F39	PS	200 * 10FB －2993	A

4.3.5　框架肋板结构

框架肋板结构是横骨架式双层底结构当中横向支撑的常见结构,由于其工艺复杂,目前大多数情况下优先选用轻型肋板,但是作为一种典型结构有必要讲解一下,其结构如图 4-38、图 4-39 所示。

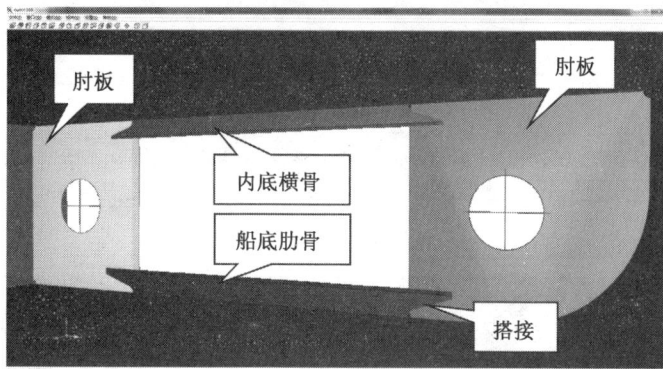

图 4-38　框架肋板结构(从艏向艉看)

图 4-39　框架肋板结构(从艉向艏看)

1. 肘板 189F

该框架肋板结构一般由内底横骨、船底横骨两个肘板组成,靠近舷部的肘板 189F 的三维浏览如图 4-40 所示。

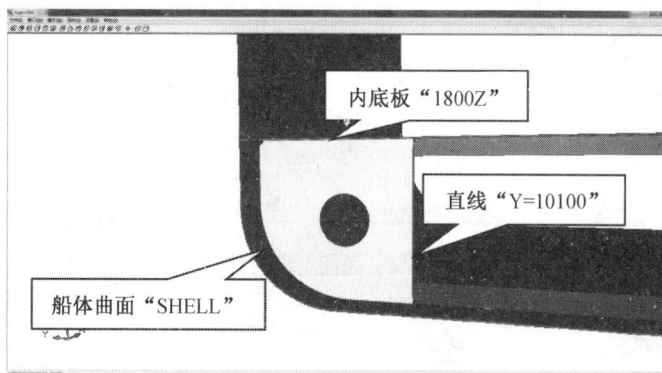

图 4-40　靠近舷部的肘板 189F

（1）板架属性

板架名：189F，定位面：X = FR189，左右对称。

（2）边界定义

边界1：船体曲面"SHELL"；边界2：板架剖面线"221PS – 1800Z"；边界3：直线"Y = 10100"。如图4 – 41所示。

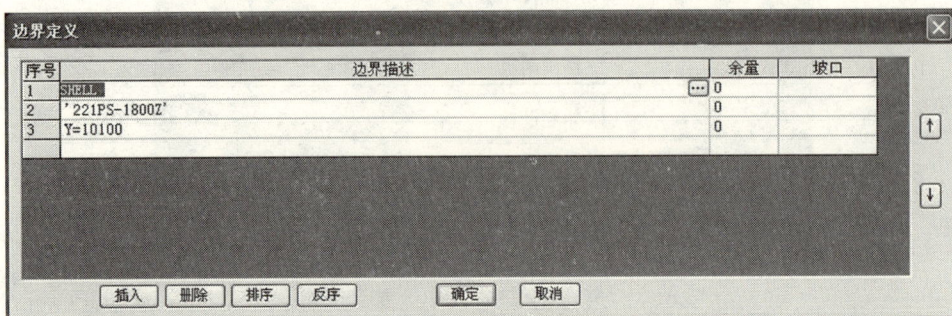

图4 – 41　边界定义

（3）板零件定义

不添加板缝，板零件厚度为10，材质为A级钢。

（4）内孔定义

取为D600规格的圆孔，角度为90，定位坐标为Z = 900，Y = 10900，如图4 – 42所示。

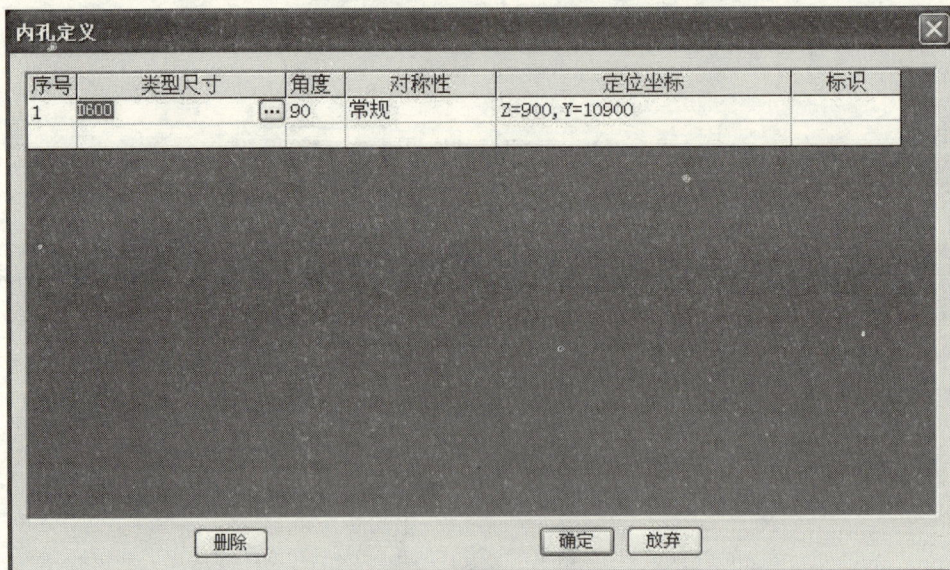

图4 – 42　内孔定义对话框

（5）折边定义

取折边类型 1,边界号 3,折边方向角度为 w 反 90 度,宽度为 100,起点 = 终点 = 35,如图 4 - 43 所示。

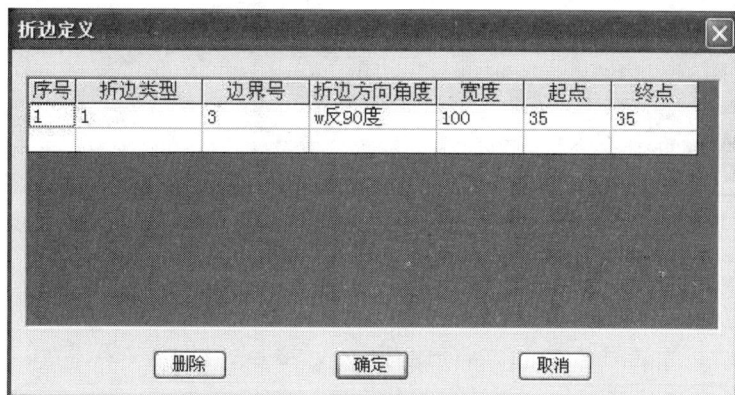

序号	折边类型	边界号	折边方向角度	宽度	起点	终点
1	1	3	w反90度	100	35	35

[删除]　[确定]　[取消]

图 4 - 43　折边定义对话框

2. 肘板 189FA

靠近船中的肘板 189FA 的三维浏览如图 4 - 44 所示。

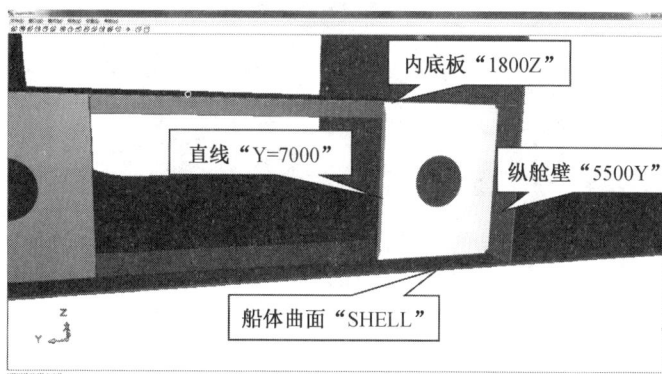

图 4 - 44　靠近船中的肘板 189FA

（1）板架属性

板架名:189FA。定位面:X = FR189,左右对称。

（2）边界定义

边界 1:板架剖面线"221PS - 1800Z"。边界 2:板架剖面线"221PS - 5500Y"。边界 3:船体曲面"SHELL"。边界 4:直线"Y = 7000"。如图 4 - 45 所示。

（3）板零件定义

不添加板缝,板零件厚度为 10,材质为 A 级钢。

（4）内孔定义

取规格为 D600 的圆孔,角度为 90,定位坐标为 Z = 900,Y = 6250。

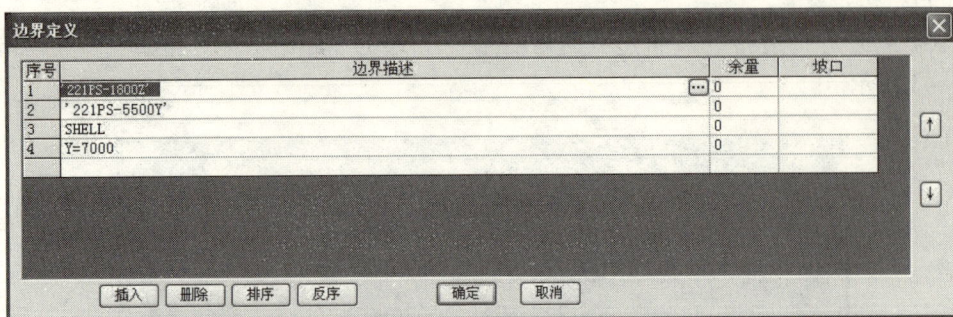

图 4 - 45　边界定义对话框

（5）折边定义

取折边类型 1,边界号 4,折边方向角度为 w 反 90 度,宽度为 100,起点 = 终点 = 35,如图 4 - 46 所示。

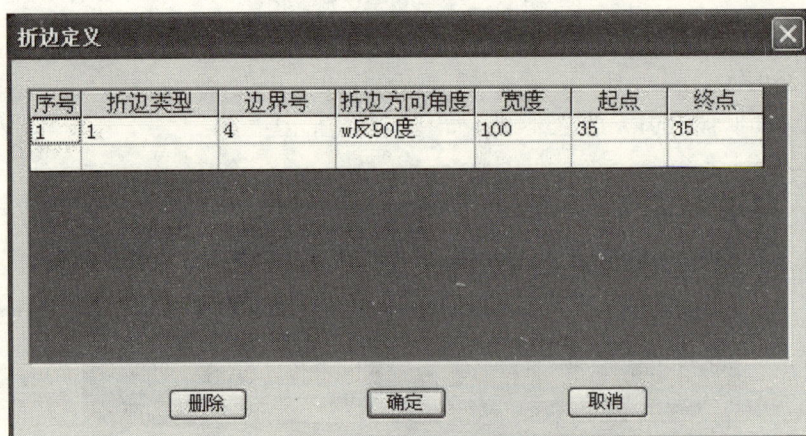

图 4 - 46　折边定义对话框

3. 内底横骨(1800Z21)

内底横骨的定义包括基本属性、起始端和终止端定义等(此处略去内孔、边界孔定义)。其定义对话框如图 4 - 47 所示。

（1）属性

型材规格:180 * 10BP。

材质:20#。

定位描述:X = FR189。

安装面:w 反向。

（2）起始端

端截平面:Y = 10100。

端部连接:2,275。

端部形式:12941,300,150,10。

图 4 - 47　内底横骨定义对话框

（3）终止端

端截平面：Y = 7000。

端部连接：2,275。

端部形式：12941,300,150,10。

4. 船底横骨（221PS - STF51）

船底横骨的定义包括基本属性、倾角定义、起始端和终止端定义等（此处略去内孔、边界孔定义）。其定义对话框如图 4 - 48 所示。

（1）属性

型材规格：240 * 10BP。

材质：20#。

定位迹线：SHELLX189。

厚度方向：向艏。

（2）起始端

端截平面：Y = 10100。

端部连接：2,360。

端部形式：12941,385,180,10。

（3）终止端

端截平面：Y = 7000。

端部连接：2,360。

端部形式：12941,385,180,10。

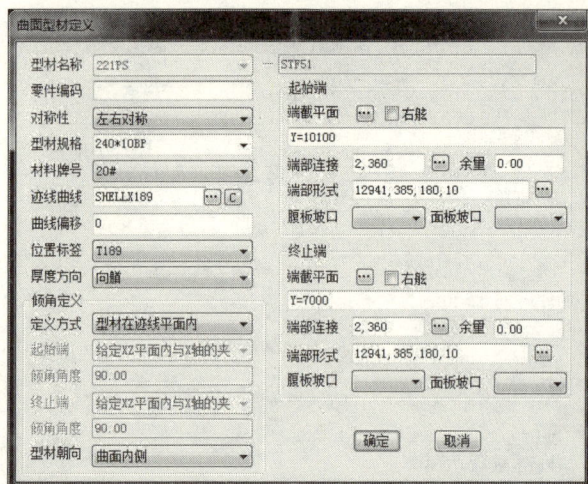

图 4 – 48　船底横骨定义对话框

4.3.6　箱形中底桁结构

箱形中底桁结构被三个平面板架(即内底板:1600Z。水密底纵桁:1000Y 和 1000Y，REF)和一个曲面板架(船体曲面:SHELL)所包围,如图 4 – 49 所示。

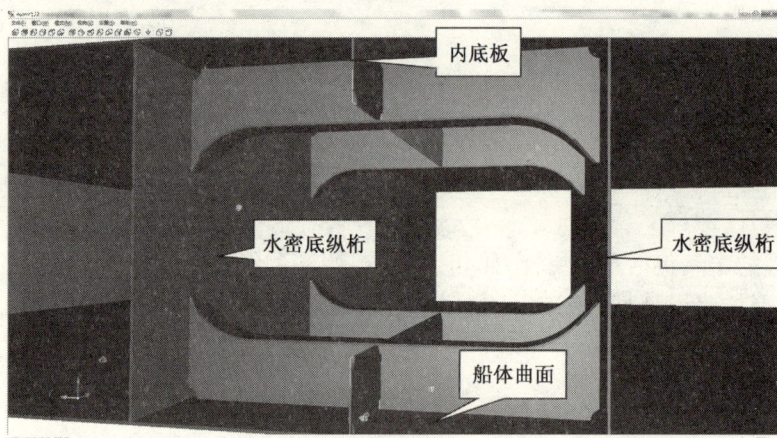

图 4 – 49　箱形中底桁结构

1.内底横骨

(1)板架属性

板架名:189FB。定位面:X = FR189,跨中。如图 4 – 50 所示。

(2)边界定义

Lim1:板架剖面线"221PS – 1000Y"。Lim2:板架剖面线"221PS – 1600Z"。Lim3:板架剖面线"221PS – 1000Y,REF"。Lim4:自由边 FREE,LEN1 = LEN2 = 500,M1 = M2 = 20,LINE(Z = 1300),R1 = R2 = 400,T1 = T2 = 45。如图 4 –51、图 4 –52 所示。

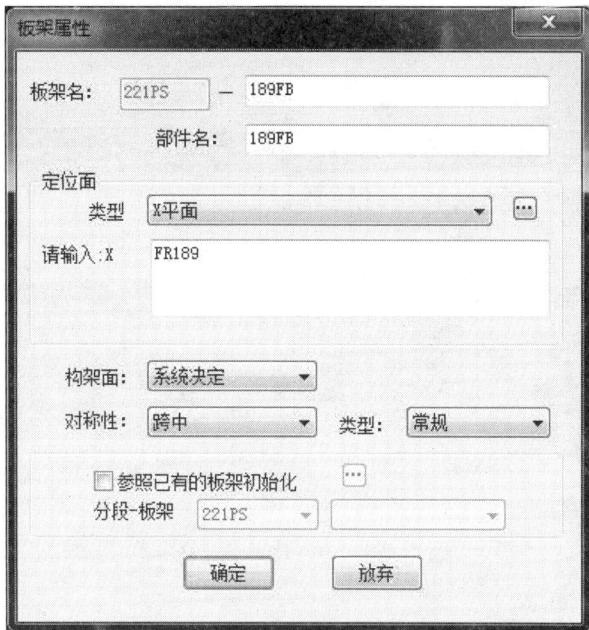

图 4 - 50　内底横骨板架属性定义

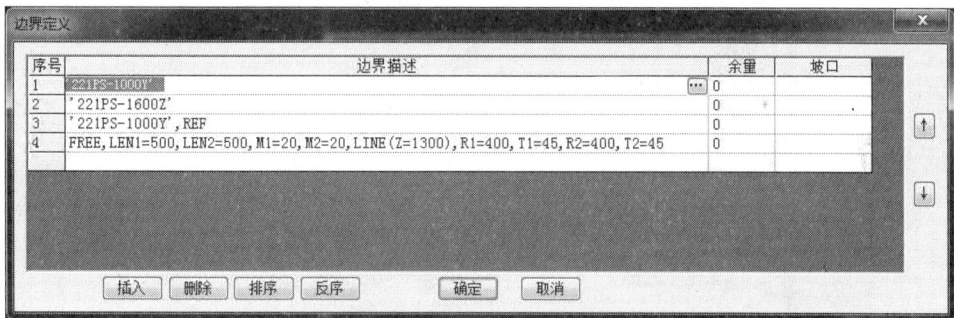

图 4 - 51　边界定义

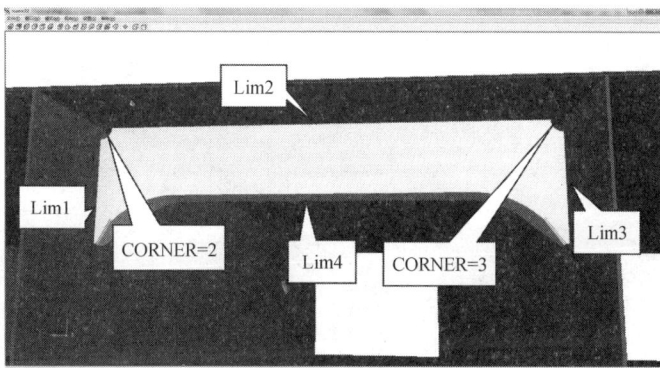

图 4 - 52　边界三维浏览

（3）边界孔定义

类型尺寸为 R50 的扇形孔,定位坐标选角点号：CORNER = 2,CORNER = 3。如图 4 -
52、图 4 - 53 所示。

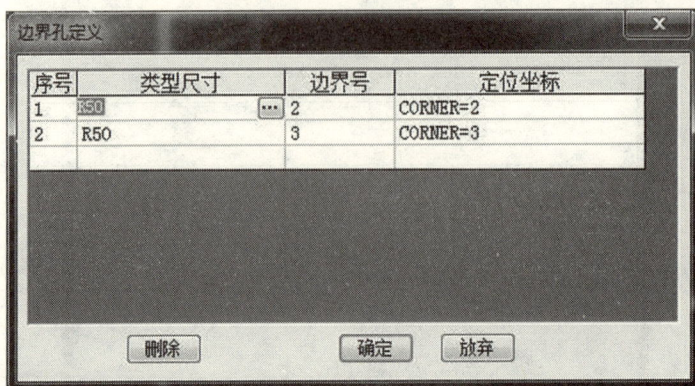

图 4 - 53   边界孔定义对话框

（4）面板定义

型材规格为 200 * 10FB 的扁钢,材质为 A 级钢,定位描述：边界 LIM = 4。连接方式：4,
20。端部形式：1402,50,75。如图 4 - 54 所示。

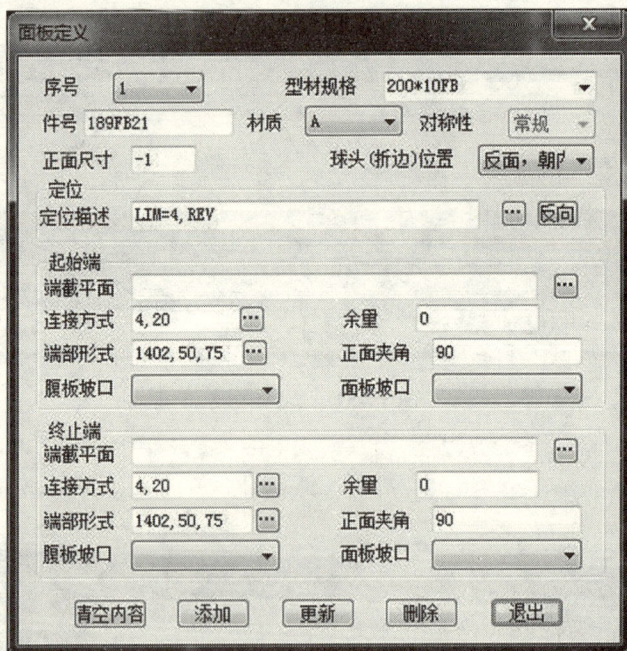

图 4 - 54   面板定义对话框

2. 船底横骨

（1）板架属性

板架名：189FC。定位面：X = FR189,跨中。

（2）边界定义

Lim1：板架剖面线"221PS – 1000Y, REF"。Lim2：船体曲面"SHELL"。Lim3：板架剖面线"221PS – 1000Y"。Lim4：自由边 FREE，$Z_1 = Z_2 = 500$，$M_1 = M_2 = 20$，LINE（$Z = 300$），$R_1 = R_2 = 400$，$T_1 = T_2 = 45$。如图 4 – 55、图 4 – 56 所示。

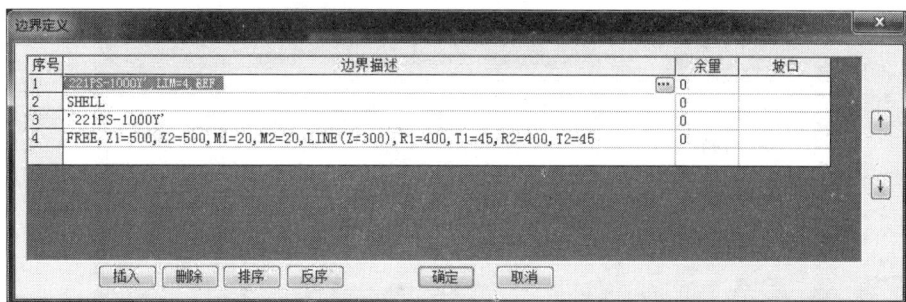

图 4 – 55　边界定义对话框

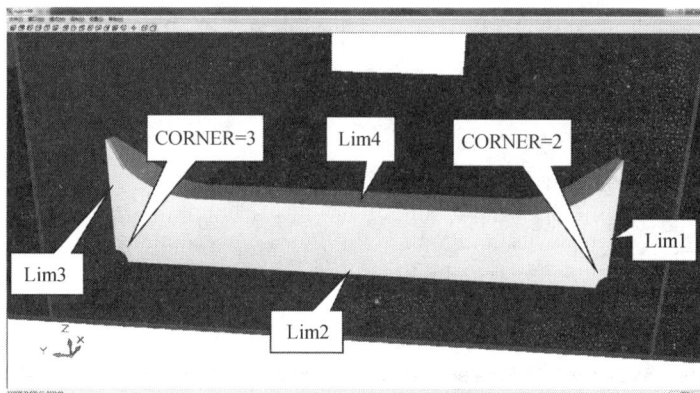

图 4 – 56　边界三维浏览

（3）边界孔定义

类型尺寸为 R50 的扇形孔，定位坐标选角点号：CORNER = 2，CORNER = 3。如图 4 – 56、图 4 – 57 所示。

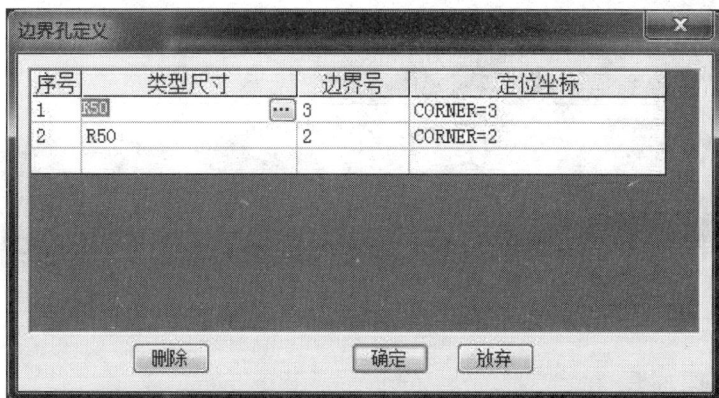

图 4 – 57　边界孔定义对话框

（4）面板定义

型材规格为 200 * 10FB 的扁钢,材质为 A 级钢,定位描述:边界 LIM = 4。连接方式:4, 20。端部形式:1402,50,75。如图 4 - 58 所示。

内底横骨和船底横骨的生成效果如图 4 - 59 所示。

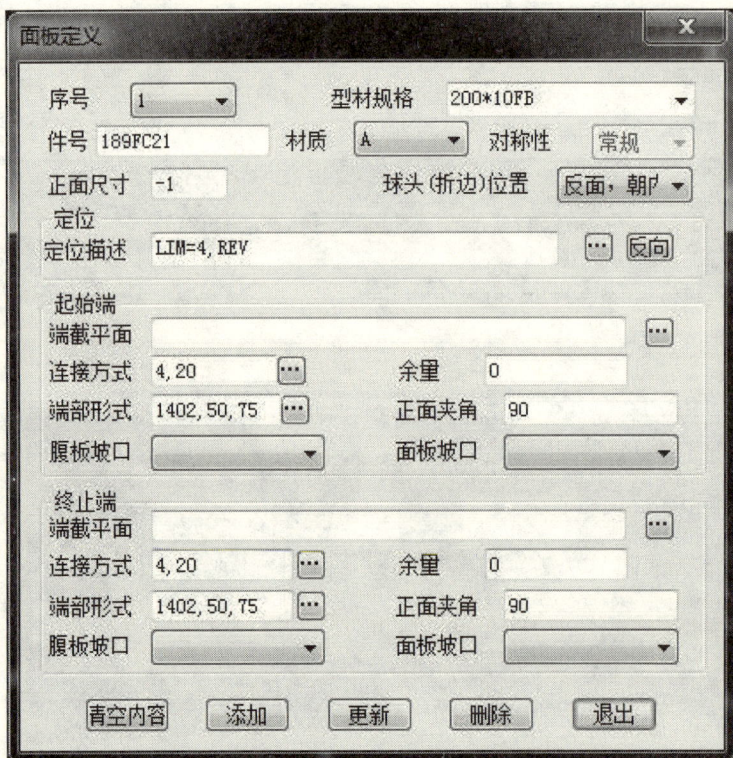

图 4 - 58　面板定义对话框

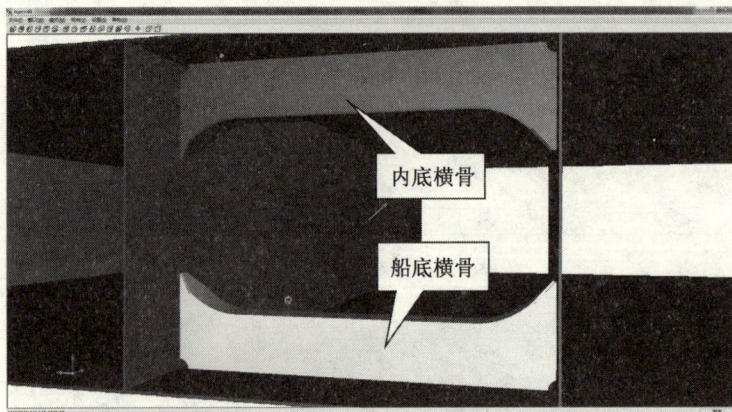

图 4 - 59　内底横骨和船底横骨三维浏览

　　通过板架复制功能,参照已有的板架 189FB,在 192 号肋位生成内底横骨 192FB,如图 4 -60所示;同理,参照已有的板架 189FC,在 192 号肋位生成内底横骨 192FC。

　　同样通过该复制功能,在分段范围内每隔 3 个肋位生成内底横骨和船底横骨,如 195FB、195FC、198FB、198FC……,如图 4 -61 所示。

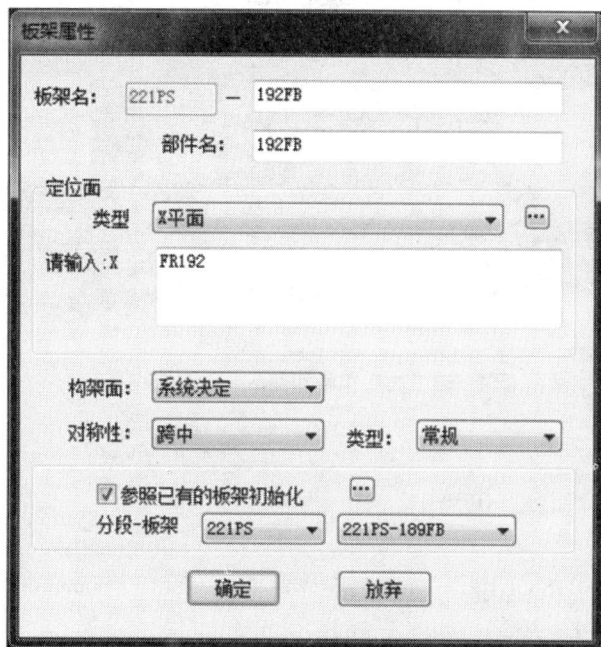

图 4 -60　板架 192FB 复制

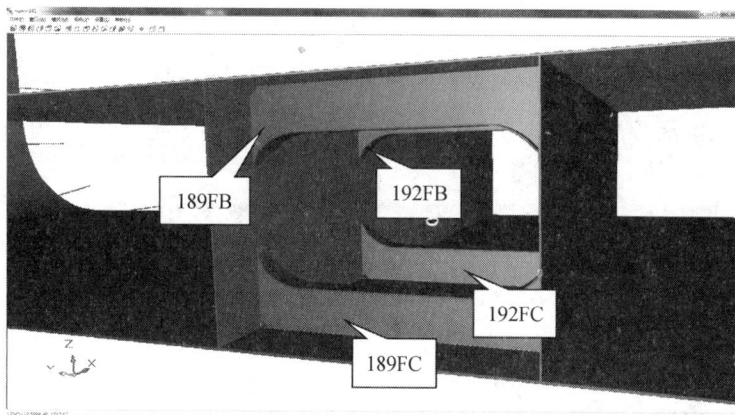

图 4 -61　板架复制后三维浏览

3. 船底纵骨(0Y)

船中心线纵向位置需要做出内底纵骨和船底纵骨,如图 4 – 62 所示。

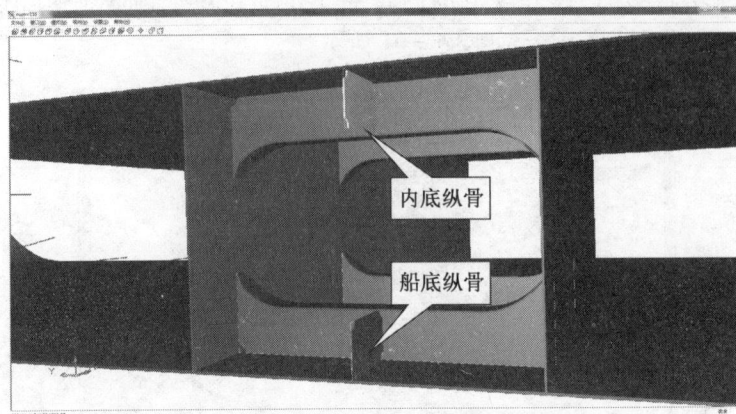

图 4 – 62   内底纵骨和船底纵骨三维浏览

(1)板架属性

板架名:0Y。定位面:Y = 0,跨中。

(2)边界定义

Lim1:直线"X = FR188 + 100"。Lim2:船体曲面"SHELL"。Lim3:板架剖面线"221PS – 189FC"。Lim4:直线"Z = 300"。如图 4 – 63 所示。

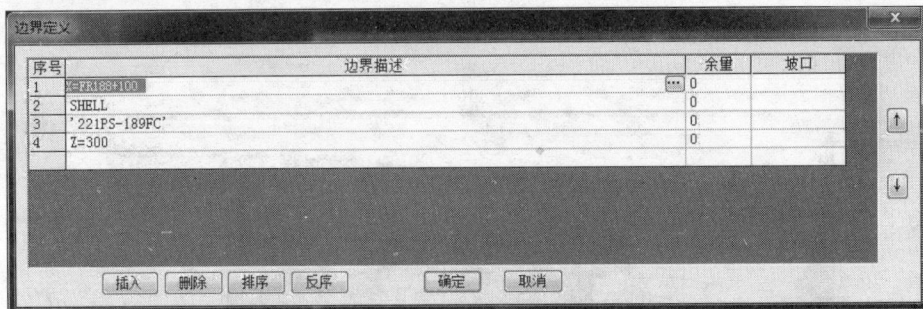

图 4 – 63   边界定义对话框

(3)板零件定义

厚度取 10 mm,厚度朝向为分中,材质为 A 级钢。

4. 内底纵骨(0YA)

(1)板架属性

板架名:0YA。定位面:Y = 0,跨中。

(2)边界定义

Lim1:直线"Z = 1300"。Lim2:板架剖面线"221PS – 189FB"。Lim3:板架剖面线"221PS – 1600Z"。Lim4:直线"X = FR188 + 100"。如图 4 – 64 所示。

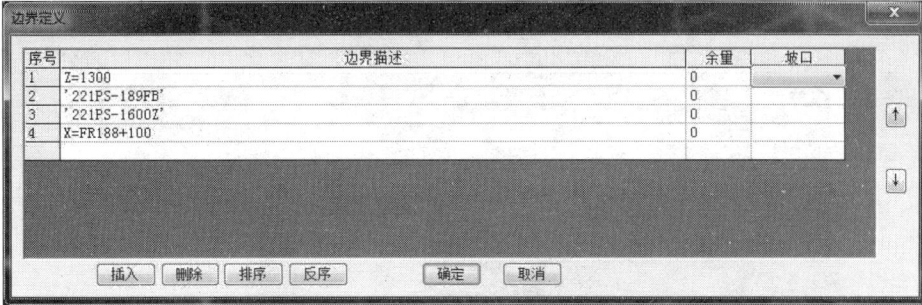

图 4 – 64　内底纵骨 0YA 边界定义对话框

（3）板零件定义

厚度取 10 mm，厚度朝向为分中，材质为 A 级钢。

同理，在 189FB 和 192FB 之间生成船底横骨 0YC，在 189FC 和 192FC 之间生成内底横骨 0YB。

船底纵骨 0YC 的边界定义如下：

Lim1：直线"Z = 300"。Lim2：板架剖面线"221PS – 189FC"。Lim3：船体曲面"SHELL"。Lim4：板架剖面线"221PS – 192FC"。如图 4 – 65 所示。

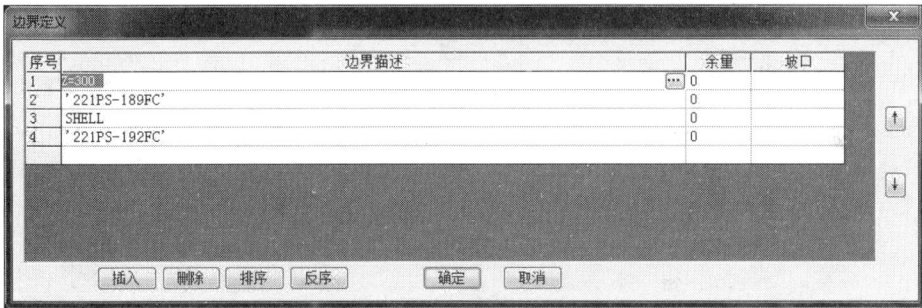

图 4 – 65　船底纵骨 0YC 边界定义对话框

内底纵骨 0YB 的边界定义如下：

Lim1：板架剖面线"221PS – 192FB"。Lim2：板架剖面线"221PS – 1600Z"。Lim3：板架剖面线"221PS – 189FB"。Lim4：直线"Z = 1300"，如图 4 – 66 所示。

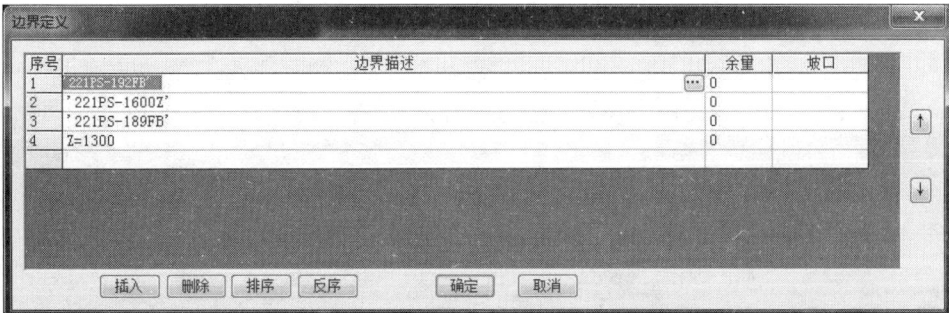

图 4 – 66　内底纵骨 0YB 边界定义对话框

利用同样的方法补齐所有的船底纵骨和内底纵骨,生成的三维效果如图4-67所示。

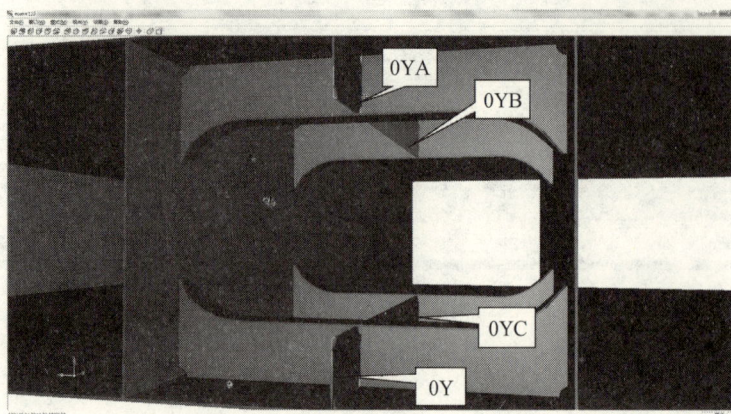

图 4-67　纵骨生成三维效果图

第5章 舷侧结构设计

5.1 概　　述

舷侧结构位于船体的左右两侧。舷侧外板是船体的等值梁的腹板。舷侧的纵向连续构件(舷侧外板、舷侧平台、舷侧纵桁和纵骨)参与船体总纵强度。舷侧结构有单壳和双层壳两种形式,按骨架布置又有横骨架式和纵骨架式之分。船型不同,舷侧结构形式也各异。

单壳舷侧结构由舷侧外板和舷侧构件组成,结构比较简单,施工方便,大多用于小型船舶、小型的大开口多用途船、载重量5 000 t以下的油船、车客渡船、散货船及各种船舶的机舱与艏艉端的结构。

双层壳舷侧结构除了舷侧外板外,还有内壳纵向舱壁及它们之间的船体构件。当舷侧在碰撞情况下受到破损时,双层壳能保证船舶的安全。双层壳的空间可用作压载舱或空舱。载重量在5 000 t以上的油船、中大型集装箱船及多用途船往往具有双层壳舷侧结构。20世纪90年代,海上散货船频发海损事故,也出现了双层壳舷侧结构的散货船。

5.1.1　外载荷

作用在舷侧结构上的外载荷主要有:

1. 总纵弯曲应力与剪应力

舷侧的纵向连续构件承受船体总纵弯曲的正应力和剪应力。

2. 水压力

舷侧的垂向构件(肋骨、强肋骨)承受着按三角形或梯形分布的水压力,而水平构件(舷侧纵骨、舷侧纵桁)承受与构件位置相应水柱高度的均布载荷。舷侧水压力应考虑船舶吃水的静水压力加上波浪压力。船舶在海浪中的各种运动(诸如横摇、纵摇等),致使舷侧不同部位所受的波浪载荷也各不相同。具体船型的该类载荷计算可见各国船级社的规定。

3. 波浪冲击力

应考虑艏部外飘的波浪冲击载荷。

4. 冰压

冰区航行的船舶,舷侧还要受到冰块的撞击与挤压。这些载荷远大于在正常条件下航行时所受到的舷外水压力,因而必须做适当加强。在设计中,往往按船东或使用方提出的冰区加强等级加强。一般是在满载和轻载水线上下一定的范围内,增加板厚与构件尺寸,或者是增加构件布置的密度,例如在主肋骨之间增加中间肋骨。

5.1.2　骨材间距

1. 骨材间距的规定

骨材间距(肋骨间距、纵骨间距)在很大程度上取决于板厚及所能承受的载荷。如果肋骨间距太大,板材承受海浪作用后可能产生损伤或破坏。另一方面,如构件间距太小将导致构件过密而增加施工麻烦。小型船舶,由于纵向弯曲力矩比较小,构件设计主要从局部强度考虑,板不需要像大船那么厚。但是,正因为板比较薄,就要求构件间距小一些,以防止在海浪作用下发生失稳而受损伤。所以在设计船体结构时,应首先确定骨材间距。

通常,艏艉尖舱为 600 mm,大型船舶也有 700 mm,甚至有 800 mm,防撞舱壁至距艏垂线 0.2L 区域内一般为 700 mm,也有 750 ~ 800 mm 的,但肋骨(包括舷侧纵骨)的最大间距不大于 1 m。

2. 骨材间距选择的原则

(1)应充分利用材料,提高经济性。规范规定计算的板厚值当小数点后的数值等于或小于 0.25 mm 时可予不计;大于 0.25 mm 且小于 0.5 mm 时,应进至 0.5 mm,如无 0.5 mm 规格时及超过 0.5 mm 时应进为 1 mm。所以设计中应注意适当调整骨材间距,将构件厚度控制在钢厂生产的标准厚度值内。

(2)有时为了便于维护保养,延长使用期限,适当加大骨材间距以增加板厚。

(3)便于工厂装配,骨材间距宜取整数。

(4)货舱长度、货舱开口长度应是肋距的倍数;船宽、货舱开口线间的宽度应是纵骨间距的倍数;强横梁、肋板或纵桁布置尽量均匀,以节省材料。

(5)底部纵骨、甲板纵骨应与横舱壁垂直扶强材间距相同,并布置在同一纵向平面内。

(6)采用高强度钢时,为保证板的稳定性,宜选用比采用低碳钢时小一些的骨材间距。

(7)骨材间距的选取宜根据船舶运输货物综合考虑。如运输集装箱的船舶,应根据国际统一规格的集装箱的尺寸确定。

5.2 舷侧结构设计

5.2.1 横骨架式舷侧结构

1. 结构形式

横骨架式舷侧结构根据其肋骨的设置方式,可分为如下两种形式:

(1)单一肋骨形式。为了避免高腹板的舷侧构件占去过多的舱容,在货舱区域的舷侧全部采用尺寸相同的肋骨,如典型的散装货船、小型的船舶常采用这种形式。

(2)由强肋骨、舷侧纵桁和普通肋骨组成的形式。除了设置普通肋骨外,还每隔 3 ~ 5 个肋距设置强肋骨,并设置舷侧纵桁。这种形式主要用于舷侧需要加强的部位,如机舱、艏艉部、小型的单壳油船、集装箱船、多用途船和内河船的舷侧。

2. 骨架

(1)肋骨

多层甲板船的肋骨有主肋骨和甲板间肋骨之分。主肋骨是指最下层甲板以下的舱内肋骨,甲板间肋骨是指两层甲板之间的肋骨。主肋骨是横骨架式舷侧结构的主要构件,通常用轧制型材,尺寸较大者采用 T 型材。肋骨的作用是支撑舷侧外板,保证舷侧的强度与刚度。肋骨与横梁、肋板用肘板连接,形成坚固的横向框架,保证船体的横向强度。甲板间肋骨,实际上是主肋骨的向上延续,它的跨距和承受的载荷都较小,所以剖面尺寸较主肋骨小。

（2）强肋骨

强肋骨是一种尺寸比主肋骨大得多的肋骨。其腹板较高,故又叫宽肋骨,大多采用 T 型材。每隔几档肋距设置一道,用于局部加强或支撑舷侧纵桁,并与强横梁、肋板在同一平面内,组成横向坚固的强肋骨框架。当机舱位于船尾部时,在机舱区域从船底到上甲板的舷侧范围内,应设置不大于 5 个肋距的强肋骨。

（3）舷侧纵桁

舷侧纵桁往往采用与强肋骨相同高度的 T 型材。它是横骨架式舷侧结构的唯一纵向构件。舷侧纵桁作为主肋骨的支点,可以减小主肋骨的剖面尺寸,并可将一部分载荷传递给强肋骨及横舱壁。

舷侧纵桁与强肋骨相遇时,舷侧纵桁断于强肋骨处,但其面板应与强肋骨面板相焊接;与主肋骨相遇时,腹板上切口让主肋骨通过,并且每隔一个或几个主肋骨,应设置防倾肘板与主肋骨连接,以保证其腹板的侧向稳定。舷侧纵桁防倾肘板和平面舱壁桁材的设置要求相同。

5.2.2　纵骨架式舷侧结构

1. 结构形式

油船及大型货船的舷侧常采用与船底和甲板相似的纵骨架式。其优点是全船骨架形式一致,材料的利用率高,在总纵强度和外板稳定性方面比横骨架式有利。但施工较困难,尤其是艏艉型线变化较大的部位。

纵骨架舷侧有两种结构形式:

（1）由纵骨与强肋骨或横向肋框组成的形式,这种结构只有舷侧纵骨,而没有舷侧纵桁。

（2）由纵骨、舷侧纵桁和强肋骨组成的形式,这种结构比上述结构多设 1 道或 2 道舷侧纵桁,这在机舱区域的舷侧较为多见。

纵骨架式舷侧结构的横向强度由强肋骨或横向肋框保证,强肋骨或横向肋框作为纵骨的支点从而减小纵骨尺寸。舷侧纵骨是纵向连续构件,通常采用轧制型材。它与强肋骨、横向肋框及水密舱壁相遇时,连接方式与纵骨架式的底部纵骨的连接形式相同。它除参与总纵弯曲和保证外板稳定性外,还要承受水压力,所以在舷侧不同位置的舷侧纵骨尺寸并不相同,例如,船底附近的舷侧纵骨对总纵强度的作用较大,而且承受的横向载荷也较大,所以纵骨的尺寸也较大。舷侧纵桁使横向肋骨相连,分担了一部分舷侧载荷,和强肋骨相互支撑并构成舷侧板架。其尺度通常和强肋骨相同,并于强肋骨处间断。

5.2.3　舷侧结构尺寸确定

1. 横骨架式舷侧结构

横骨架式舷侧骨架主要由主肋骨、舷侧纵桁和强肋骨等组成,其尺寸规范计算要求见表 5 – 1。肋骨的布置形式有单一肋骨形式、强肋骨与普通肋骨组合形式、中间肋骨形式三种。

表 5 – 1　横骨架式舷侧结构尺寸规范计算表

名称		尺寸要求
主肋骨	艏艉尖舱以外	$W = cc_1 sdl^2 KI = 3.2Wl/K$
	艏艉尖舱内	$W = 4.6sdDK$ $I = 3.5Wl/K$
	上层建筑和甲板间	$W = CC_1 sdl \sqrt{D} K$
强肋骨	支撑舷侧纵桁	直接计算确定
	不支撑舷侧纵桁	最下层甲板以下：$W = 5shl^2 K$ 甲板间：$W = 3.5sdl \sqrt{D} K$
舷侧纵桁	支撑主肋骨	$W = 7.8hbl^2 K$ $I = 2.5Wl/K$

注：s——肋骨间距或纵骨间距，m，计算时取值应不小于肋骨的标准间距；

d——吃水，m；

D——型深，m；

l——跨距，m；

h——从舷侧纵桁跨距中点至上甲板边线的垂直距离，m；

K——材料系数，见表 1 – 4。

2. 纵骨架式舷侧结构

纵骨架式舷侧骨架主要由舷侧纵骨和强肋骨等组成，其尺寸规范计算要求见表 5 – 2。

表 5 – 2　纵骨架式舷侧结构尺寸规范计算表

名称		尺寸要求
舷侧纵骨	上甲板以下	$W = 9shl^2 K$
	艏尖舱内	$W = 7.5shl^2 K$
	艉尖舱内	$W = 8.5sl^2 (h + 0.167D)K$
强肋骨	艏艉尖舱外	$W = 10Shl^2 K$
	甲板间	$W = 4.4sdl \sqrt{D} K$
	艏尖舱	$W = 14Shl^2 K$
	艉尖舱	$W = 10Shl^2 K$

注：s——肋骨间距或纵骨间距，m，计算时取值应不小于肋骨的标准间距；

S——强肋骨间距，m；

d——吃水，m；

D——型深，m；

l——跨距，m；

h——从舷侧纵桁或强肋骨跨距中点至上甲板边线的垂直距离，m；

K——材料系数，见表 1 – 4。

5.3 舷侧结构建模实例

5.3.1 散货船单层舷侧强肋骨结构

散货船单层舷侧强肋骨结构位于散货船货舱区舷侧部位,是最常见的舷侧结构之一,如图 5 - 1 所示。

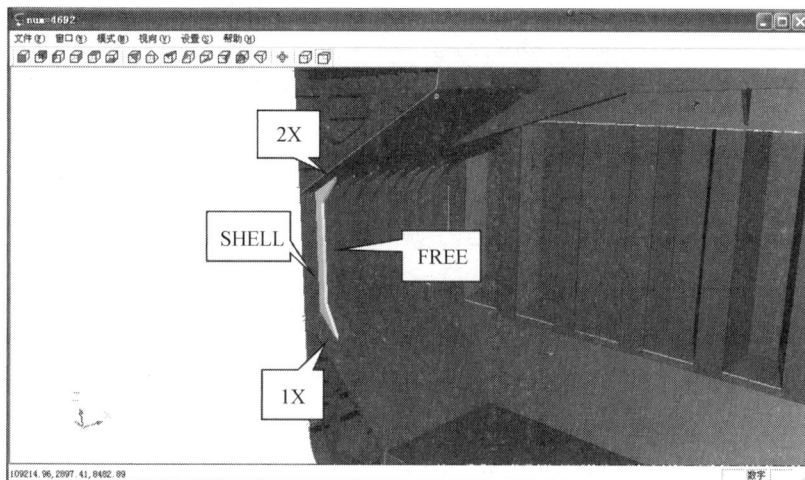

图 5 - 1 散货船单层舷侧强肋骨结构

1. 板架属性定义

板架名:189FB。定位面:X = FR189,左右对称。如图 5 - 2 所示。

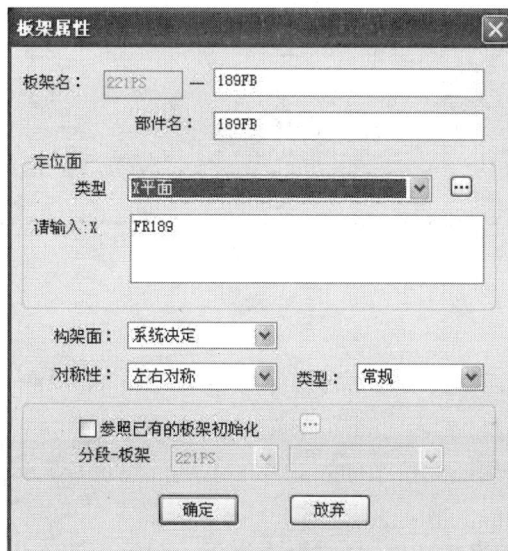

图 5 - 2 板架属性定义

2. 边界定义

Lim1：板架剖面线"221PS－1X"。Lim2：船体曲面"SHELL"。Lim3：板架剖面线"221PS－2X"（该板架请参见甲板结构建模部分内容）。Lim4：自由边"FREE，LEN1 = 1000，LEN2 = 1000，M1 = M2 = 50，LINE(LIM = 2，M1 = 300)，R1 = R2 = 100，T1 = T2 = 70"。如图5－3、图5－4所示。

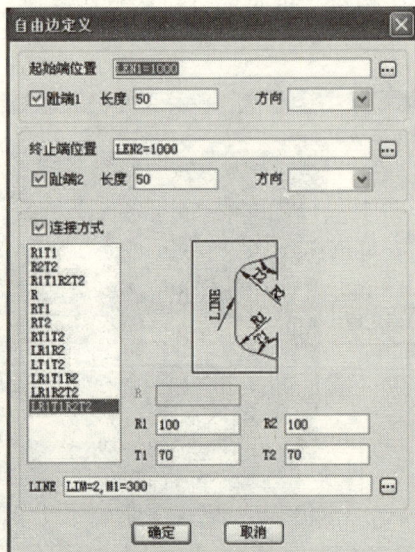

图5－3　自由边定义

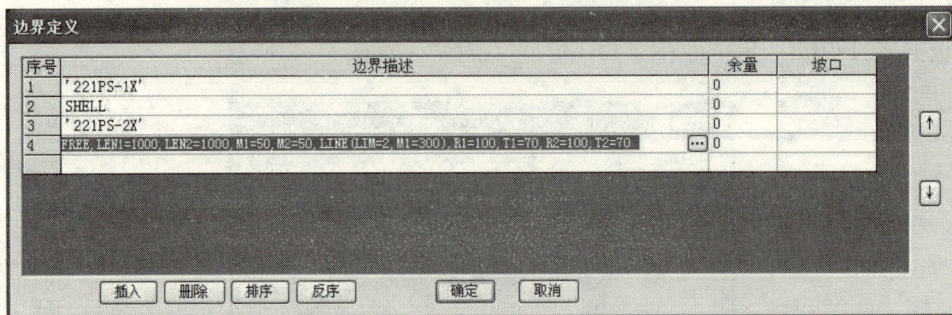

图5－4　边界定义对话框

3. 板缝与板零件定义

板缝过程省略，这里取整块为一个板零件，厚度为 10 mm，材质为 A 级钢。

4. 边界孔定义

取规格为 R35 的扇形孔，定位坐标为 CORNER = 2,3，如图5－5、图5－6 所示。

5. 面板添加

型材规格为 100 * 10FB 的扁钢，材质为 A 级钢。起始端和终止端连接方式为 4,80，端部形式为 1402,30,35。如图5－7 所示。

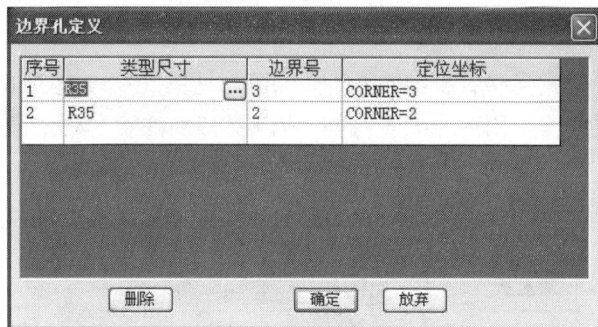

图 5-5　边界孔定义对话框

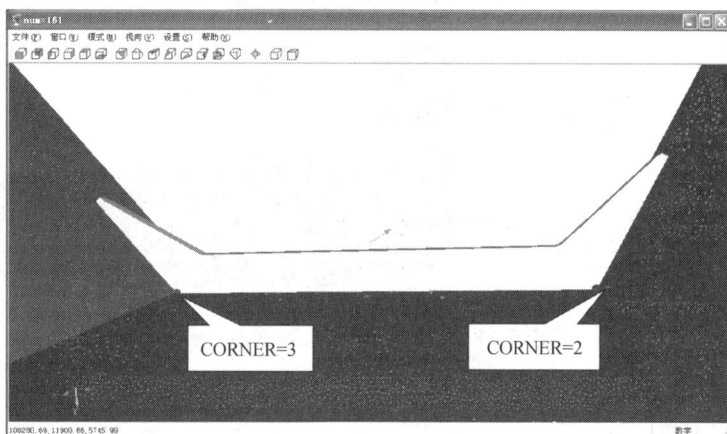

图 5-6　边界孔位置三维浏览

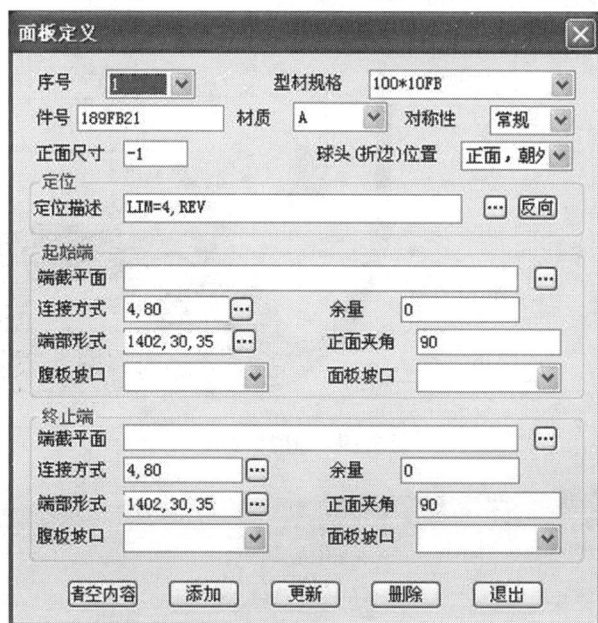

图 5-7　面板定义对话框

5.3.2　机舱区横骨架式舷侧结构

该实例选取横骨架式强肋骨框架结构进行讲解,见图 5 - 8,普通肋骨框架结构可以参考此结构。由于甲板结构采用纵骨架式结构,所以要特别注意普通肋骨与甲板边板位置梁肘板的连接。

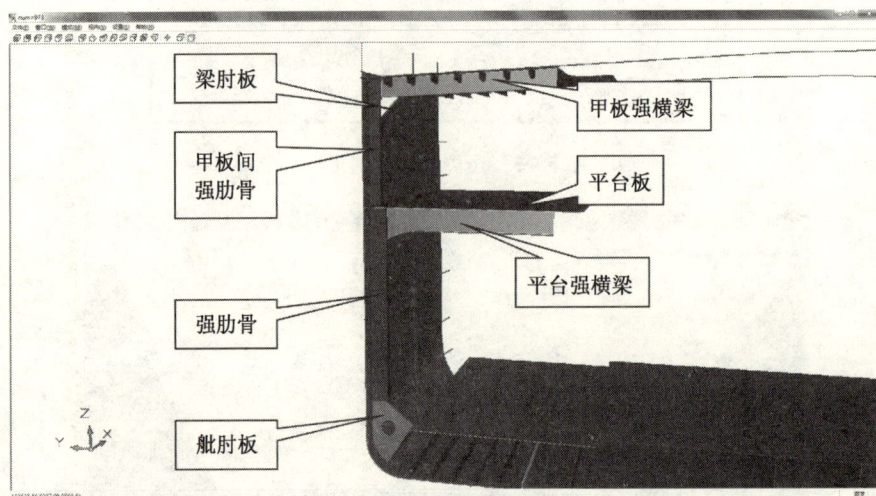

图 5 - 8　机舱区横骨架式舷侧结构

1.舷肘板结构

舷侧强肋骨与内底板之间通过舷肘板连接,如图 5 - 9 所示。

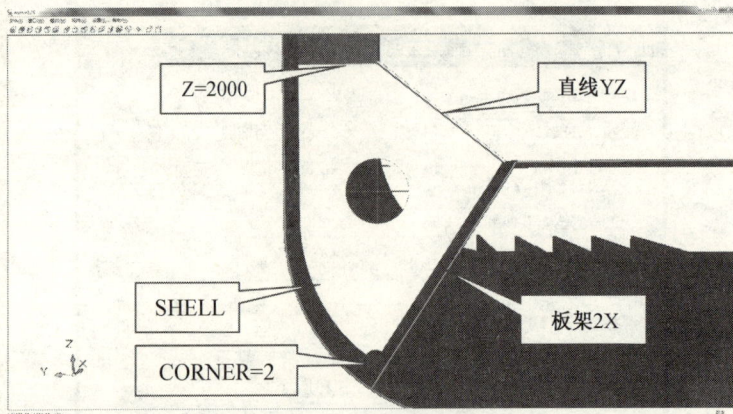

图 5 - 9　舷肘板结构

(1)板架属性

板架名:189F。定位面:X = FR189,左右对称。如图 5 - 10 所示。

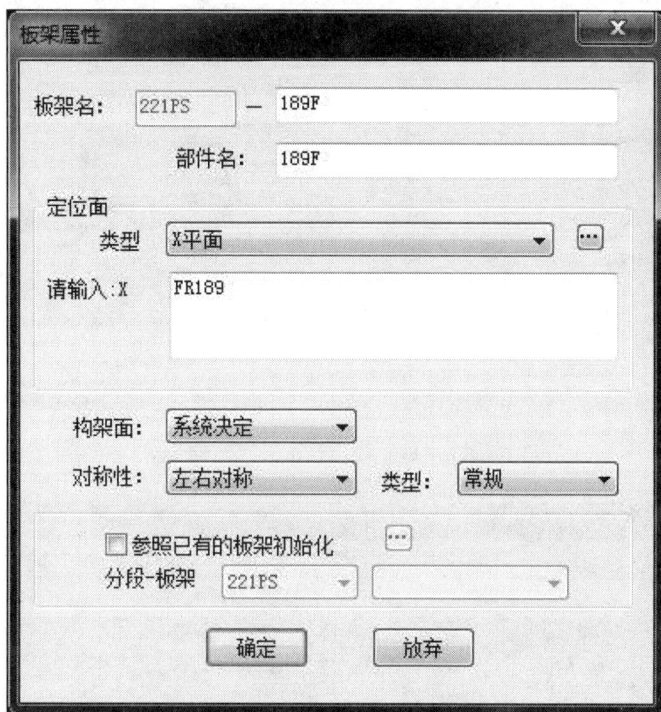

图 5 - 10　板架属性定义对话框

(2)边界定义

Lim1:板架剖面线"221PS - 2X"。Lim2:船体曲面 SHELL。Lim3:直线"Z = 2000"。Lim4:直线"YZ"。如图 5 - 11 所示。

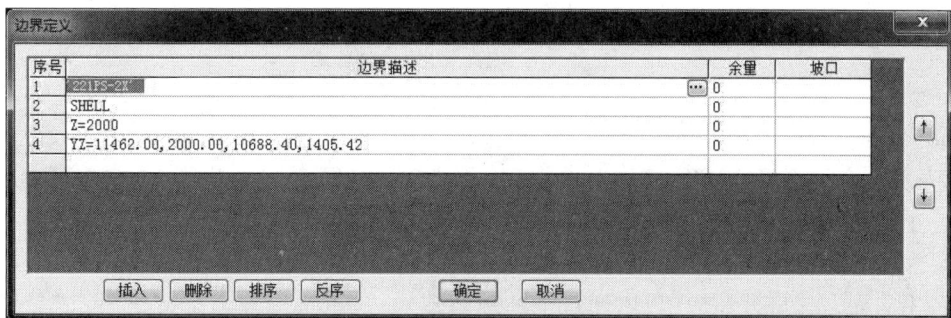

图 5 - 11　边界定义对话框

(3)板零件定义

厚度为 10 mm,材质为 A 级钢。

(4)边界孔内孔定义

边界孔类型为 R75 的扇形孔,定位坐标:角点定位 CORNER = 2,如图 5 - 12 所示。内孔类型尺寸为 D400 的圆形孔,定位坐标:Y = 11461.8,Z = 1237.46,如图 5 - 13 所示。

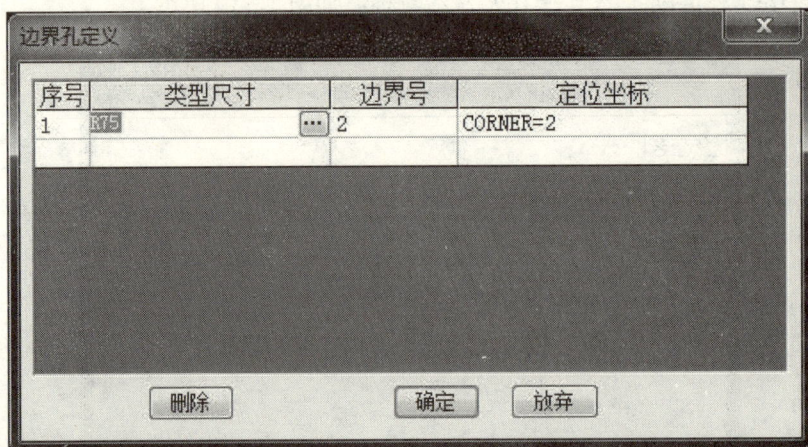

图 5 - 12　边界孔定义对话框

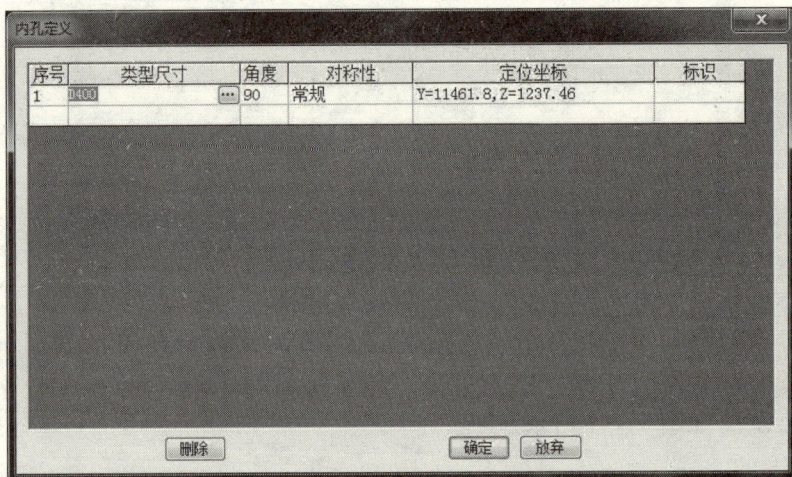

图 5 - 13　内孔定义对话框

(5)面板定义

型材规格为 200 * 10FB,材质为 A 级钢。定位描述:LIM = 4,REV,连接方式起始端为 4,0,终止端为 5,端部形式为 1100。如图 5 - 14 所示。

2.强肋骨结构

利用曲面型材进行建模(可以通过平面板架建模,这里选用曲面型材建模),型材规格为 T500 * 200 * 10 * 12,材料牌号为 20#钢,起始端为板架剖面线"221PS - 7500Z",终止端为沿直线"Z = 2000",起始端连接方式为 4,20,端部形式为 3130,终止端连接方式为 5,端部形式为 3100。如图 5 - 15、图 5 - 16 所示。

3.平台强横梁结构

用平面板架创建如图 5 - 17 所示平台强横梁结构,这里只做半梁结构。

(1)板架属性

板架名:189FD。定位面:X = FR189,左右对称。

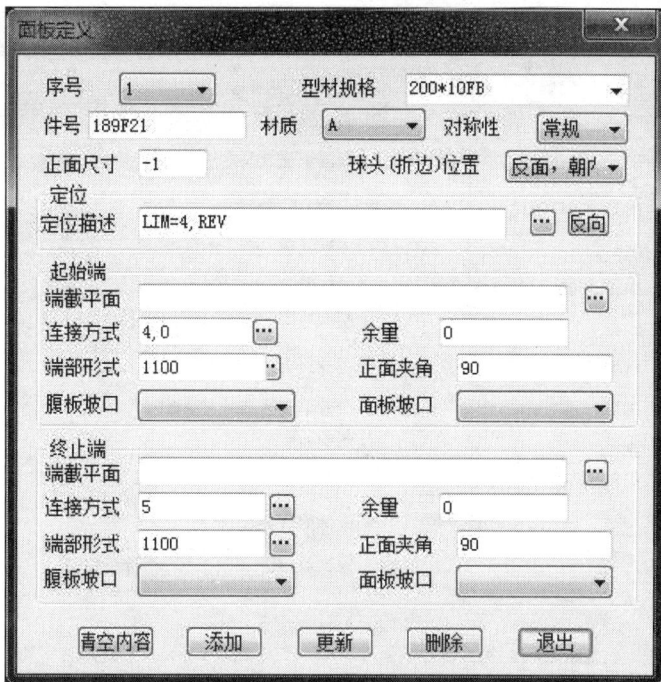

图 5 - 14　面板定义对话框

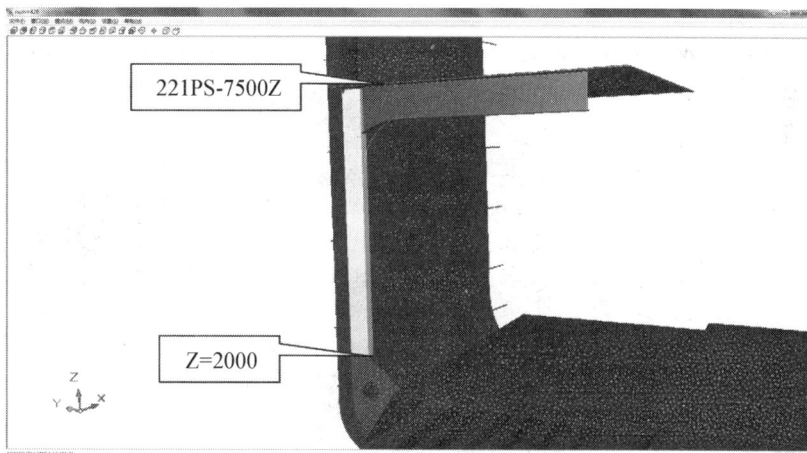

图 5 - 15　强肋骨结构

（2）边界定义

Lim1：直线"Y = 11450"。Lim2：板架剖面线"221PS – 7500Z"。Lim3：直线"Y = 6800"。Lim4：自由边" FREE, LEN1 = 650, LEN2 = 900, LINE(LIM = 2, M1 = 650), R1 = 0, R2 = 2000"。如图 5 – 18、图 5 – 19 所示。

（3）板零件定义

厚度为 10 mm，材质为 A 级钢。

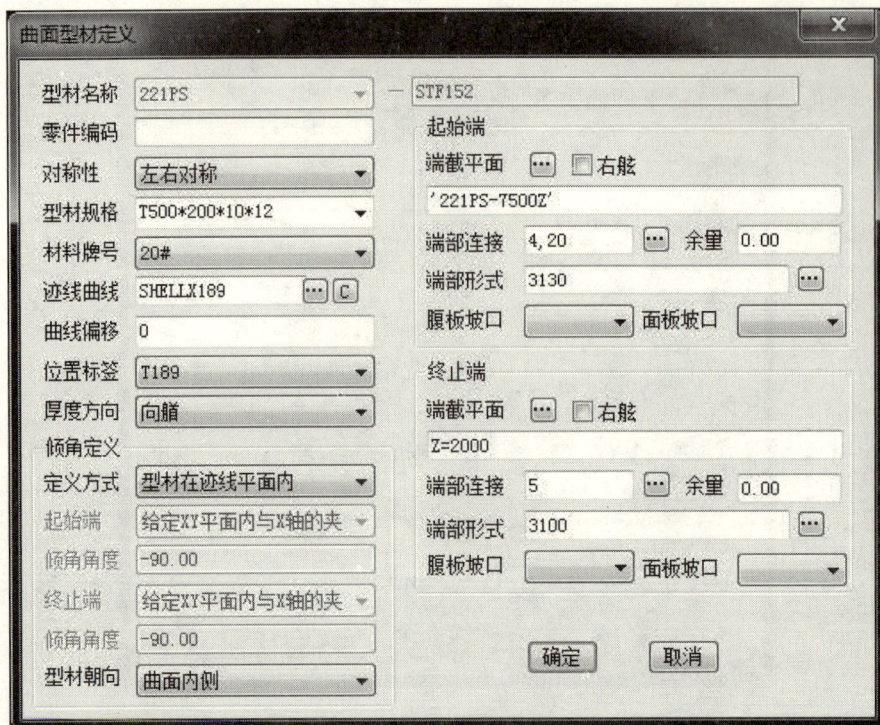

图 5－16　强肋骨型材定义对话框

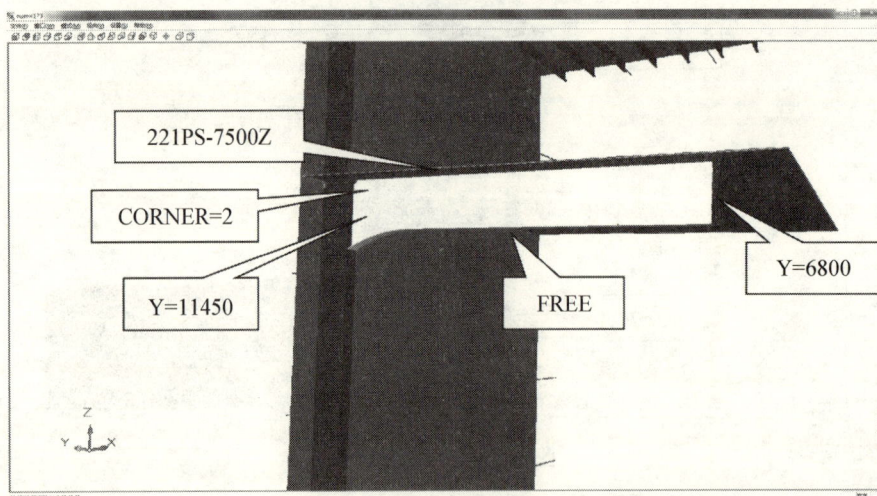

图 5－17　平台强横梁结构

（4）边界孔定义

边界孔类型为 R50 的扇形孔,定位坐标:角点定位 CORNER ＝2。

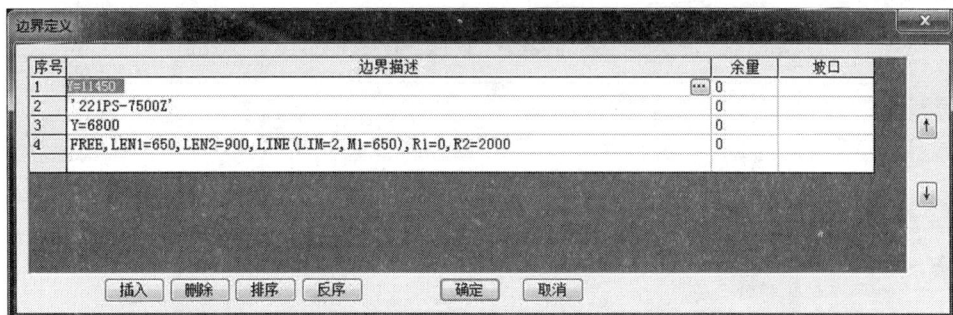

图 5 – 18　边界定义对话框

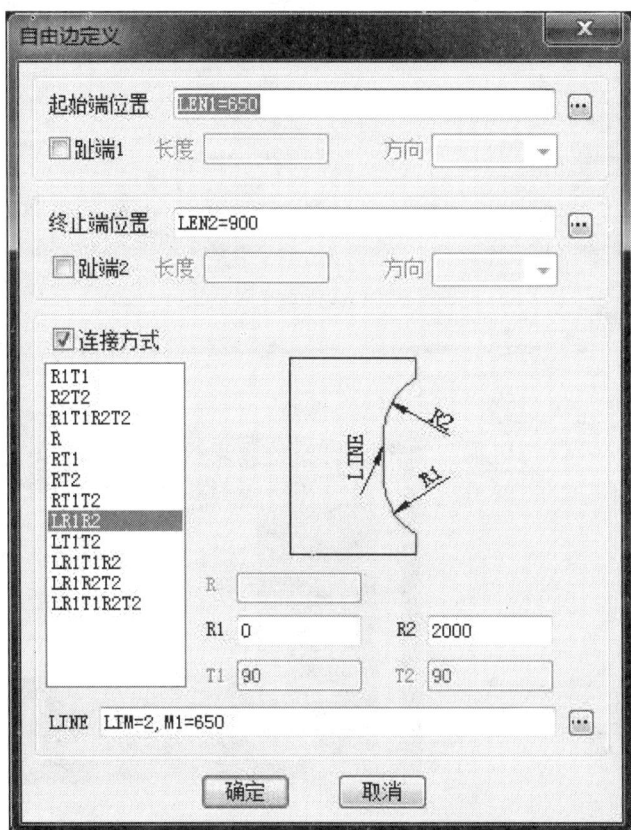

图 5 – 19　自由边定义对话框

(5)面板定义

型材规格为:200 * 10FB,材质为 A 级钢,定位描述:LIM = 4,REV,起始端和终止端连接方式为 4,0,端部形式为 1100。如图 5 – 20 所示。

4. 强肋骨结构

利用曲面型材进行建模(可以通过平面板架建模,这里选用曲面型材建模),型材规格为 T350 * 200 * 10 * 12,材料牌号为 20#钢,起始端为船体曲面"DECK = 1D",终止端为板架剖面线"221PS – 7500Z",起始端连接方式为 4,20,端部形式为 3130。终止端连接方式为 4,20,端部形式为 3130。如图 5 – 21、图 5 – 22 所示。

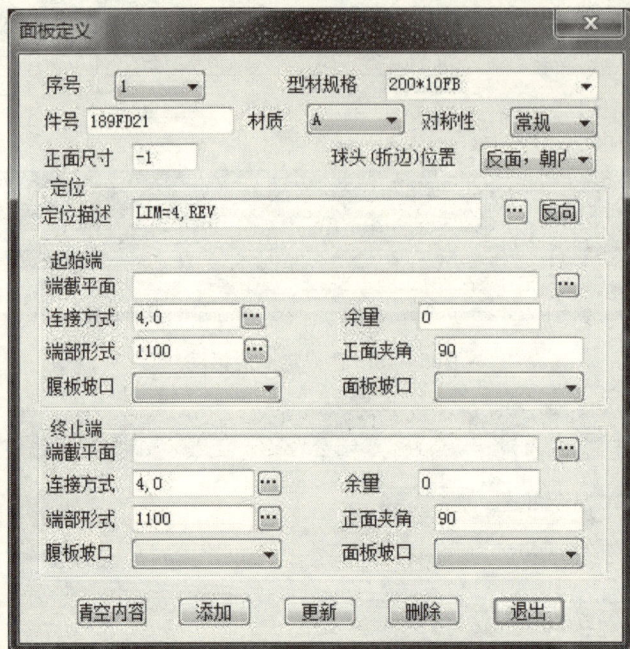

图 5 – 20　面板定义对话框

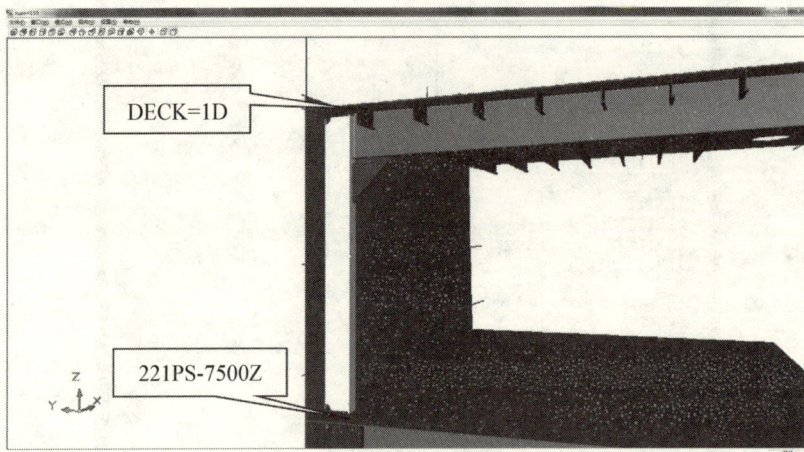

图 5 – 21　甲板间强肋骨结构

5.甲板强横梁结构

利用平面板架创建甲板强横梁结构,这里只做半梁结构,靠近舷侧部分与甲板间肋骨用肘板连接。如图 5 – 23 所示。

(1)板架属性

板架名:189FA。定位面:X = FR189,左右对称。

(2)边界定义

Lim1:型材外沿"ALONG = T189,M1 = – 20"。Lim2:船体曲面"DECK = 1D"。Lim3:直线"Y = 6800"。Lim4:沿曲线"CUR = A(LIM = 2,M1 = 500)"。见图 5 – 24、图 5 – 25。

图 5 – 22　强肋骨型材定义对话框

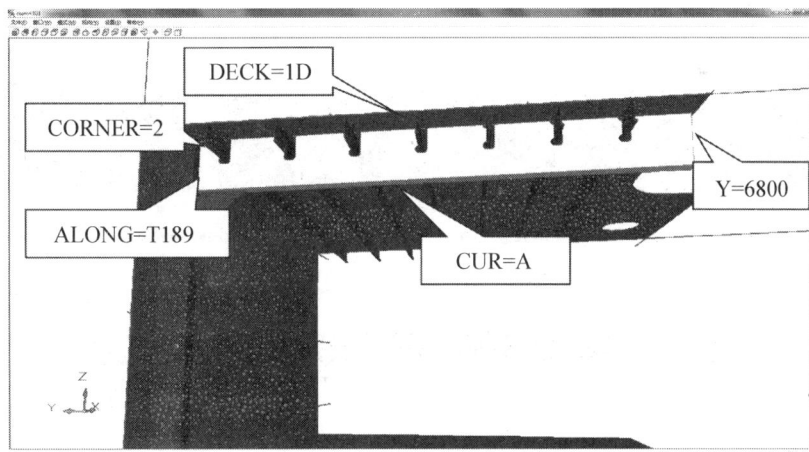

图 5 – 23　甲板强横梁结构

（3）板零件定义

厚度为 10 mm，材质为 A 级钢。

（4）边界孔定义

边界孔类型为 R50 的扇形孔，定位坐标：角点定位 CORNER = 2。

（5）贯穿切口定义

甲板纵骨 L11D ~ L17D 设置贯穿切口，切口类型为 22R，不设补板，如图 5 – 26 所示。

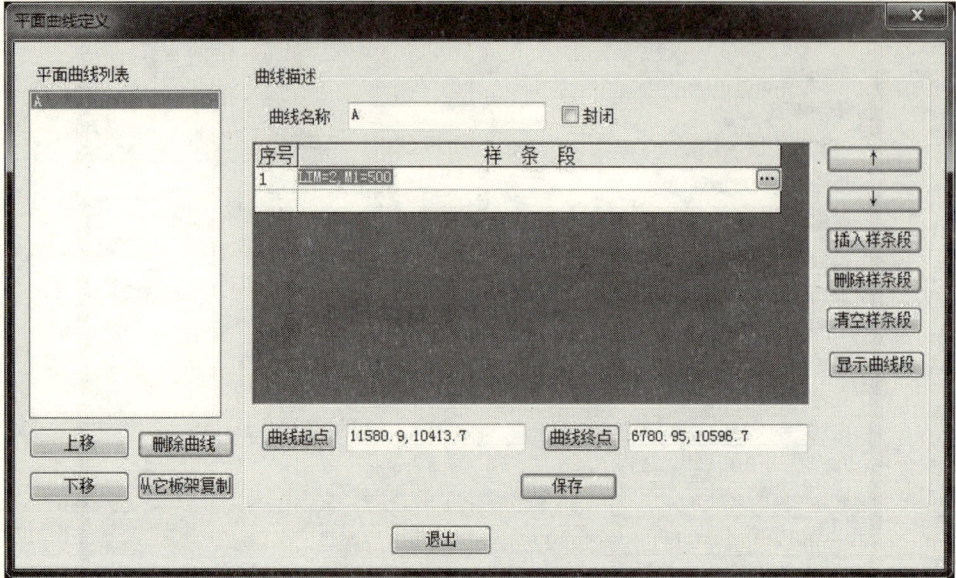

图 5 – 24　平面曲线定义对话框

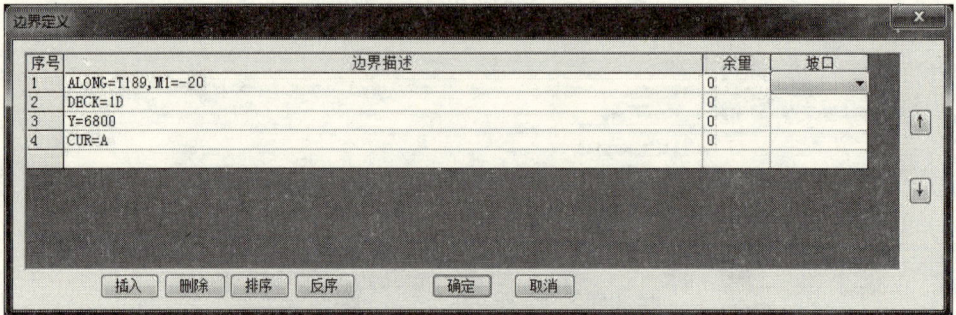

图 5 – 25　边界定义对话框

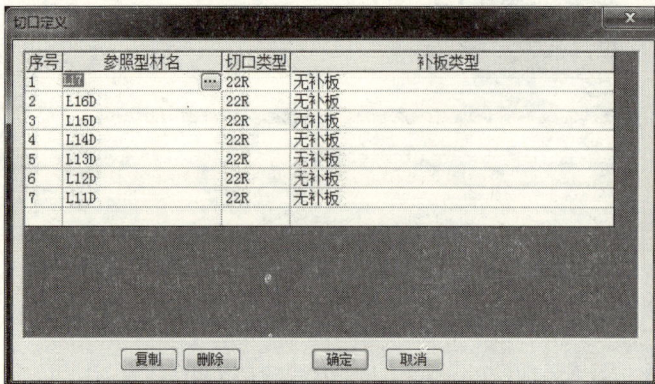

图 5 – 26　贯穿切口定义对话框

（6）面板定义

型材规格为 200 * 10FB，材质为 A 级钢，定位描述为 LIM = 4，REV，起始端和终止端连接方式为 4，0，端部形式为 1100，如图 5 - 27 所示。

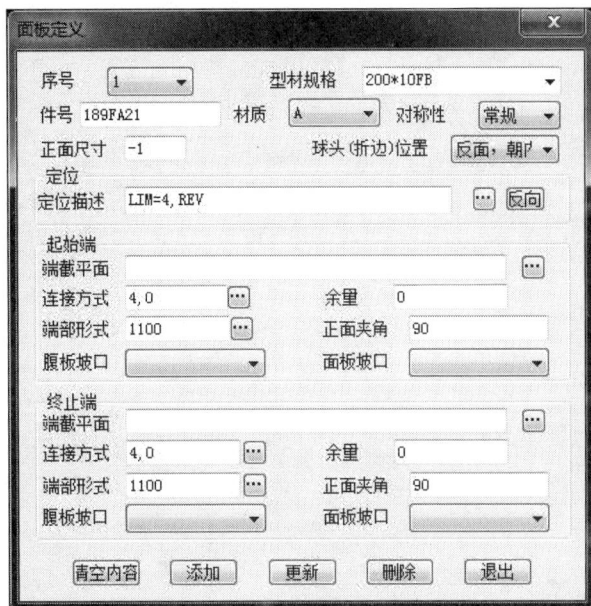

图 5 - 27　面板定义对话框

6. 梁肘板结构

这里创建带有面板的梁肘板结构，连接舷侧纵骨和甲板强横梁的面板，如图 5 - 28 所示。

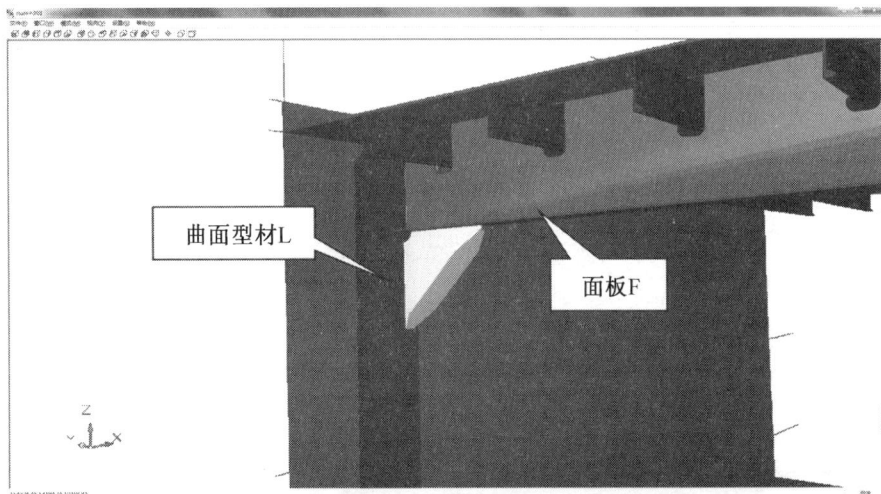

图 5 - 28　梁肘板结构

肘板零件名:701。肘板类型:LF1。直角边长度:A 边界 L1 = B 边界 L2 = 500。切角为 R50,左右对称。板厚为 10 mm,材料为 A 级钢。肘板面板:701 - 1。面板规格:200 * 10FB,材料默认。面板参数:A1 = A2 = 30,B1 = B2 = 50,L1 = L2 = 10。如图 5 - 29 所示。

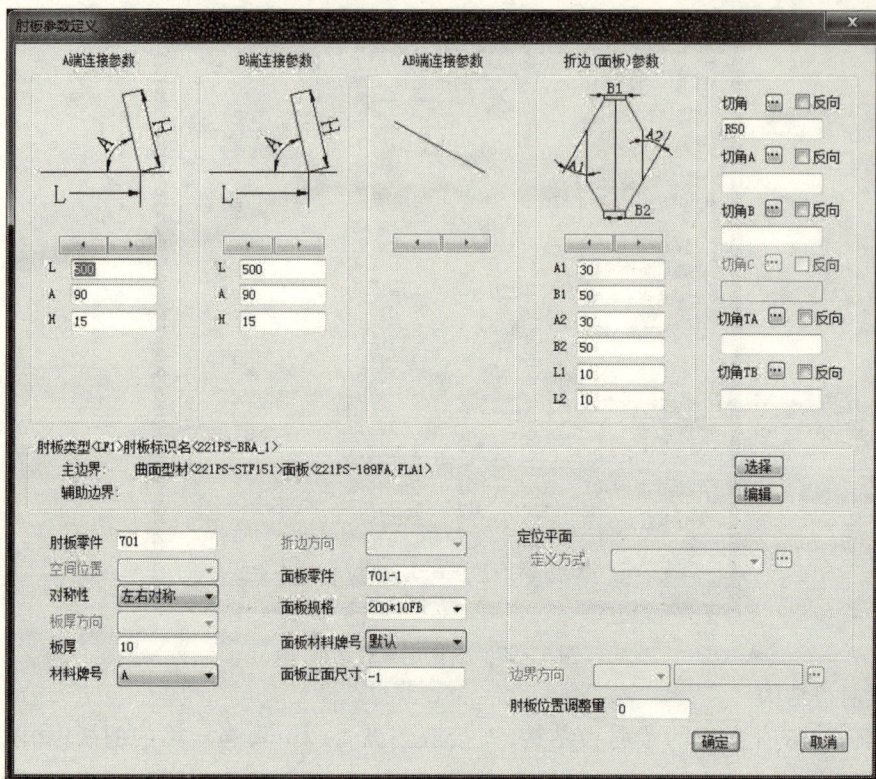

图 5 - 29　梁肘板参数定义对话框

第6章 甲板结构设计

6.1 概　　述

1. 甲板结构作用

为了充分利用船体内部空间,用甲板将船体上下部分进行分隔。甲板的连续纵向构件是船体等值梁的组成部分,参与船体的总纵弯曲。强力甲板是保证船体上部的水密及遮蔽下面的空间,它构成船体等值梁的上翼板,是保证船体总纵强度的重要构件之一。下层甲板起着舱室的地板作用,主要是保证局部强度。甲板的构架直接支撑甲板板,保证甲板板的强度与稳定性。甲板横梁(包括强横梁)与肋骨和肋板组成框架,保证船体的横向强度。

各层甲板间支柱的连接以及甲板与舱壁和舷侧的连接,使船体受力后能相互传递,相互支持。

2. 甲板结构布置特点

甲板结构主要有两种形式:纵骨架式和横骨架式。

纵骨架式的横向强横梁一般每隔3～5个肋距布置,与底部的实肋板和舷侧强肋骨位于同一平面,组成横向强框架。

甲板纵骨间距一般不宜大于1.1～1.15个肋骨间距,在采用高强度钢时,尚须适当减小。具体设计时,应注意下列几点:

(1)保证甲板板必要的稳定性。

(2)应配合舱口与舷侧的距离,选取一整数,均匀布置。

(3)配合横舱壁垂直扶强材的位置。如采用槽形舱壁,纵骨应设置在槽形平面部分,避免设在槽形的斜面部分,切忌与槽角相交,减少施工困难。

在艏艉过渡到横骨架式时,不得将纵骨突然中断于同一横剖面上,应相互错开,逐步过渡。靠近舷侧的纵骨,当由于型线向艏艉变化而不能直线延伸时,可以向内倾折,终止于梁肘板处,其末端削斜;倾折后纵骨离甲板边线的距离不宜过大,否则肋骨端部的肘板过大,不利于减小质量和扩大舱容。横骨架式的横梁应每档肋位设置。

甲板纵桁不仅参与船体的总纵弯曲,而且是横梁的支点,纵桁又被横舱壁或支柱所支撑。纵桁与支柱的布置应相互配合,为了有利于力的传递,应尽量将支柱布置成一直线。在客船中,有时将各层甲板的纵桁布置在同一纵剖面内;同时,纵桁与支柱的布置应考虑到舱室的高度与其布置的特点。一般纵桁的跨度不宜过大,避免纵桁尺度过高影响舱室的有效高度。在客舱中,支柱往往设于木质的房间隔壁内,或由钢质围壁扶强材所替代,以免支柱占据舱室的空间。在餐厅、会议室和活动室等场所,支柱更不宜过多。

在货船中,甲板纵桁与支柱的布置应着重注意其强度要求与装卸货物的方便,尽可能减少舱内支柱的数量。通常货船的甲板设置2～3道纵桁,布置时应尽量使纵桁与舱口纵向围板位于同一直线上,并使纵桁前后连续。这种布置具有下述优点:

（1）充分利用舱口纵向围板参与总纵强度与局部强度，减小甲板的结构质量；

（2）保持纵向构件的连续性，降低舱口角隅的集中应力；

（3）结构简单，便于施工。

机舱区域的甲板纵桁应布置在机舱纵向开口处。

在大型船舶上，为了减少机舱开口与舷侧之间横梁的跨距，还需设置 1 或 2 道甲板纵桁，具体位置应是机舱前部的甲板纵桁的延伸或横梁跨距的中点处。为了增加机舱部分船体横向刚度，通常在舷侧强肋骨位置设置强横梁。机舱开口纵桁与强横梁相交处设置支柱，这类支柱应一直布置到机舱双层底上。

甲板结构形式的选择应根据强度好、质量小，并能提高船舶的使用性能和便于施工为原则，按各种船舶不同的要求，具体分析后确定。当采用纵骨架式时，货舱口之间的甲板构架可设计成纵骨架式或横骨架式，通常设计成横骨架式较有利。该部分的纵骨或横梁的尺度是从满足局部强度的要求来确定的。

3. 外载荷

甲板结构承受外载荷基本上与甲板板相同，横向构件以承受横向载荷为主，而纵向构件除横向载荷外，尚承受船体的总纵弯曲。各层甲板上所承受的横向载荷通常以计算水柱高度 h 来表示，是船长的函数。普通货船各层甲板所承受横向载荷的要求见表 6 - 1。

甲板对应的设计载荷 p（kPa）应按下式计算：

$$p = \frac{9.81h}{\gamma} \qquad (6-1)$$

式中　h—计算压头，m，见表 6 - 1；

　　　γ—装载率，m^3/t，取标准装载率 1.39 m^3/t。

对于深舱处的甲板，其对应的设计载荷 p 应按下式计算：

$$p = 9.81\rho h \qquad (6-2)$$

式中　h—计算压头，m，见表 6 - 1；

　　　ρ—液体密度，t/m^3，计算时取值应不小于 1.025 t/m^3。

表 6 - 1　甲板计算压头

甲板名称及位置		计算压头 h/m	许用载荷/kPa
露天甲板 （最小构件尺寸）	距艏垂线 0.075L 以前	主要构件：$h_0 + 3$； 次要构件：1.5h_0	8.5
	距艏垂线 0.075L ~ 0.15L	主要构件：$h_0 + 2$； 次要构件：1.25h_0	8.5
	距艏垂线 0.15L 以后	h_0	8.5
露天甲板 （规定货物载荷）	距艏垂线 0.075L 以前	0.49$p + h_0 - 1.2$	p（>8.5）
	距艏垂线 0.075L ~ 0.15L	0.37$p + h_0 - 1.2$	p（>8.5）
	距艏垂线 0.15L 以后	0.14$p + h_0 - 1.2$	p（>8.5）
非露天货物甲板		0.14p，但不小于甲板间的平均高度 H	Max（p, 7.06H）

表 6 - 1(续)

甲板名称及位置	计算压头 h/m	许用载荷 kPa
居住处所的甲板	1. 2	—
仓库处所的甲板	2. 0	—
机舱平台以及修理间和机舱物料间处所的甲板	2. 6	—

注:①表中 h_0 应不小于按下式计算所得之值,且应不小于 1. 2 m,也不必大于 1. 5 m:

$$h_0 = 1.20 + \frac{2}{1000}\left(\frac{100 + 3L}{D - d} - 150\right) \tag{6 - 3}$$

式中　L——船长,m;

　　　D——型深,m;

　　　d——吃水,m。

②对于船长小于 90 m 的船舶,可适当减小其艏艉端区域的主要构件的计算压头,但应不小于相同位置的次要构件的计算压头。

6.2　甲板结构设计

6.2.1　甲板结构基本构件特点

甲板结构基本构件主要是横梁、纵骨、强横梁和甲板纵桁。它们的基本特点如下。

1. 横梁

全梁(货舱开口以外)或半梁(货舱开口范围内)与肋骨及肋板组成横向框架。横梁的强度可由平面刚架计算中确定,通常应考虑下述原则:

(1)上甲板与下甲板开口以外的横梁是弹性固定于舷侧,跨中为甲板纵桁所支撑的连续梁;

(2)上甲板的半梁是一端弹性固定于舷侧,而另一端自由支撑于舱口纵桁上的单跨度梁;

(3)下甲板的半梁是一端刚性固定于舷侧,另一端自由支撑于舱口纵桁,并需考虑纵桁挠度的影响。

上甲板的横梁除了满足强度条件外,尚需保证整个甲板板架必要的稳定性。根据横梁作为甲板板的刚性支座的条件来求取横梁的临界惯性矩。

2. 甲板纵骨

甲板纵骨除了承受横向载荷外,尚参与船体的总纵弯曲。根据对纵骨强度与稳定性条件的分析,承受较小横向载荷的干货船上甲板,其纵骨尺寸取决于稳定性条件。甲板纵骨的剖面积(不包括带板)通常为甲板板剖面积的 15% ~20%,采用高强度钢时,可提高到 20% ~30%。

3. 强横梁

强横梁视为甲板纵骨的刚性支座。其一端与舷侧强肋骨相连,另一端与舱口纵桁或纵舱壁相连。前者认为是弹性固定,后者认为是自由支撑或弹性固定。强横梁承受纵骨给予的支撑反力,因此必须保证有足够的强度与必要的刚度。强横梁间距直接影响甲板纵骨的尺度,通常 3 ~5 个肋距设置强横梁。

6.2.2 甲板构架尺度的确定

甲板骨架主要由横梁、纵骨、强横梁、甲板纵桁等组成,其尺寸规范计算见表 6-2、表 6-4、表 6-6,按其结构形式的不同,可分为横骨架式甲板和纵骨架式甲板。

1. 横骨架式甲板结构

表 6-2 横骨架式甲板结构尺度规范计算表

名称	尺寸要求	
甲板横梁	主甲板: $W = (C_1 C_2 Dd + C_3 shl^2)K$	露天甲板: $W = Bshl^2 K$
甲板纵桁	$W = 4.75bhl^2 K$ $I = 2Wl/K$	
强横梁	W:采用直接计算,两端刚性连接,在甲板纵桁处承受集中载荷,许用弯曲应力为 124 N/mm²;$I = 2Wl/K$	

注:C_1——系数,根据横梁所在区域的甲板(包括桥楼、艉楼甲板和机舱平台)总层数决定:对于 1 层,C_1 = 2,对于 2 层,C_1 = 1.33,对 3 层,C_1 = 1.05,对于 4 层及 4 层以上,C_1 = 0.93,对于艉楼甲板,C_1 = 1.33;

C_2、C_3——系数,见表 6-3;

D——型深,m;

B——型宽,m,计算时取值不大于 21.5 m;

d——吃水,m;

s——横梁间距,m;

h——甲板计算压头,m;

l——横梁、纵桁跨距,m;

K——材料系数。

表 6-3 系数 C_2、C_3 取值表

甲板名称	C_2	C_3
距艏垂线 0.075L 以前的露天/强力甲板或露天艉楼甲板	0.8	0.54B
距艏垂线 0.075L~0.15L 的露天/强力甲板或露天艉楼甲板	0.8	与舷侧相连的横梁:0.36B 其他横梁:0.33B
距艏垂线 0.15L 以后的露天/强力甲板或露天艉楼甲板	0.54	
露天的短桥楼和艉楼甲板	0.14	
货物甲板及其他甲板(包括机舱和首尾尖舱平台)	0.4	4.0
居住处所的强力甲板或下层甲板	0.52	4.0

2. 纵骨架式甲板结构

表 6 - 4　纵骨架式甲板构架尺度规范计算表

名称	尺寸要求	
甲板纵骨	露天、强力甲板： $W = c_1 shl^2 K$ $W = (c_2 sh + c_3 sl^2 \times 10^{-4}) K$ 货舱甲板： $W = (2.5shl^2 + 0.6sL) K$，当 $L \geqslant 90$ m $W = 5shl^2 K$，当 $L < 90$ m	居住及上层建筑： $W = (2.5shl^2 + 0.52sL) K$，当 $L \geqslant 90$ m $W = 4.4shl^2 K$，当 $L < 90$ m
甲板纵桁	W:采用直接计算,两端刚性连接,在强横梁处承受集中载荷,许用弯曲应力为124 N/mm²; $I = 2Wl/K$	
强纵桁	$W = 5Shl^2 K$ $I = 2Wl/K$	

注:s——纵骨间距,m;

h——甲板的计算压头,m;

l——纵骨、纵桁、纵桁跨距,m,计算时取值应不小于 2 m;

c_1、c_2、c_3——系数,按表 6 - 5 确定;

L——船长,m,计算时取值不必大于 200 m;

K——材料系数。

表 6 - 5　系数 c_1、c_2、c_3 取值表

甲板纵骨位置	区域	c_1	c_2	c_3
距艏垂线 0.075L 以前		12.5	63.5	7.8
距艏垂线 0.075L ~ 0.15L		12.5	57	7.2
距艏垂线 0.15L 处	开口线外	9	48.5	6.2
	开口线内	7.5	40	5.5
距艏垂线 0.15L ~ 0.3L	开口线外	船中部和端部的纵骨的剖面模数直线过渡后确定		
	开口线内	7.5	40	5.5
船中部 0.4L 区域	开口线外	10.5	—	—
	开口线内	7.5	40	5.5
距艉垂线 0.075L ~ 0.3L	开口线外	船中部和端部的纵骨的剖面模数直线过渡后确定		
	开口线内	7.5	40	5.5
距艉垂线 0.075L 以后		7.5	40	5.5

3. 舱口甲板结构

表 6 – 6　舱口甲板构架尺度规范计算表

名称	尺寸要求	
舱口甲板纵桁	露天、强力甲板： $W = 7hbl^2K$ $I = 2.6Wl/K$	下甲板： $W = 5.2hbl^2K$ $I = 2Wl/K$
舱口端横梁	$W = 4.6chAlK$ $I = 3Wl/K$	

注：h——甲板的计算压头，m；

　　b——舱口甲板纵桁所支承面积的平均宽度，m；

　　l——舱口甲板纵桁、端横梁的跨距，m；

　　A——载荷面积，m^2；这里不做讲解，可查阅《钢质海船入级规范》对应内容；

　　K——材料系数。

6.2.3　甲板构件的连接

1. 横梁和梁肘板

为了减小构件的计算弯矩，减小端点的计算应力，使构件之间有效地相互连接，相互传递应力，以采用肘板连接为宜。横梁和肋骨连接肘板尺度和形状应满足三个方面的要求：保证肋骨与横梁能"刚性"连接；减小连接处的应力集中；便于施工，质量小。

（1）肘板的形式

肘板形式不同、连接方法不同，效果亦不相同。构件之间有三种连接：

①用三角形肘板连接的；

②不设肘板，而采用直接焊接的；

③用圆弧形肘板的。

实践证明，圆弧形肘板最佳，无肘板最差。

除了强度和刚度外，在选择肘板的形式时，尚须考虑施工条件。

（2）肘板尺寸

横梁与肋骨的连接肘板尺寸可按表 6 – 7 选取。但肘板厚度不小于横梁腹板厚度和肋骨腹板厚度中较小者，肘板臂长应不小于肋骨腹板高度的 2 倍。当肋骨的剖面模数 $W \geqslant$ 400 cm^3 或肘板的自由边长度大于 50 t（t 为肘板的厚度）时，肘板应有面板或折边。

对于肘板的臂长，应按 h 值予以量取（具体可以参考船舶设计手册）。当采用搭接时，肘板与横梁、肋骨的搭接长度应不小于横梁、肋骨高度的 1.25 倍。

表 6 - 7　连接肘板的尺寸

骨材的剖面模数 W/cm^3	肘板的臂长/mm	有折边肘板厚度/mm	无折边肘板厚度/mm	折边宽度/mm
≤30	120	—	6.5	—
50	150	—	7.0	—
100	220	6.5	8.5	50
200	325	7.5	9.5	50
300	400	8.5	11.5	55
400	495	9.5	—	55
500	545	10	—	60
600	590	10.5	—	65
700	630	11	—	70
800	660	11.5	—	75
900	690	12	—	75
1 000	715	12.5	—	80
1 100	740	13	—	85
1 200	760	13.5	—	90
13 000	775	14	—	95
1 400	795	14.5	—	95
1 500	810	l5	—	100

注:当肘板的自由边长度大于 50 t(t 为肘板的厚度)时,肘板应有折边,折边宽度不小于 50 mm。

（3）肘板设置要求

当甲板为横骨架式时,在横梁与舱口甲板纵桁的连接处均应设置肘板,并应将肘板伸至舱口甲板纵桁的面板,甲板纵桁是横梁的支点。通常设计成横梁穿过纵桁,并在切口处与纵桁焊接。如切口大而不能焊接者(主要是考虑工艺条件),则应采用肘板连接。这些肘板可兼作纵桁的防倾肘板。

当甲板为纵骨架式时,应将肋骨上端处的肘板伸至最近一根甲板纵骨,并予以焊接。肘板的厚度不小于肋骨的腹板厚度;采用搭接时,肘板与肋骨的搭接长度应不小于肋骨高度的 1.25 倍。

2. 甲板纵骨与纵骨肘板

（1）纵骨与强横梁的连接

甲板纵骨一般穿过强横梁,同时必须与强横梁牢固地连接,其连接形式与横梁穿过纵桁相同。甲板纵骨在舱口端梁或强横梁的腹板处中断时(限于甲板开口线内或船端部分),在甲板纵骨与舱口端梁或强横梁的连接处应设置肘板。肘板的厚度不小于纵骨腹板的厚度,并应将肘板沿舱口端梁腹板或强横梁腹板伸至舱口端梁或强横梁的面板。

（2）纵骨与横舱壁的连接

甲板纵骨与横舱壁的连接基本上有两种形式:一种是纵骨间断于横舱壁处,用肘板与舱壁连接;另一种是纵骨穿过横舱壁。前者便于施工,但纵骨的连续性较差,并应注意横舱壁两面的连接肘板厚度对准,一般在中小型船中采用;后者可以省去连接肘板,但施工比较复杂,穿过舱壁的开孔用板补上,密性要求较高,一般在船长大于 150 m 的船舶中采用。

3. 强横梁与甲板纵桁

(1)强横梁与舷侧强肋骨应采用肘板相连接

在距强横梁端部不小于 1.5 倍的强横梁腹板高度的范围内,将强横梁的腹板向端部逐渐加高,在其与肋骨或强肋骨或纵舱壁连接处的高度应不小于强横梁腹板高度的 1.5 倍,且其面板应为强横梁面板的延伸部分。

当受力较大,肘板尺寸亦较大时,建议采用圆弧形肘板。肘板的臂长应不小于强横梁腹板高度和相连接构件(强肋骨、纵舱壁垂直桁腹板)高度中的较小者,并设面板将强横梁面板与相连接构件(强肋骨、纵舱壁垂直桁)面板相连接,使其形成环形框架。面板的尺寸应与强横梁面板尺寸相同。肘板的厚度应不小于强横梁腹板厚度和相连接构件(强肋骨、纵舱壁垂直桁)腹板厚度中的较大者。当肘板的尺寸较大时,在肘板上还需设置加强筋。

(2)通常甲板纵桁间断于横舱壁处,用肘板连接,或将纵桁的高度放大或面板加宽

有时为了保证纵桁有很好的连续性,要求纵桁穿过舱壁,在舱壁上开孔让纵桁穿过,然后用板补上或将纵桁腹板穿过舱壁,面板间断,并与舱壁焊接。后者在目前设计中已较少采用。

甲板纵桁腹板的高度向舱壁处逐渐加高,在舱壁处的高度为原高度的 1.5 倍(在上层建筑内为 1.2 倍),并将升高后的腹板与舱壁板焊接,腹板升高范围的长度不小于甲板纵桁腹板原高度的 1.5 倍。

在纵桁与舱壁的连接处设置具有面板或折边的肘板时,其臂长应等于纵桁腹板的高度,厚度应等于纵桁腹板的厚度,且肘板的面板或折边的尺寸应与纵桁的面板或折边的尺寸相同。

6.3　舱 口 结 构 设 计

6.3.1　货舱口的形式

船舶的货舱口结构形式根据舱口盖形式、舱口所在位置和装运货物的种类而定。

1. 舱口角隅的形式

船体发生断裂或出现严重海损事故的原因之一是舱口设计不当。因此,设计时必须注意以下几点:

(1)选择适当的甲板开口的角隅形式。

(2)角隅处甲板用加厚板加强。

(3)应注意结构的连续性,避免形状、剖面或厚度的突然变化,减小角隅处的应力集中。舱口纵桁与舱口端梁必须有效地连接,通常采用较厚的菱形板相连接。舱口角隅的形式一般有圆形、椭圆形、抛物线形及流线型数种。

如圆形角隅伸入舱口围板内,则其最小半径应为 300 mm;或者若舱口围板本身做成圆桶形,且与甲板板内缘焊接,见图 6 - 1,此时的角隅最小半径应为 150 mm。

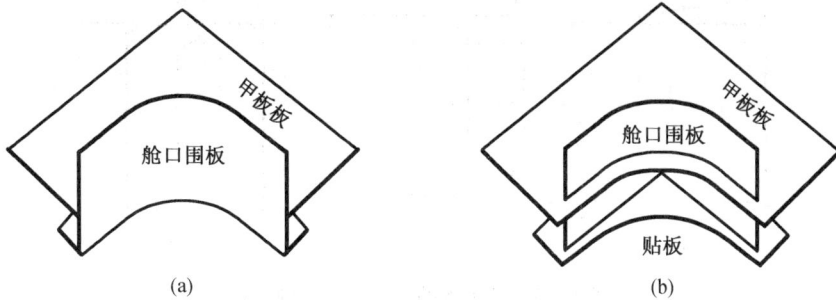

图 6 - 1 舱口角隅的形式

2. 舱口围板的形式

(1)露天甲板舱口围板形式

露天舱口围板设置应注意,不应将舱口围板的外伸肘板或供储存钢质舱盖的轨道焊于甲板室或桅房上,除非舱口围板作为船体的纵向强力构件考虑。当舱口围板支撑集装箱时,应对舱口围板及其支撑构件做相应加强。通常应避免在舱口围板顶部开口,如有不可避免的顶部开口,应采用圆形或椭圆形。在纵向连续的舱口围板端部趾端应设计成软趾,而且在横向舱口围板之间的连接梁上应设有排水口,其要求应满足国际载重线公约的要求,一般形式如图 6 - 2 所示。

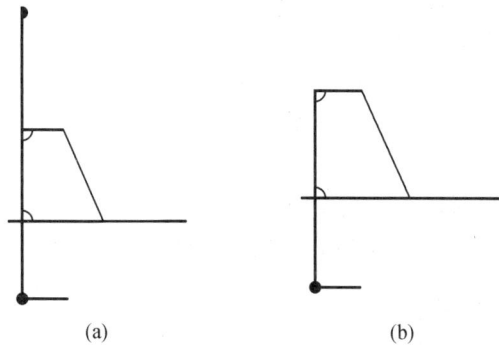

图 6 - 2 露天甲板舱口围板的形式

(2)下甲板的舱口围板

下甲板的舱口围板承受较大的横向载荷,但是为了不致影响过多的载货容积,纵桁一般不希望设计得很高,有时为了满足剖面模数的要求设计成箱形。

①纵桁采用组合"T"型材,并在下角上加焊一圆钢,以起防磨作用,如图 6 - 3(a)所示。这种形式在施工上比较简单,用料比较经济,一般面板厚度为腹板的 1.5 ~ 2.5 倍,有利于剖面模数的增加。

②图 6 - 3(b)所示这种形式对于钢索的防磨作用较好,并且有利于搁置舱口梁,其缺点是舱口两端处的施工比较复杂。

③当舱口长度很大时,为了增加纵桁的剖面模数与惯性矩,可以设置二道组合腹板的形式,靠舷侧一道的腹板可稍薄,并开设人孔或手孔,以便于施工,如图 6 - 3(c)所示。

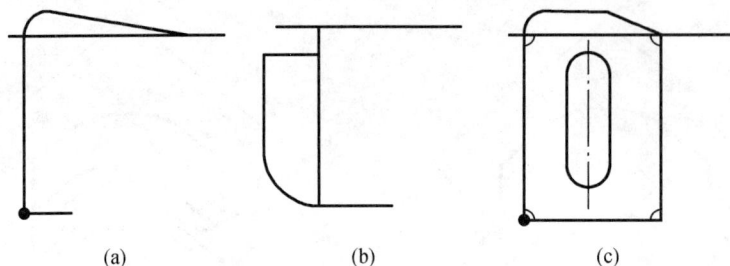

(a)   (b)   (c)

图 6 - 3   下甲板的舱口围板结构形式

2. 舱口围板的高度与厚度

根据 IMO 的要求,对采用活动舱盖关闭以及用舱盖布和封舱压条保证风雨密的舱口围板,从甲板上表面量起(若有顶盖,则从覆盖上面量起)的高度规定为:

(1)在干舷甲板、艉升高甲板及距艏垂线 0.25L 以前的上层建筑甲板上的露天舱口围板高度为 600 mm,L 为船长;

(2)距艏垂线 0.25L 以后的上层建筑甲板上的露天舱口围板高度为 430 mm;

(3)采用衬垫和夹扣装置的风雨密钢质舱盖或其他相当材料舱盖所封闭的舱口,在不影响船舶安全和采取有效措施的条件下,舱口围板高度可予适当降低,但须经主管部门认可;

(4)在非露天干舷甲板或露天上层建筑甲板上的货舱口,可按其所在位置及所需的舱口保护程度,设置适当高度的围板。

舱口围板的厚度一般不小于下述计算值:

$$t = 0.05L + 6.5 \tag{6-4}$$

式中 t——舱口围板厚度,mm;

       L——船长,m,计算时取 L 不大于 90 m。

如舱口围板兼作甲板纵桁时,应符合纵桁的强度要求。

6.3.2   悬臂梁结构设计

悬臂梁是从舷侧延伸至其所支撑的舱口甲板纵桁的甲板强横梁。当舱口宽度、长度很大时,为了减小舱口围板或舱口纵桁的尺度,在舱长范围的适当部位设置悬臂梁结构,作为舱口围板或纵桁的弹性支座。

一般干货船的舱口宽度为 0.4B 左右,但也有些船舶,由于装货的要求,将舱口宽度增大到 0.7B ~ 0.8B。在这种情况下,可以在舱口长度范围内设置 1 ~ 3 根悬臂梁,以增大横向强度与刚性,有利于舱口纵桁尺度的减小。

1. 结构要求

悬臂梁及其支撑肋骨的结构形式,如图 6 - 4 所示。

(1)悬臂梁和支撑肋骨之间应设置圆弧形连接肘板,半径不小于 u_1,肘板面板剖面积和腹板厚度均不小于所连接构件中的较大者;肘板趾端(悬臂梁和支撑肋骨计算剖面处)应设防倾肘板,在连接肘板的腹板上应设置适当数量的加强筋。

(2)当甲板为纵骨架式时,悬臂梁应按要求设置防倾肘板;当甲板为横骨架式时,悬臂梁防倾肘板的间距一般为 3 m。

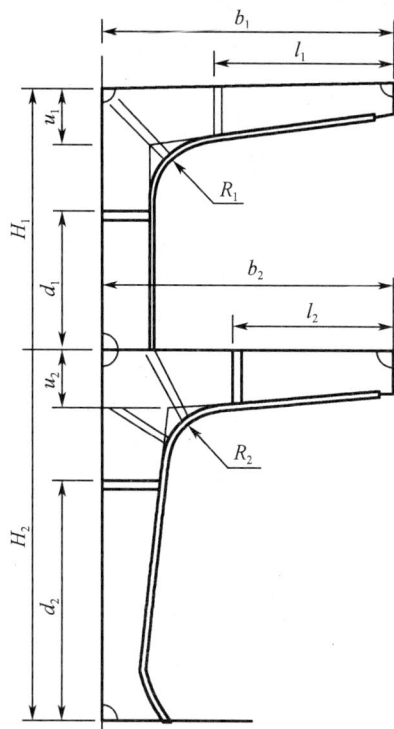

图 6 - 4　悬臂梁及其支撑肋骨的结构形式

（3）悬臂梁和支撑肋骨腹板的最小厚度，<u>应不小于腹板高度的 1% 加 4.5 mm</u>。当腹板高度大于 700 mm 时，应设置间距不大于 1.5 倍腹板高度的垂直加强筋。

（4）悬臂梁和支撑肋骨端部的腹板高度不小于计算剖面处腹板高度的 50%，端部面板剖面积不小于计算剖面处面板剖面积的 60%。当纵骨穿过悬臂梁和支撑肋骨时，其腹板高度不小于纵骨穿过处的切口高度 1.6 倍。

（5）悬臂梁和支撑肋骨的有效带板面积，可参考《钢规》内容进行确定。

（6）如悬臂梁和支撑肋骨是由 2 个或 3 个靠在一起的 T 型剖面的构件组成或组成箱形构件时，可将此种悬臂梁看作是一根悬臂梁。

（7）应用肘板将舱内支撑肋骨与内底牢固连接，在双层底内对应于悬臂梁和支撑肋骨的平面上，应设置实肋板或其他加强结构。

（8）舱口纵桁在甲板板以下的腹板高度一般应不得小于悬臂梁端部的腹板高度。应将悬臂梁与舱口纵桁牢固连接。

2. 悬臂梁及其支撑肋骨尺寸计算

（1）悬臂梁尺寸计算

悬臂梁的布置大致均匀，舱口纵桁受到悬臂梁的弹性支撑以及承受甲板和舱口盖的载荷。悬臂梁视作变剖面的连续梁。

① 当悬臂梁未得到舱口纵桁的支撑时：

$$W_i = 30.6 S l_i (l_i h_1 + b_0 h_2) K \tag{6-5}$$

式中　S——悬臂梁的载荷宽度,m;

　　　l_i——悬臂梁跨距,m;

　　　b_0——舱口宽度,m;

　　　h_1——舱口开口线外的甲板计算压头,m;

　　　h_2——舱口开口线内的甲板或舱盖的计算压头,m;

　　　K——材料系数。

②舱口纵桁两端设有舱口端横梁,悬臂梁又得到舱口纵桁的部分支撑时:

$$W_i = W_0 - G \tag{6-6}$$

式中,$W_0 = 30.6Sl_i(l_ih_1 + b_0h_2)K$,cm³;其中,$S$、$l_i$、$b_0$、$h_1$ 和 h_2 见本条①;

$$G = 8l_i / (n + l)l_h(W_h + W_p) \tag{6-7}$$

式中　W_h——舱口纵桁剖面模数,cm³,计算跨距为悬臂梁间距;

　　　W_p——舱口纵桁延伸线上的甲板纵桁剖面模数,cm³,取值不大于 W_h;

　　　n——舱口范围内悬臂梁的数目;

　　　l_h——舱口长度,m;

　　　l_i——悬臂梁跨距,m。

③舱口纵桁两端由横舱壁支承,且悬臂梁得到舱口纵桁的部分支撑时:

$$W_0 = \frac{n+1}{n}\left[0.5\left(1 + \frac{1}{Q}\right)W_0 - QG - (1 - Q)E\right] \tag{6-8}$$

式中　$Q = \dfrac{l_h}{l_b}$;

$$E = \begin{cases} \dfrac{4}{n+1}(W_1 + W_2), \text{cm}^3 \text{舱口端横梁中点无支柱等构件支撑时;} \\ \dfrac{4}{n+1}\left[(W_1 + W_2) + \dfrac{2l_i}{b_0}(W_2 + W_3)\right], \text{cm}^3, \text{舱口端横梁中点有支柱或舱壁支撑时。} \end{cases}$$

其中,W_1、W_2、W_3 为图 6-5、图 6-6 中所示的舱口端横梁剖面模数,cm³,取 W_2 为舱口开口线两侧的舱口端横梁剖面模数中的较小值;悬臂梁剖面模数 W_i 还应不小于按本条②计算所得之值。

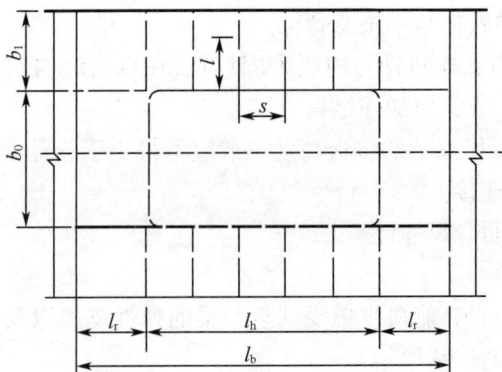

图 6-5　舱口端横梁各参数

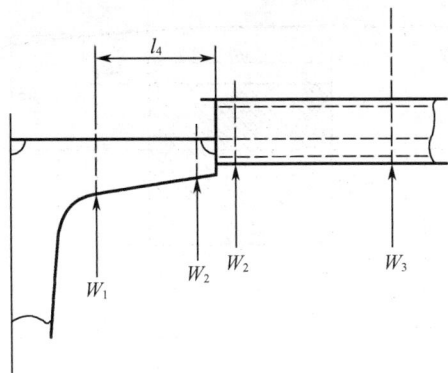

图 6 - 6　舱口端横梁各剖面模数

④在舱口纵桁处承受集中载荷,且悬臂梁得到舱口纵桁的部分支撑时:

$$W_i = W_0' - \frac{3.5l_i}{S}W_h \qquad (6-9)$$

式中,W_0' 为悬臂梁承受集中载荷和均布载荷且未得到舱口纵桁支撑时的剖面模数,cm^3;计算时,假定悬臂梁一端为刚性固定,许用弯曲应力为 115.2 N/mm^2;悬臂梁剖面模数 W_i 还应不小于按本条②③计算所得之值。

（2）支撑肋骨尺寸计算

支撑肋骨在计算剖面处的剖面模数 W_{fi},应不小于按下式计算所得之值:

$$W_{fi} = \frac{d_i}{H_i}\left[\frac{b_i}{l_i}W_i - W_{f(i-1)}\right] \qquad (6-10)$$

式中　d_i、H_i、b_i、l_i——见图 6 - 4;

$\quad$ $W_{f(i-1)}$——$i-1$ 层甲板悬臂梁的支撑肋骨剖面模数,cm^3,对于上甲板 $W_{f(i-1)}=0$;

$\quad$ W_i——见悬臂梁尺寸计算部分计算所得的悬臂梁剖面模数,cm^3;

$\quad$ i——表示甲板层数的标号,上甲板:i 为 1;二甲板:i 为 2,依此类推。

下甲板支撑肋骨的尺寸一般不小于上一层甲板间的支撑肋骨尺寸。

6.4　支柱结构设计

6.4.1　支柱横向载荷

支柱的轴向载荷 $P(kN)$ 为

$$P = 7.06abh + P_0 \qquad (6-11)$$

式中　a——支柱所支撑的甲板面积的长度,m,见图 6 - 7;

$\quad$ b——支柱所支撑的甲板面积的平均宽度,m;

$\quad$ h——支柱所支撑的甲板的计算压头,m;

$\quad$ P_0——上方支柱所传递的载荷,kN。

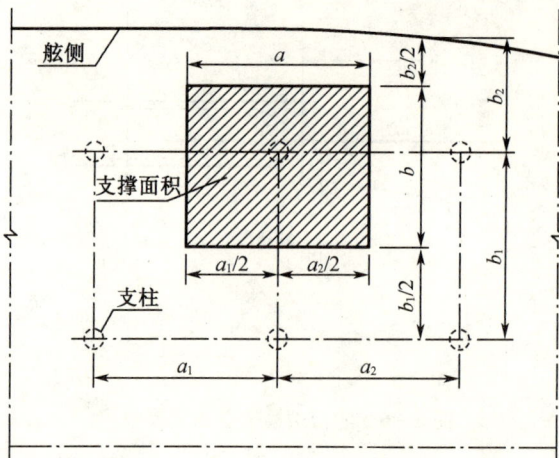

图 6 - 7　甲板支柱支撑面积图

6.4.2　支柱尺度的确定

1. 支柱的剖面形状

支柱的剖面形状力求在保证强度与最小厚度的条件下,使剖面的惯性矩能得到最大,剖面形状力求对称,各方向惯性矩的数值相差不大,通常采用圆管比较经济。但有时为了使用上的要求,亦设计成由钢板或型材焊接而成的各种剖面。一般采用支柱的剖面形状见图 6 - 8。

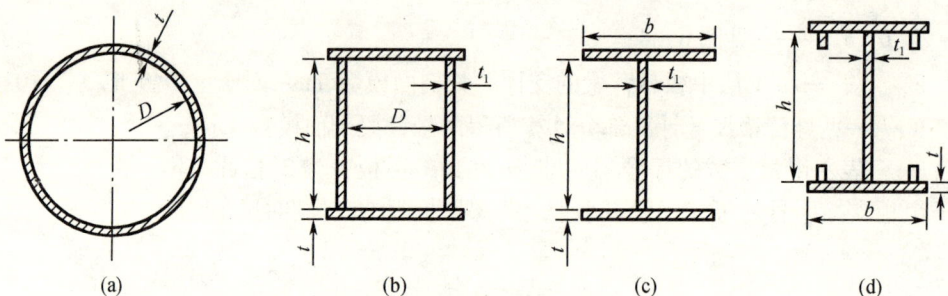

图 6 - 8　常见支柱剖面形状

2. 支柱的剖面积 $A(\mathrm{cm}^2)$

应不小于按下式计算所得值:

$$A = \frac{KP}{12.26 - 5.10\dfrac{l}{r\sqrt{K}}} \qquad (6-12)$$

式中　P——支柱所受的载荷,kN,按式(6 - 11)确定;

　　　　K——材料系数,不小于 0.72;

　　　　l——支柱的有效长度,m,为支柱全长的 0.8;

　　　　r——支柱剖面的最小惯性半径,cm。

3. 支柱的壁厚

(1)管形支柱的壁厚 t(mm)应不小于按下列两式计算所得值：

$$t = \frac{P}{0.392d_p - 4.9l} \qquad (6-13)$$

$$t = \frac{d_p}{40} \qquad (6-14)$$

式中　P——支柱所受的载荷,kN,按式(6-11)确定；

　　　l——支柱的有效长度,m,为支柱全长的 0.8；

　　　d_p——所选用的管形支柱的平均直径,mm。

管形支柱的最小壁厚：船长 $L < 60$ m 时为 5 mm；60 m $\leqslant L < 90$ m 时为 6 mm；$L \geqslant 90$ m 时为 7 mm。

(2)组合形支柱以及轧制型材支柱

①空心矩形剖面支柱的壁厚 t 以及工字形或槽形剖面支柱的腹板厚度 t,不小于按下列两式计算所得值中的较小者：

$$t = \frac{br}{60l} \qquad (6-15)$$

$$t = \frac{b}{55} \qquad (6-16)$$

式中　b——空心矩形剖面的长度,工字形或槽形剖面的腹板高度,mm；

　　　l——支柱的有效长度,m,为支柱全长的 0.8；

　　　r——支柱剖面的最小惯性半径,cm。

空心矩形剖面支柱的最小壁厚以及工字形或槽形剖面支柱的最小腹板厚度：船长 $L < 60$ m 时为 5 mm；60 m $\leqslant L < 90$ m 时为 6 mm；$L \geqslant 90$ m 时为 7 mm。

②角形剖面支柱的角边厚度 t 以及槽形剖面支柱的面板厚度 t 均不小于按下列两式计算所得值的较小者：

$$t = \frac{br}{20l} \qquad (6-17)$$

$$t = \frac{b}{18} \qquad (6-18)$$

式中　b——角形剖面的角边宽度,槽形剖面的面板宽度,mm；

　　　l——支柱的有效长度,m,为支柱全长的 0.8；

　　　r——支柱剖面的最小惯性半径,cm。

③工字形剖面支柱的面板厚度 t 不小于按下列两式计算所得值中的较小者：

$$t = \frac{br}{40l} \qquad (6-19)$$

$$t = \frac{b}{36} \qquad (6-20)$$

式中　b——工字形剖面的面板宽度,mm；

　　　l——支柱的有效长度,m,为支柱全长的 0.8；

　　　r——支柱剖面的最小惯性半径,cm。

6.4.3 支柱上下端的连接

支柱的上下端力求位于甲板与底部的强构件上，以便能合理地承受和传递载荷，如无法避免，则底部应增设附加的桁板或肘板，桁板或肘板的一端应通到邻近的构件。支柱上下的构件的腹板上不得开孔，如必须开孔时，应做补强。

当在轴隧上或其他较弱的构件上设置支柱时，则应对该部位的结构做适当加强。对于压载舱或其他液舱内的支柱，应考虑其抗拉强度。

在油舱内不得选用管形支柱或空心矩形剖面的支柱，在其两端均不允许设置覆板。

支柱的上下端应用肘板连接，肘板高度一般等于支柱直径的1.5倍，而宽度一般小于或等于支柱的直径，板厚与支柱厚度相同。装设肘板有时会影响装货与行走的方便，在这种情况下，仅在甲板或内底板上设置覆板，其板厚与甲板或内底板相同，宽度不小于支柱直径的两倍。

6.5　甲板结构建模实例

6.5.1 纵骨架式甲板结构

纵骨架式甲板结构如图6-9所示。

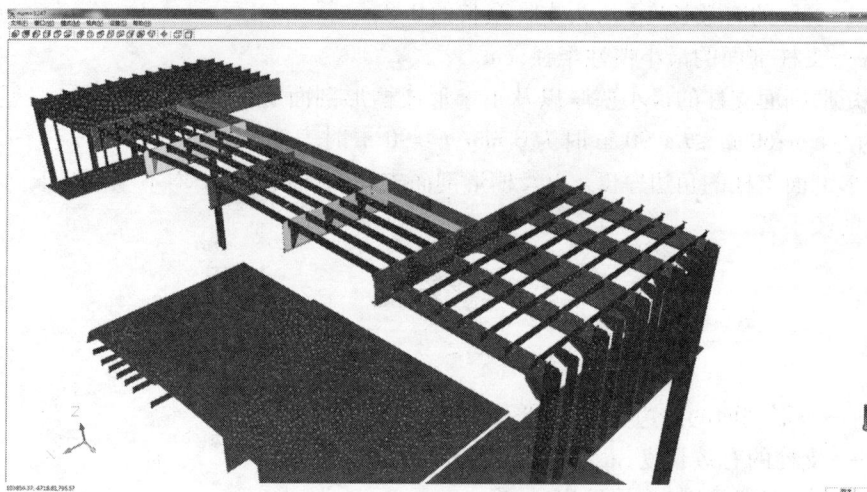

图6-9　纵骨架式甲板结构

1.舱口端横梁(见图6-10)

(1)板架属性

板架名:195FA。定位面:X = FR195,左右对称。

(2)边界定义

Lim1:型材外沿"ALONG = T195"。Lim2:船体曲面"DECK = 1D"。Lim3:直线"Y = 0"。Lim4:自由边"FREE, LEN1 = 800, LEN2 = 1200, LINE(LIM = 2, M1 = 800), R1 = 0, R2 = 1500"。如图6-11、图6-12所示。

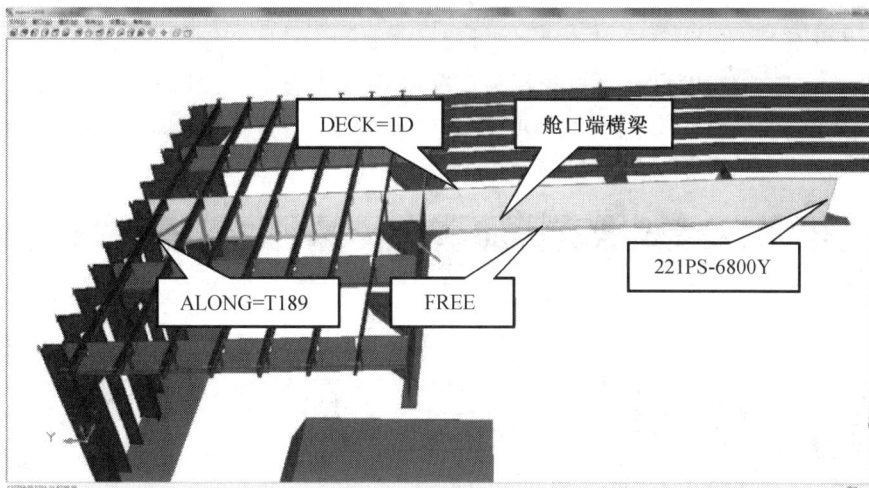

图 6 – 10 舱口端横梁结构

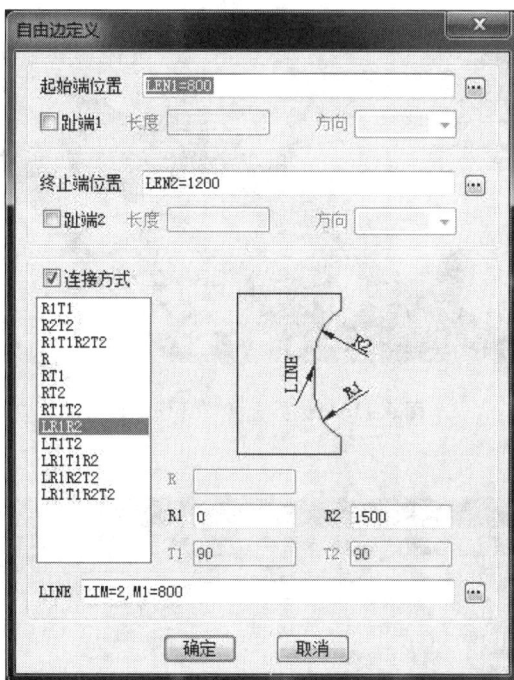

图 6 – 11 自由边定义对话框

（3）板缝和板零件定义

厚度为 10 mm，材质为 A 级钢，根据长度可以划分成多个板零件。

（4）边界孔定义

边界孔类型：R75 的扇形孔。定位坐标：角点定位 CORNER = 2。见图 6 – 13。

（5）贯穿切口定义

甲板纵骨 L11D – L17D 设置贯穿切口，切口类型为 22R，不设补板，见图 6 – 13、

图6－14。

（6）面板定义（图6－15）

面板1　件号为195F21,型材规格为200＊10FB,材质为 A 级钢。定位描述:LIM＝4,REV。起始端:连接方式为4,0,端部形式为1100。终止端:端截平面 Y＝7193.73,连接方式为5,端部形式为1100。见图6－16(a)。

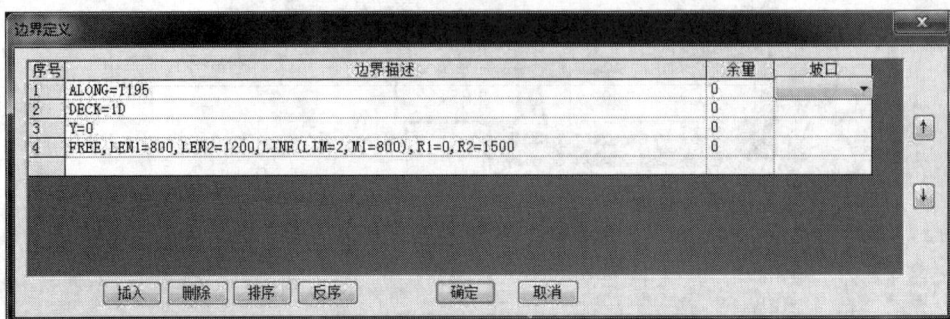

图 6－12　边界定义对话框

图 6－13　边界孔和贯穿切口位置

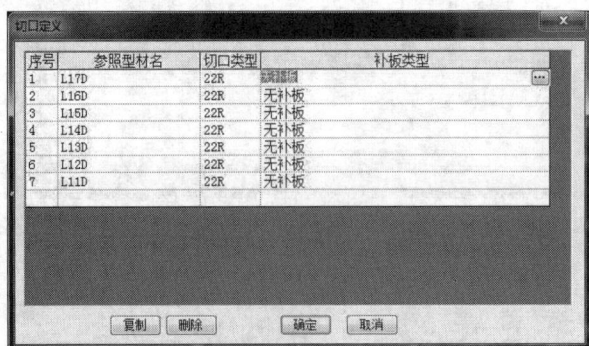

图 6－14　贯穿切口定义对话框

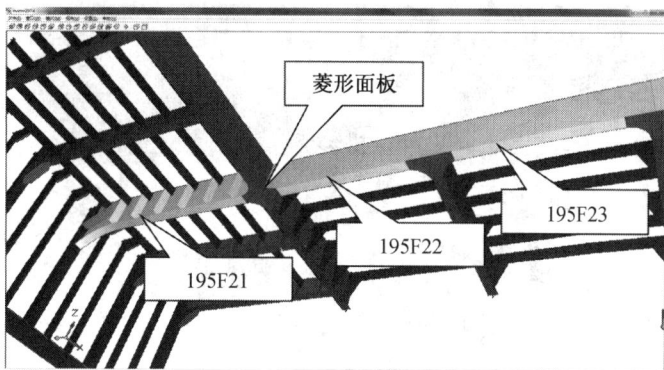

图 6-15 面板结构三维浏览

面板 2 件号为 195F22,型材规格为 200 * 10FB,材质为 A 级钢。定位描述:LIM = 4,REV。起始端:端截平面 Y = 6393.93,连接方式为 5,端部形式为 1100。终止端:端截平面 Y = 3800,连接方式为 5,端部形式为 1100。见图 6-16(b)。

(a)   (b)

图 6-16 面板定义对话框

面板 3 件号为 195F23,型材规格为 200 * 10FB,材质为 A 级钢。定位描述:LIM = 4,REV。起始端:端截平面 Y = 3000,连接方式为 5,端部形式为 1100。终止端:端截平面 Y = 400,连接方式为 5,端部形式为 1100。

(7)扶强材(加强筋)定义

型材规格为 FB100 * 10,材质为 A 级钢,扶强材定位方式选择"├┤——",定位描述为 BY = L11D - L17D,终止端选择"型材腹板面",起始端和终止端连接方式为 4,0,端部形式为 1100,其中斜置加强筋"195F29"用直线"YZ"定义,如图 6-17、图 6-18 所示。

2. 舱口纵桁(6800Y、6800YA)

舱口纵桁为舱口的纵向支撑主构件,如图 6-19 所示。

图 6 - 17　扶强材结构三维浏览

图 6 - 18　扶强材定义对话框

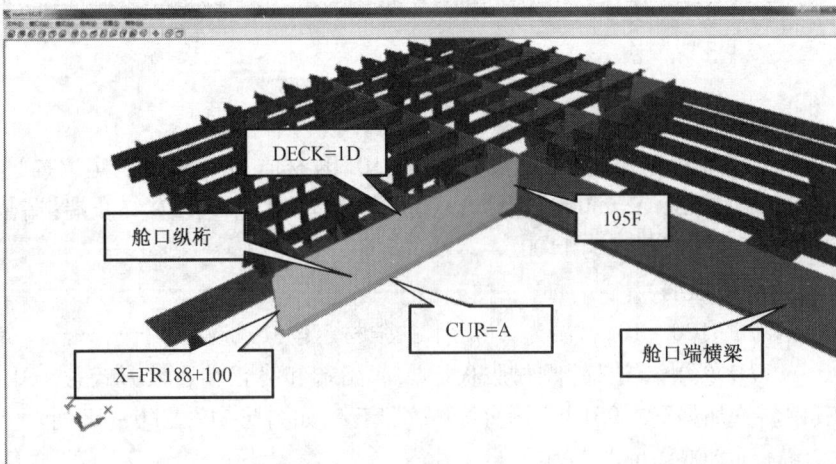

图 6 - 19　舱口纵桁结构

（1）板架属性

板架名 1:6800Y。定位面:Y = 6800,左右对称。板架名 2:6800YA。定位面:Y = 6800,左右对称。

（2）边界定义

6800Y:

Lim1:板架剖面线"221PS - 195F"。Lim2:船体曲面"DECK = 1D"。Lim3:直线"X = FR188 + 100"。Lim4:曲线"CUR = A(LIM = 2,M1 = 800)"。如图 6 - 20 所示。

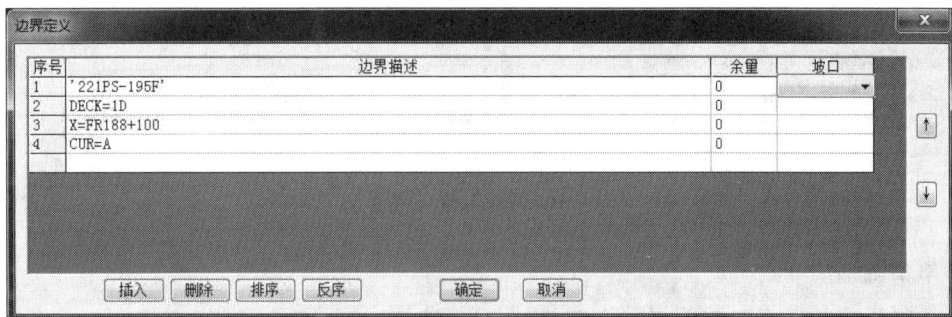

图 6 - 20　6800Y 边界定义对话框

6800YA:

Lim1:直线"X = FR201 + 250"。Lim2:船体曲面"DECK = 1D"。Lim3:板架剖面线"221PS - 195F"。Lim4:曲线"CUR = A(LIM = 2,M1 = 800)"。如图 6 - 21 所示。

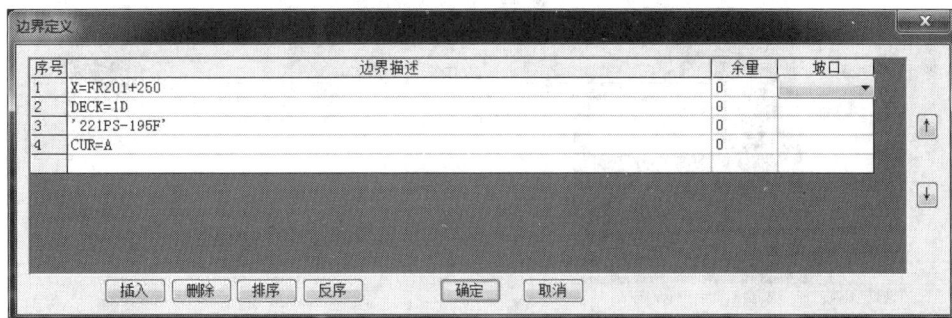

图 6 - 21　6800YA 边界定义对话框

（3）板零件定义

厚度为 10 mm,材质为 A 级钢。

（4）边界孔定义

边界孔类型:R50 的扇形孔。

定位坐标:角点定位 CORNER = 1,CORNER = 2,CORNER = 3,CORNER = 4。

（5）面板定义

型材规格为 200 * 10FB,材质为 A 级钢,定位描述为 LIM = 4,REV,起始端和终止端连接方式为 5,端部形式为 1100。如图 6 - 22 所示。

(a)   (b)

图 6 - 22　舱口纵桁 6800Y 与 6800YA 面板定义

3. 甲板强横梁

甲板强横梁每隔三个肋位设置一个,如图 6 - 23 所示。

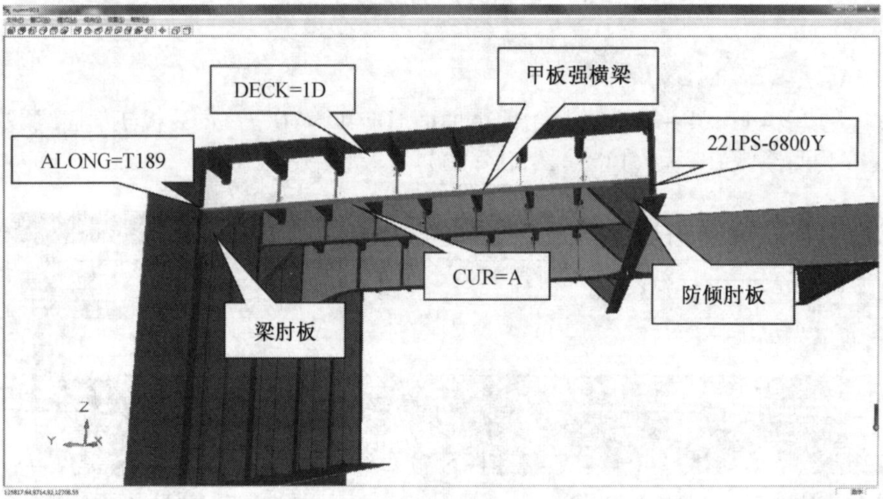

图 6 - 23　甲板强横梁结构

(1)板架属性

板架名:189FA。定位面:X = FR189,左右对称。

(2)边界定义

Lim1:型材外沿"ALONG = T189"。Lim2:船体曲面"DECK = 1D"。Lim3:板架剖面线 "221PS - 6800Y"。Lim4:曲线"CUR = A(LIM = 2,M1 = 500)"。如图 6 - 24 所示。

(3)板零件定义

厚度为 10 mm,材质为 A 级钢。

(4)边界孔定义

边界孔类型:R50 的扇形孔。

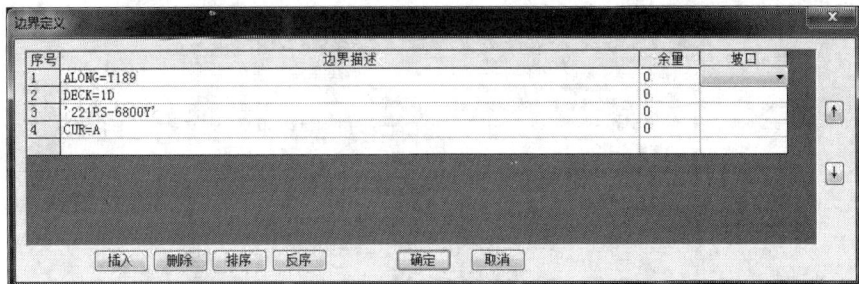

图 6 – 24　甲板强横梁边界定义对话框

定位坐标:角点定位 CORNER = 2,CORNER = 3。

(5)贯穿切口定义

甲板纵骨 L11D – L17D 设置贯穿切口,切口类型为 22R,不设补板。

(6)面板定义

型材规格为 200 * 10FB,材质为 A 级钢,定位描述为 LIM = 4,REV,起始端和终止端连接方式为 4,0,端部形式为 1100。如图 6 – 25 所示。

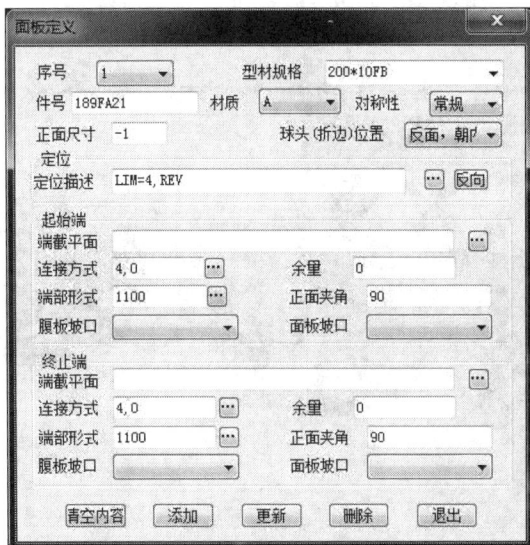

图 6 – 25　甲板强横梁面板定义对话框

(7)扶强材定义

型材规格为 FB100 * 10,材质为 A 级钢,扶强材定位方式选择"┠──",定位描述为 BY = L11D – L17D,终止端选择"型材腹板面",起始端和终止端连接方式为 4,0,端部形式为 1100。见图 6 – 26。

4.甲板纵桁和甲板横梁交叉结构面板

(1)3X

舱口纵桁和舱口端横梁交叉部位存在菱形面板结构 3X,如图 6 – 27 所示。

板架名:3X;定位面:3 点斜平面。如图 6 – 28 所示。

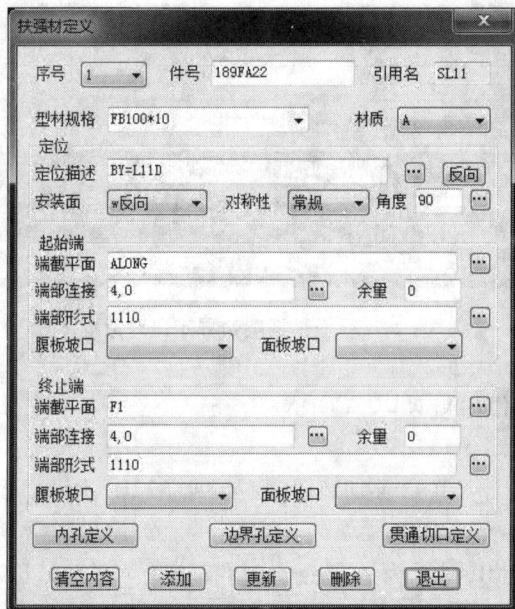

图 6 - 26　甲板强横梁扶强材定义对话框

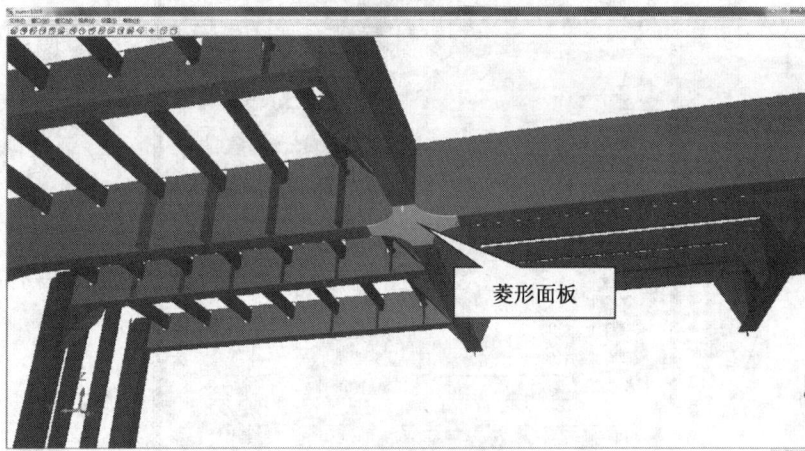

图 6 - 27　菱形面板结构

边界定义方式采用简单闭合线定义,板零件厚度为 10 mm,材质为 A 级钢,如图 6 - 29 所示。

(2)4X

甲板纵桁和舱口端横梁交叉部位面板结构 4X,如图 6 - 30 所示。

板架名:4X。定位面:3 点斜平面。如图 6 - 31 所示。

由于外形比较复杂,边界定义方式采用平面曲线作为边界定义,板零件厚度为 10 mm, 材质为 A 级钢,具体定义数据见图 6 - 32。

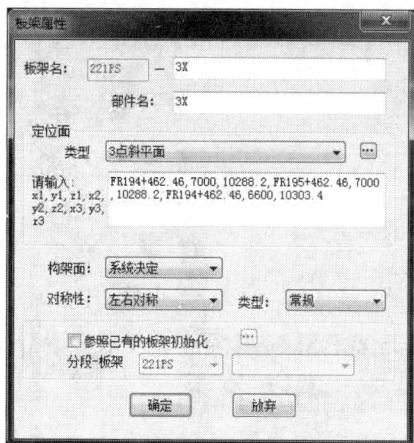

图 6 - 28　菱形面板板架属性定义

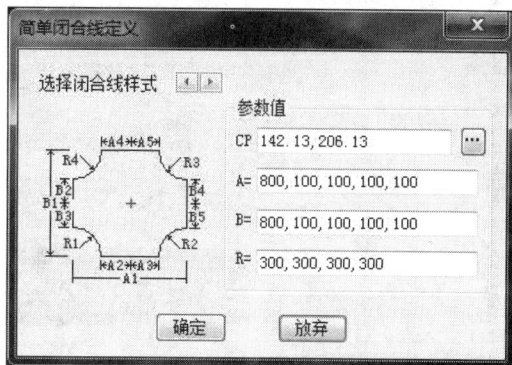

图 6 - 29　菱形面板边界定义

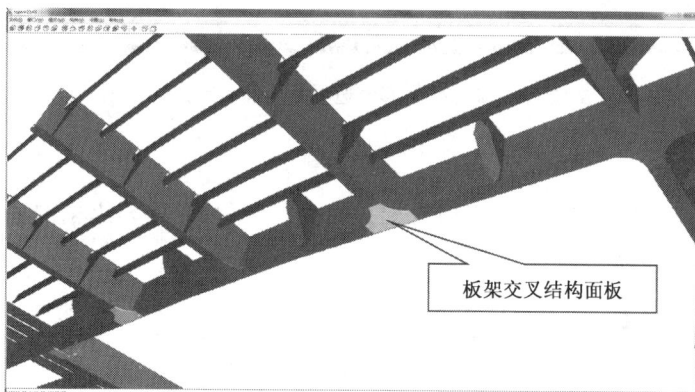

图 6 - 30　甲板纵桁和舱口端横梁交叉部位面板结构

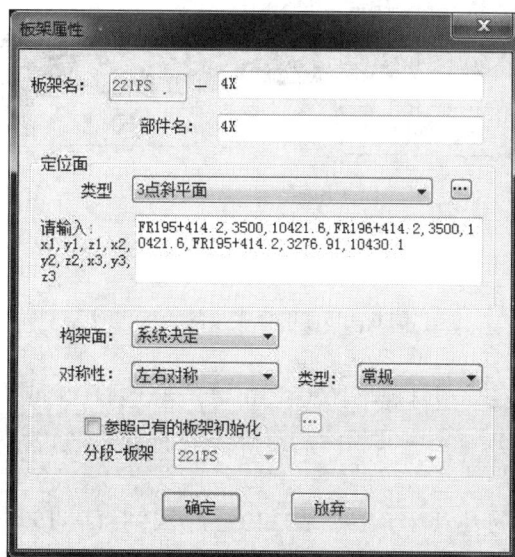

图 6 - 31　交叉部位面板板架属性定义

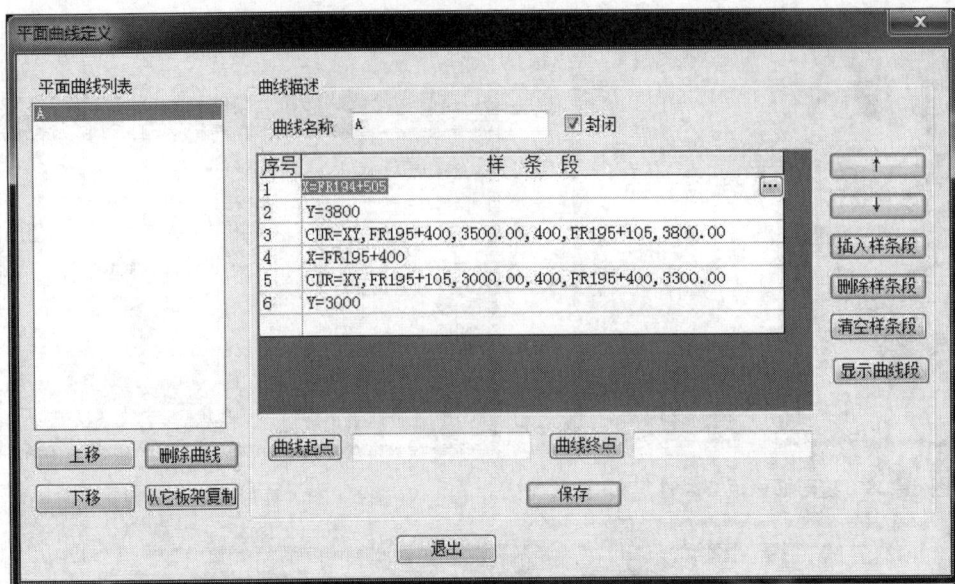

图 6 - 32　交叉部位边界平面曲线定义

5. 横梁

在甲板上舱口与舱口之间,采用横骨架式结构,在甲板纵桁与纵桁之间每个肋位布置普通横梁,如图 6 - 33 所示。

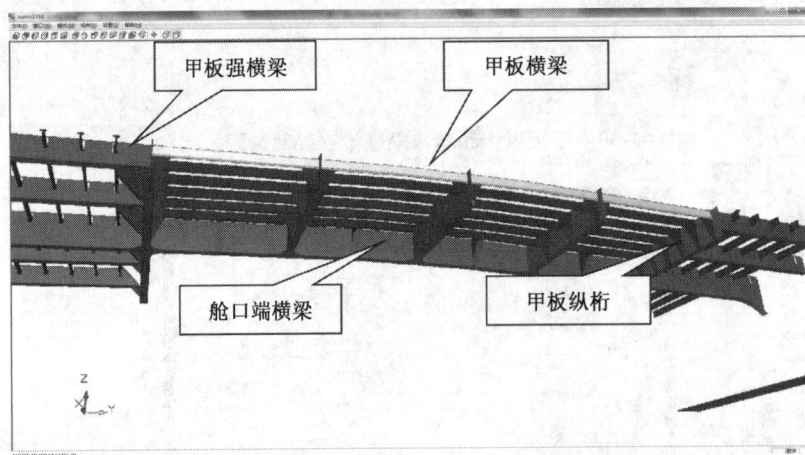

图 6 - 33　甲板横梁的结构

曲面型材名称:STF181。型材规格:220 * 10BP。迹线:1DX196。位置标签:T196D。端截平面:Y = 6800(起始端), Y = - 6800(终止端)。端部连接:4,0。端部形式:2110。如图 6 - 34 所示。

利用型材复制功能,过迹线 1DX196、1DX197、1DX198、1DX199、1DX200、1DX201 位置分别添加曲面型材。

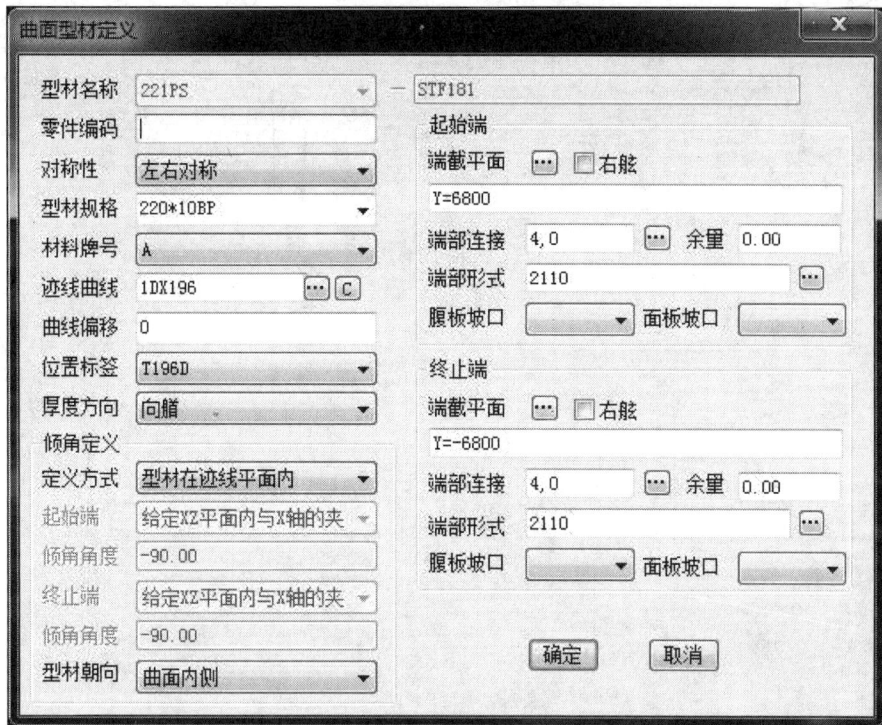

图 6 - 34　甲板横梁定义

6. 强梁肘板(加面板)

在强横梁和强肋骨连接处添加强梁肘板。肘板名称:701。肘板类型:LF1。左右对称。A、B 边界连接方式:沿边界,如图 6 - 35 所示。此时进入参数定义对话框,如图 6 - 36 所示进行参数设定。

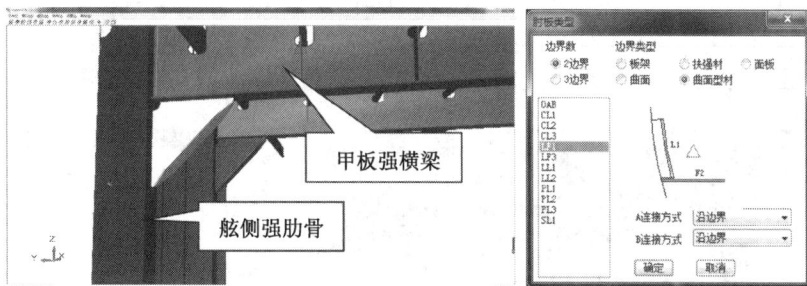

甲板强横梁

舷侧强肋骨

图 6 - 35　强梁肘板结构与类型选取

利用肘板复制功能,在 FR192、FR198、FR201 三个肋位分别添加梁肘板(前提是这三个肋位的强肋骨和强横梁已经完成)。

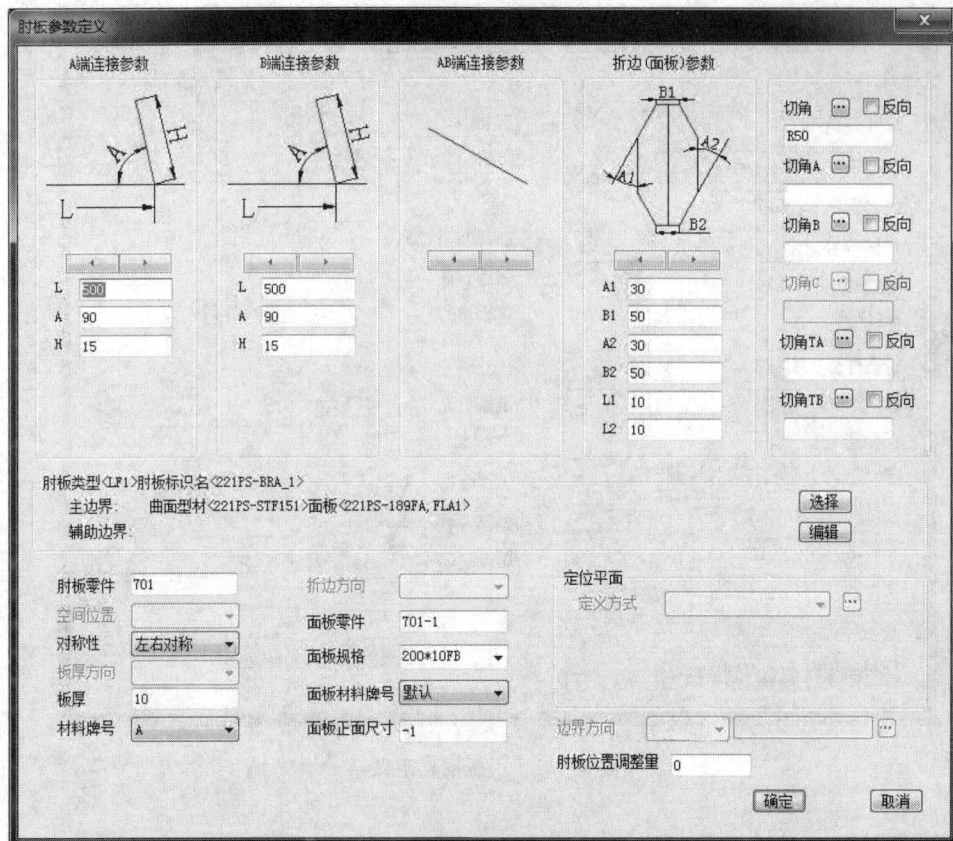

图 6-36　强梁肘板参数定义

7. 普通梁肘板（加折边）

在普通肋骨与甲板连接处添加普通梁肘板，注意肘板连接到最靠近舷侧的甲板纵骨腹板面。肘板名称：702。肘板类型：CL2。左右对称。A 边界连接方式：参考边界。B 边界连接方式：沿边界，如图 6-37 所示。此时进入参数定义对话框，如图 6-38 进行参数设定。

图 6-37　普通梁肘板结构与类型选取

利用肘板复制功能，在 FR190、FR191、FR193、FR194、FR196、FR197、FR199、FR200 等肋位分别添加梁肘板。

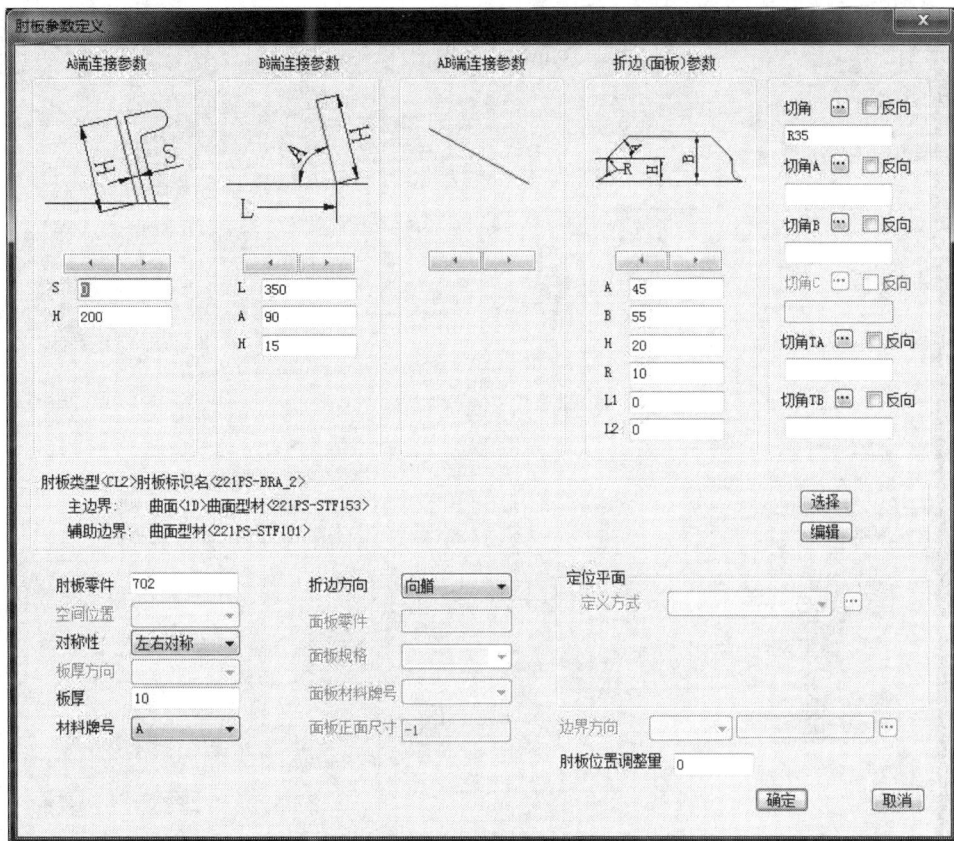

图 6 − 38　普通梁肘板参数定义

8. 其他防倾肘板

舱口端纵桁腹板高度大于甲板强横梁,这时可以在甲板强横梁与舱口端纵桁连接处添加防倾肘板。肘板名称:713。肘板类型:CPF。左右对称。A、B 边界连接方式:沿边界,如图6 −39所示。此时进入参数定义对话框,如图 6 −40 进行参数设定。

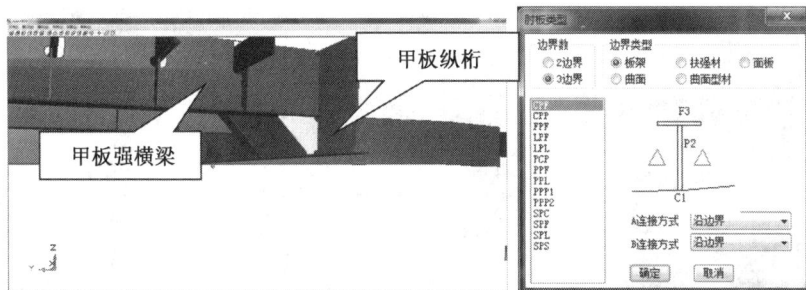

图 6 − 39　有强横梁处防倾肘板结构与类型选取

利用肘板复制功能,在 FR192、FR198、FR201 三个肋位分别添加梁肘板(前提是这三个肋位的强横梁和舱口纵桁已经完成)。

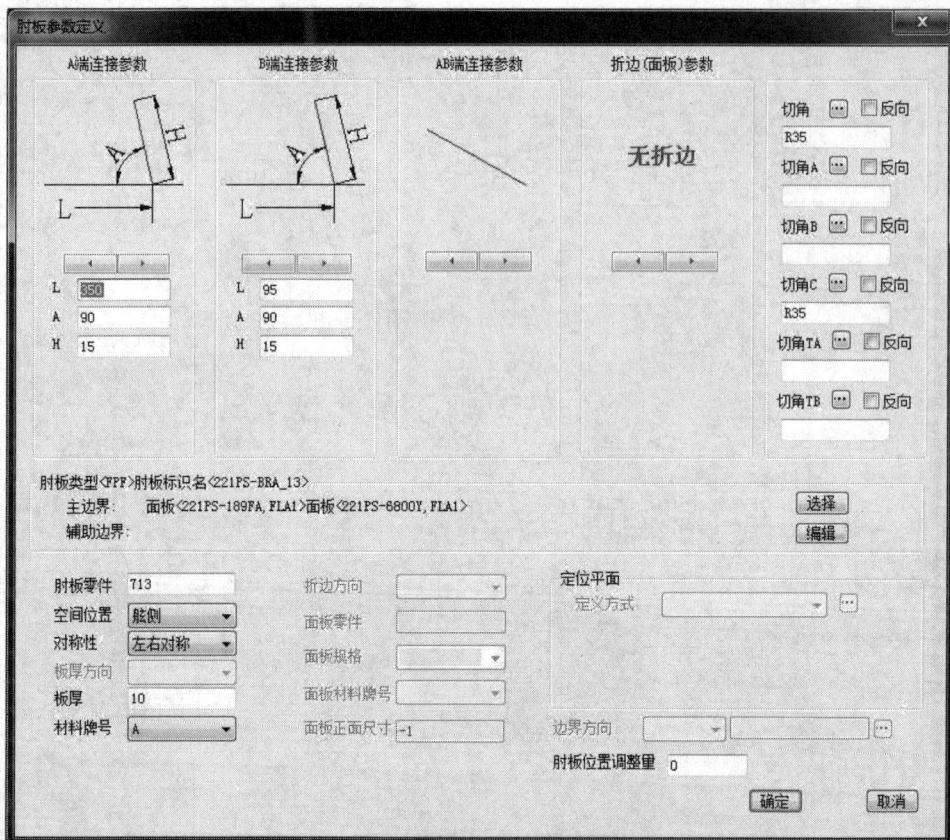

图 6 - 40　有强横梁处防倾肘板参数定义

在没有强横梁的部位,甲板与舱口端纵桁连接处也需要添加防倾肘板。肘板名称:717,肘板类型:CPF;左右对称;A 边界连接方式:参考边界;B 边界连接方式:沿边界;定位平面:X = FR190 + 300,如图 6 - 41 所示。此时进入参数定义对话框,如图 6 - 42 进行参数设定。

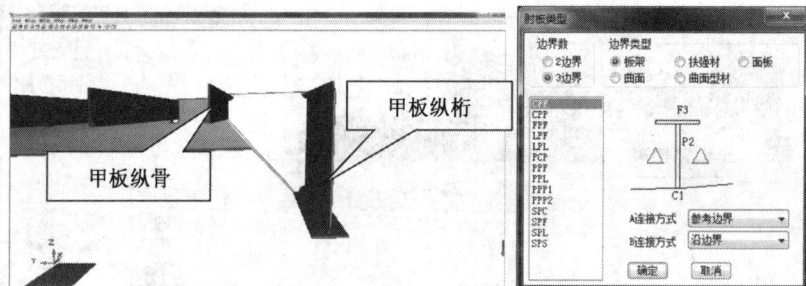

图 6 - 41　无强横梁处防倾肘板结构与类型选取

利用肘板复制功能,在 X = FR193 + 300、X = FR196 + 300、X = FR199 + 300 三个肋位分别添加梁肘板。

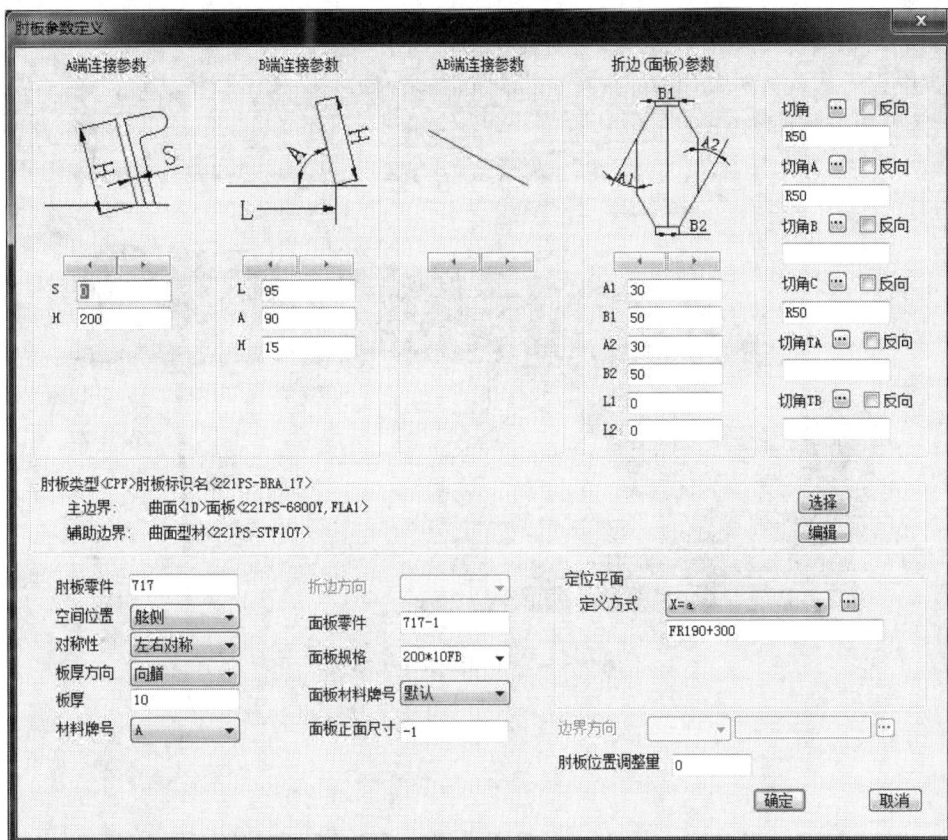

图 6 - 42　无强横梁处防倾肘板参数定义

6.5.2　舱口结构建模实例

舱口结构是散货船货舱甲板上供装卸货物的开口,如图6 - 43所示,舱口一般配有舱口盖,用来封闭舱口。

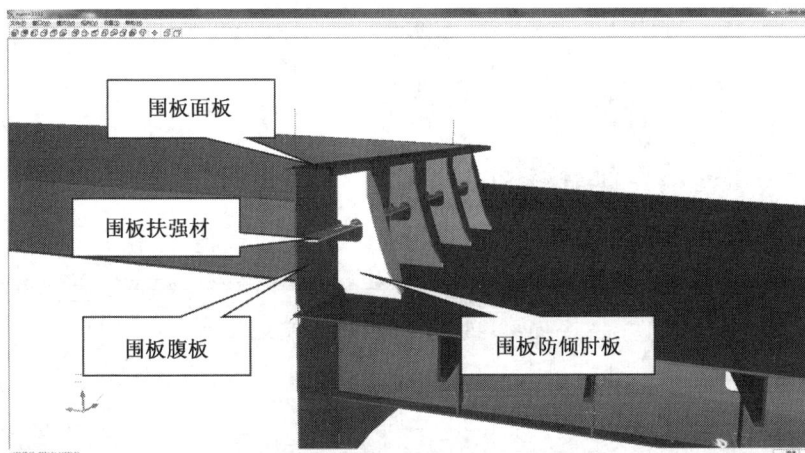

图 6 - 43　舱口结构

1. 舱口围板腹板

舱口围板即与船舶甲板垂直的、围绕在舱口周围的钢板,它的作用是防止水进入货舱并减少甲板工作人员从敞开的舱口摔下去的危险性。舱口围板由腹板、面板及支撑肘板等构成,其腹板结构见图6-44。

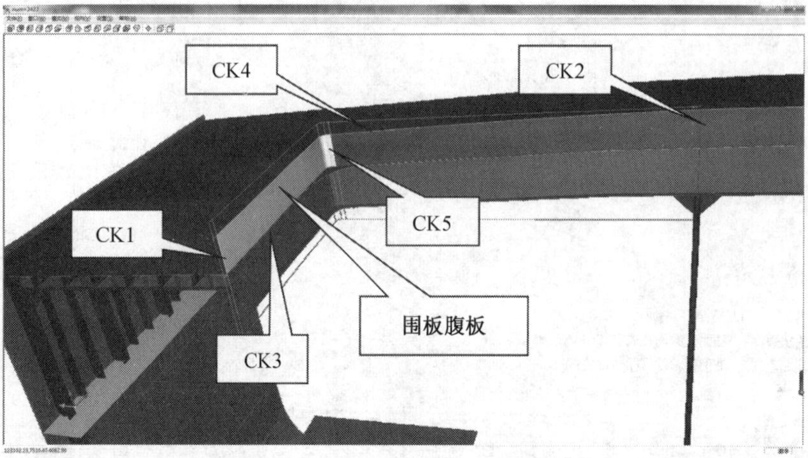

图6-44 舱口围板腹板结构

(1)柱面定义

这里采用柱面定义腹板,如图6-45所示。

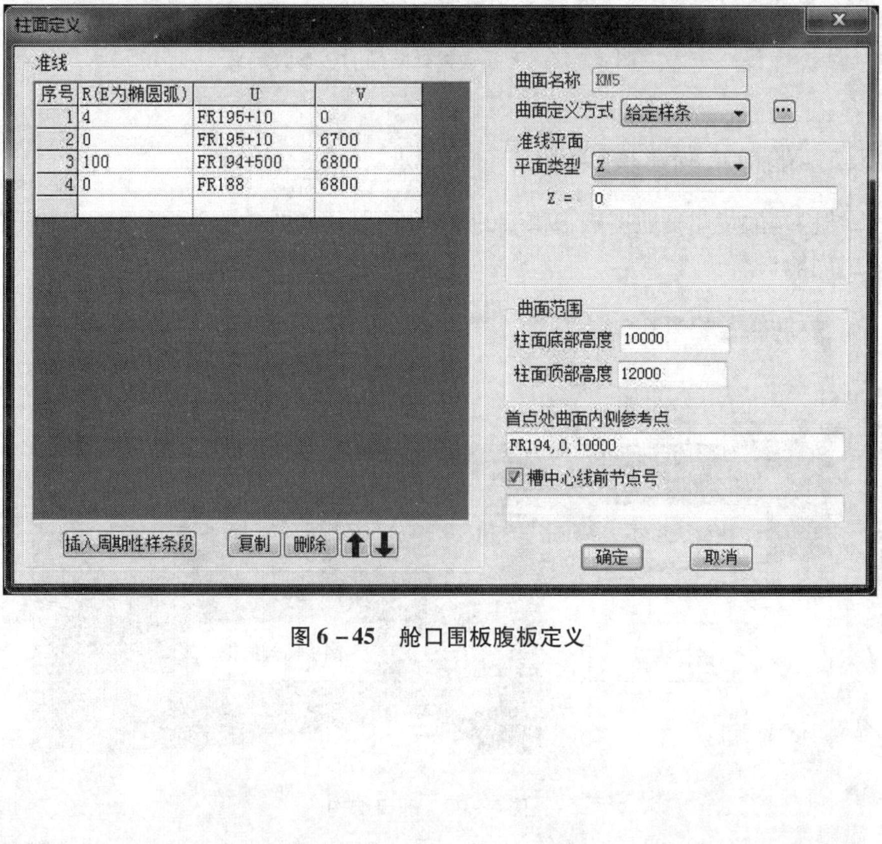

图6-45 舱口围板腹板定义

（2）船体曲线定义

先定义一条船体曲线，作为后续船体板缝定义的参考曲线。曲线名称：221K3；曲线类型：两曲面交线（KM5 与 1D 面交线），如图 6 - 46 所示。

图 6 - 46　船体曲线 221K3 定义

（3）板缝定义

①CK1，柱缝，左右对称，所在曲面为 KM5，平面截交线：主平面"X = FR188 + 100"。

②CK2，柱缝，跨中，所在曲面为 KM5，平面截交线：主平面 Y = 0。

③CK3，柱缝，左右对称，所在曲面为 KM5，参考曲线偏移：曲线 221K3 沿直纹线弧长方向偏移 10 mm，如图 6 - 47 所示。

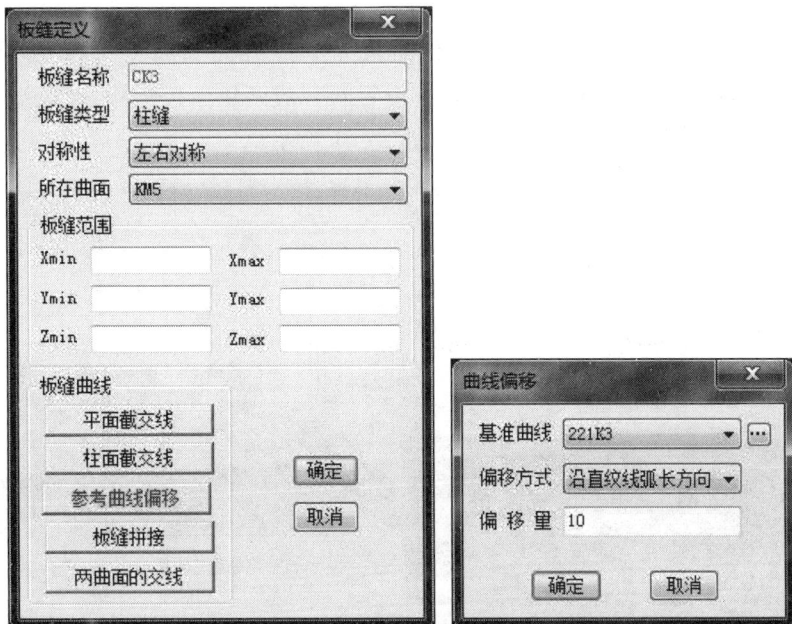

图 6 - 47　板板缝 CK3 定义

④CK4,柱缝,左右对称,所在曲面为 KM5,参考曲线偏移:曲线 221K3 沿直纹线弧长方向偏移 650 mm,参考 CK3 进行创建。

⑤CK5,柱缝,左右对称,所在曲面为 KM5,平面截交线:主平面 Y = 6600。

（4）舱口围板腹板定义

①PL15,A 级钢,左右对称,所在曲面为 KM5,型线内厚度为 10 mm,边界定义:CK1→CK4→CK5→CK3,见图 6 - 48。

②PL16,A 级钢,左右对称,所在曲面为 KM5,型线内厚度为 10 mm,边界定义:CK5→CK4→CK2→CK3,见图 6 - 49。

图 6 - 48　腹板 PL15 定义

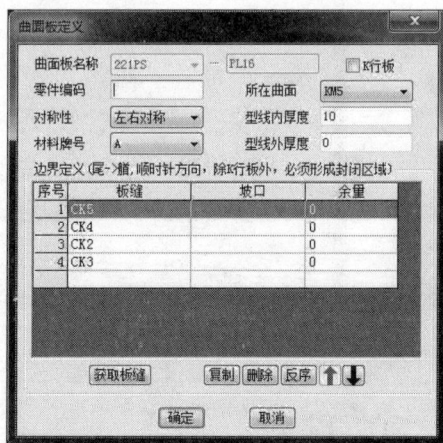

图 6 - 49　腹板 PL16 定义

2. 舱口围板面板和扶强材

（1）舱口围板面板

舱口围板面板用曲面面板进行定义,对称性为左右对称,型材规格为 200 * 10BP,材料牌号为 20#钢,面板迹线为 SEAM = CK4,面板左手侧方向为向上,面板左手侧尺寸为 180 mm,球头位置为左侧朝内。在 Y = 6600 位置断开成两块面板结构,起始端和终止端连接为类型 5,端部形式为 2100,如图 6 - 50、图 6 - 51 所示。

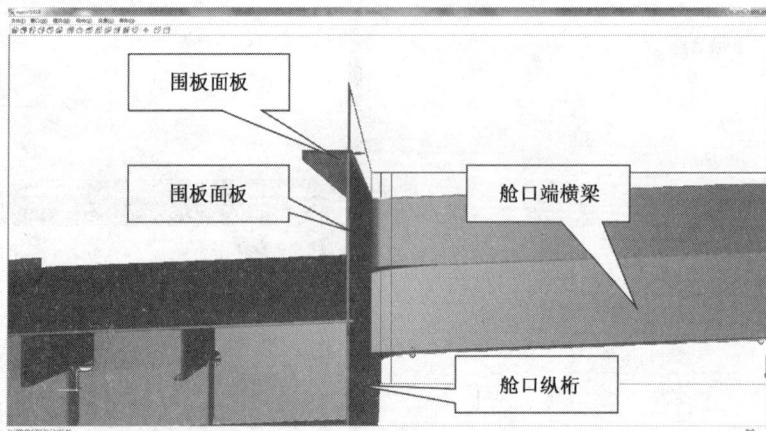

图 6 - 50　舱口围板面板结构

图 6 – 51　舱口围板面板定义

（2）舱口围板扶强材

为了增加舱口围板的强度和稳定性，需添加舱口围板扶强材，如图 6 – 52 所示。

图 6 – 52　舱口围板扶强材结构

　　舱口围板扶强材属于曲面型材，因此需要先创建曲线作为迹线。曲线名称：221K5；曲线类型：参考曲线偏移，基准曲线为 221K3，沿直纹弧长方向偏移 350 mm。如图 6 – 53 所示。

　　型材名称为 STF201，对称性为左右对称，型材规格为 FB100 ∗ 10，材料牌号为 20#钢，型材迹线曲线为 221K5，位置标签为 L35（需提前添加该标签名），厚度方向向下，倾角定义方式为型材与依附的曲面垂直，型材朝向曲面外侧。起始端：X = FR188 + 100；终止端：Y = 0，如图 6 – 54 所示。

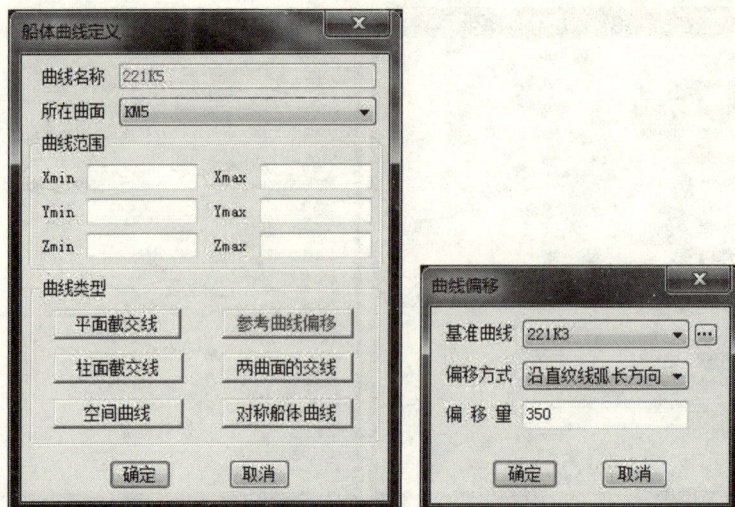

图 6 – 53　舱口围板扶强材迹线

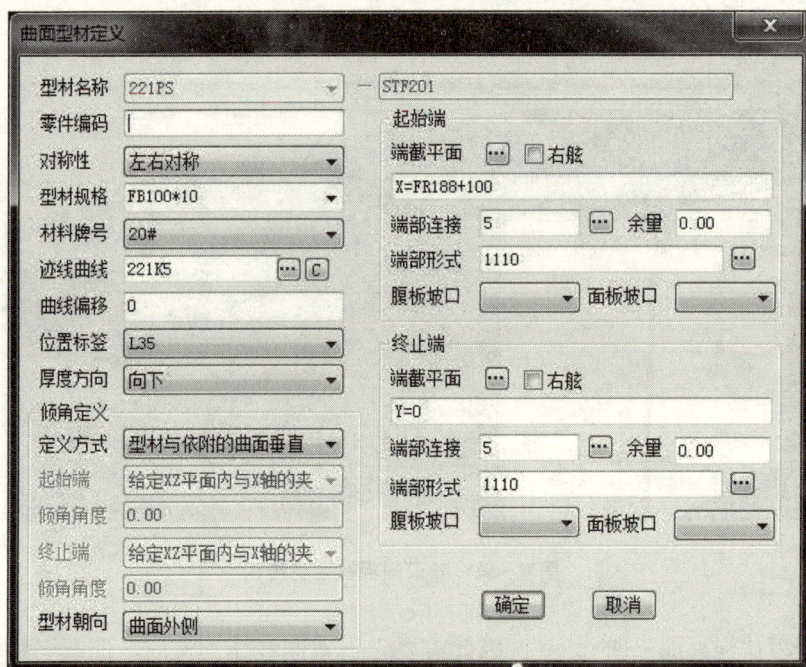

图 6 – 54　舱口围板扶强材定义

3. 舱口围板防倾肘板

为防止舱口围板失稳,需要设置防倾肘板,其结构如图 6 – 55 所示。

(1)板架属性

板架名:189FE;定位面:X = FR189,左右对称。

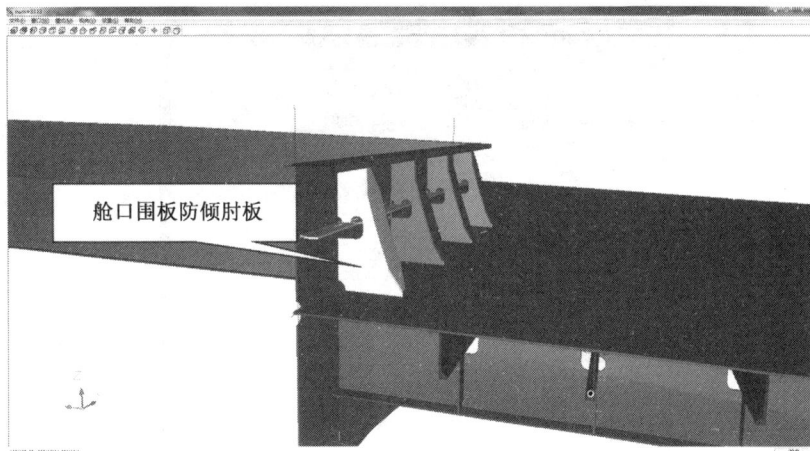

图 6 - 55　舱口围板防倾肘板结构

（2）边界定义

Lim1：直线"Z = 11746. 8"（舱口围板面板位置）。Lim2：船体曲面"SURF = KM5"。Lim3：船体曲面偏移"DECK = 1D，M1 = 10"（即甲板板上表面）。Lim4：自由边"FREE，Y1 = 7139. 75，Y2 = 6951. 22，M1 = 20，M2 = 20，R = 3000"。如图 6 - 56、图 6 - 57 所示。

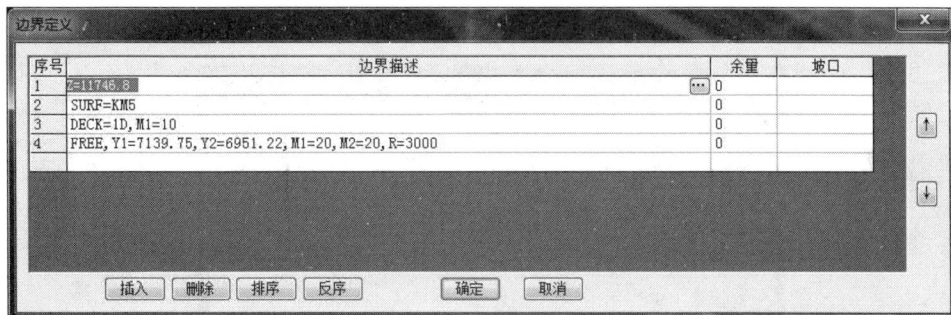

图 6 - 56　防倾肘板边界定义

（3）板零件定义

厚度为 10 mm，材质为 A 级钢。

（4）边界孔定义

边界孔类型：R50 的扇形孔。定位坐标：角点定位 CORNER = 2，CORNER = 3。

（5）贯穿切口定义

舱口围板扶强材"221PS - STF201"设置贯穿切口，切口类型为 22R，不设补板。

（6）面板定义

型材规格为 200 ∗ 10FB，材质为 A 级钢，定位描述为 LIM = 4，REV，起始端和终止端连接方式为 4，30，端部形式为 1402，50，75，如图 6 - 58 所示。

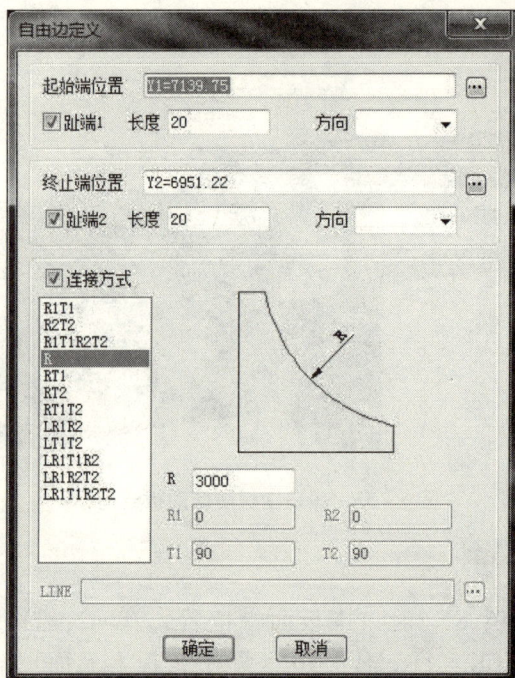

图 6 - 57　防倾肘板自由边定义

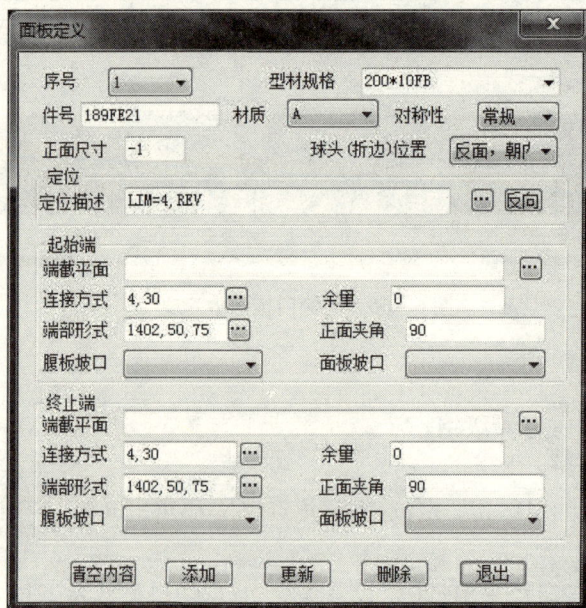

图 6 - 58　防倾肘板面板定义

6.5.3　支柱结构建模实例

支柱用来支撑跨度大的甲板结构,尤其是甲板开口边缘位置,该例子中在舱口端横梁的中间位置设置支柱支撑,如图 6 – 59 所示。

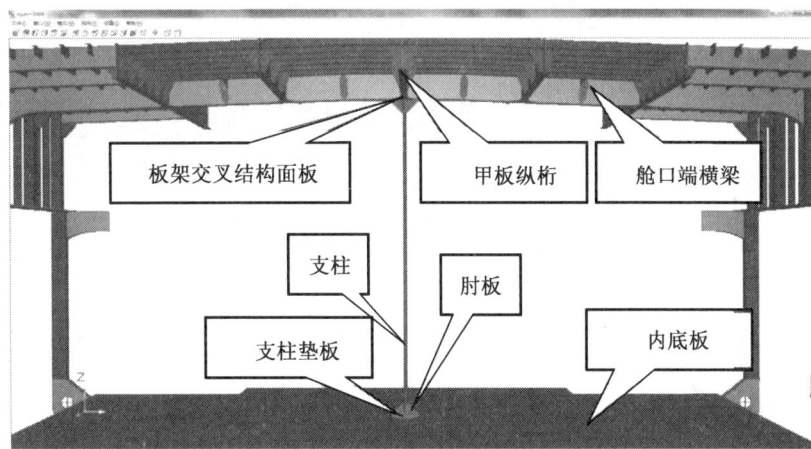

图 6 – 59　支柱结构

1. 船体曲线定义

通过(FR195,0,0)和(FR195,0,12000)两点定义一条空间曲线 221K2,作为支柱型材的迹线,如图 6 – 60 所示。

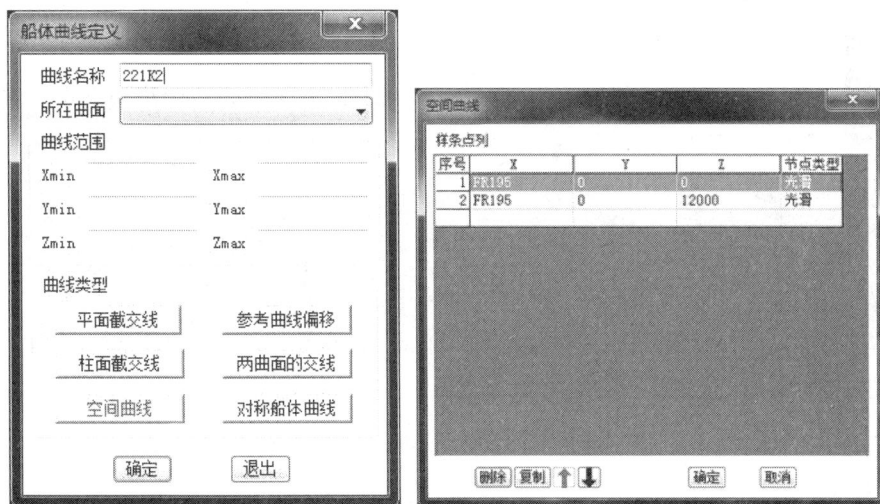

图 6 – 60　支柱型材的迹线

2. 标准定义

通过"船体标准设置",在"型材规格标准"下建立"TU200 * 12"规格的钢管标准,见图6 – 61,在设计时支柱的尺寸需要根据规范计算的结果进行选取。

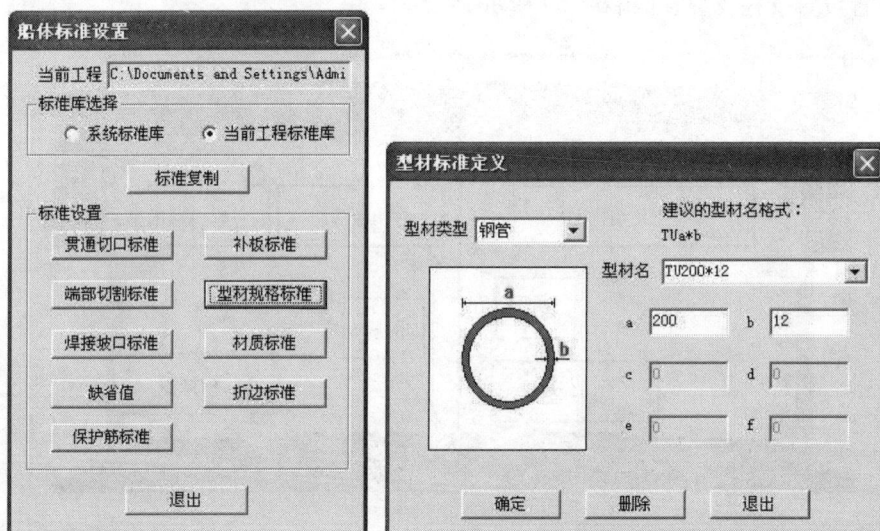

图 6 – 61   支柱型材标准定义

3. 支柱垫板定义

支柱下部不能直接与内底板相接,须在内底板上建立支柱垫板。

通过平面板架进行设置,板架名:1610Z,跨中。边界定义:简单闭合线,CP(FR195,0),R = 300。板厚为 10 mm,材料为 A 级钢,如图 6 – 62、图 6 – 63 所示。

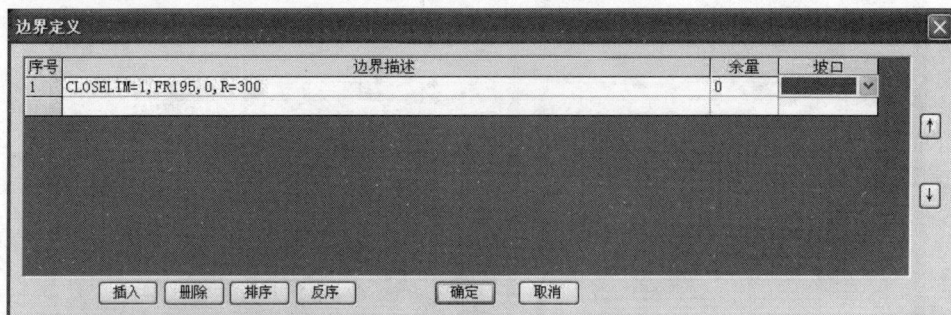

图 6 – 62   支柱垫板边界定义

4. 型材标签添加

新建型材标签名:PI1,如图 6 – 64 所示。

5. 型材标签定义

型材迹线选择空间曲线 221K2,对称性为船中,型材规格为 TU200 * 12,材料牌号为 20#钢,位置标签选择 PI1,倾角定义为给定两端腹板面倾角。

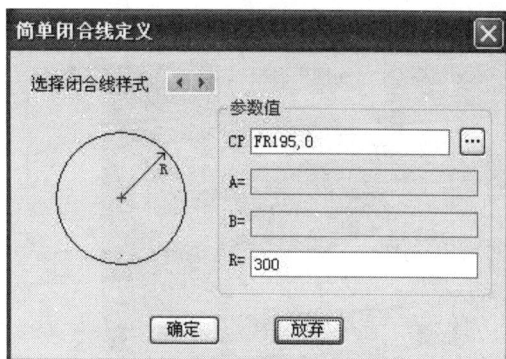

图6-63　简单闭合线边界的参数设置

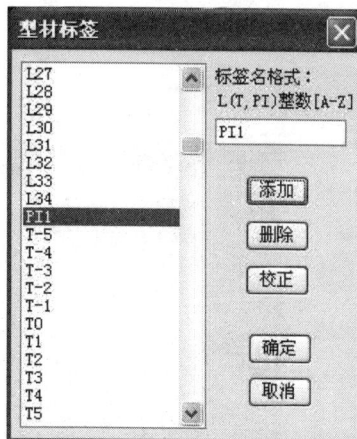

图6-64　型材标签的添加

起始端：板架剖面线"221PS-1610Z"。端部连接：4,0。端部形式：1100。终止端：板架剖面线"221PS-10500Z"（为甲板端横梁与甲板纵桁交叉部分的面板）。端部连接：4,0。端部形式：1100。如图6-65所示。

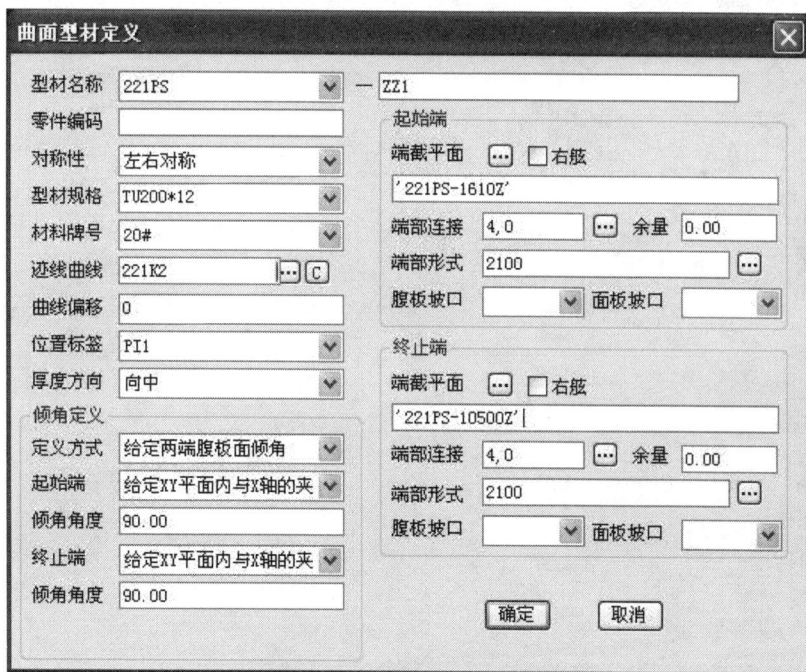

图6-65　支柱型材定义

6. 支柱肘板

支柱下部与垫板之间添加肘板支撑。肘板类型：PL3，左右对称。A、B边界连接方式：沿边界。其结构如图6-66所示。

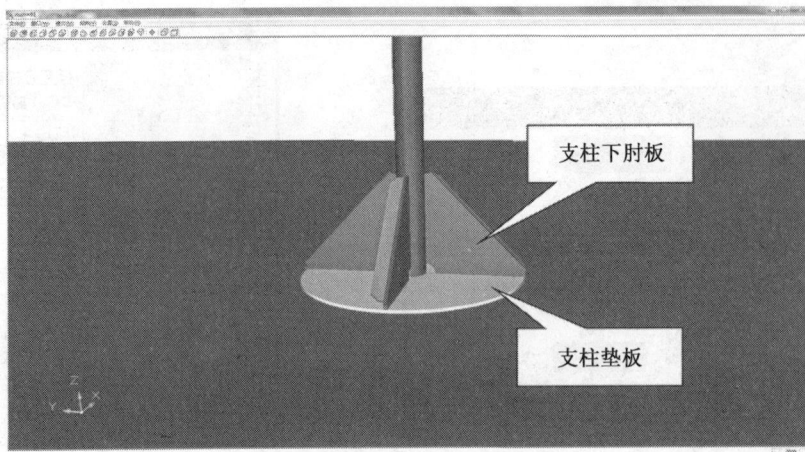

图 6 – 66   支柱肘板结构

肘板 A 边界:板架"221PS – 1610Z"。A 端连接参数:L = 200, A = 90, H = 15。B 边界:曲面型材"221PS – PI1"。B 端连接参数:L = 300, A = 90, H = 15。见图 6 – 67。

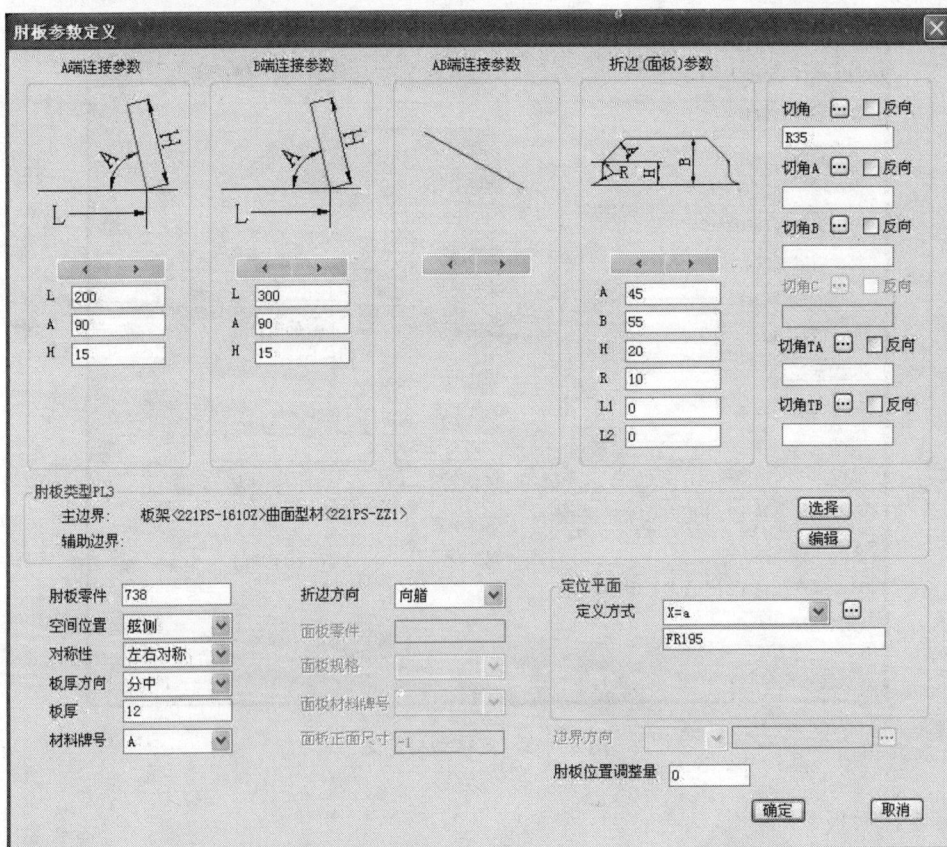

图 6 – 67   支柱肘板参数定义

（1）肘板名称：738。空间位置：舷侧。对称性：左右对称。板厚方向：分中。板厚 12。材料牌号：A。折边方向：向艏。定位平面：X = FR195。

（2）肘板名称：739。空间位置：艏侧。对称性：船中。板厚方向：分中。板厚 12。材料牌号：A。折边方向：向舷。定位平面：Y = 0。

（3）肘板名称：740。空间位置：艉侧。对称性：船中。板厚方向：分中。板厚 12。材料牌号：A。折边方向：向舷。定位平面：Y = 0。

以上肘板构成支柱下肘板结构。

同理，利用板架"221PS – 10500Z"（A 边界）和曲面型材"221PS – PI1"（B 边界），生成支柱上肘板结构，如图 6 – 68 所示。

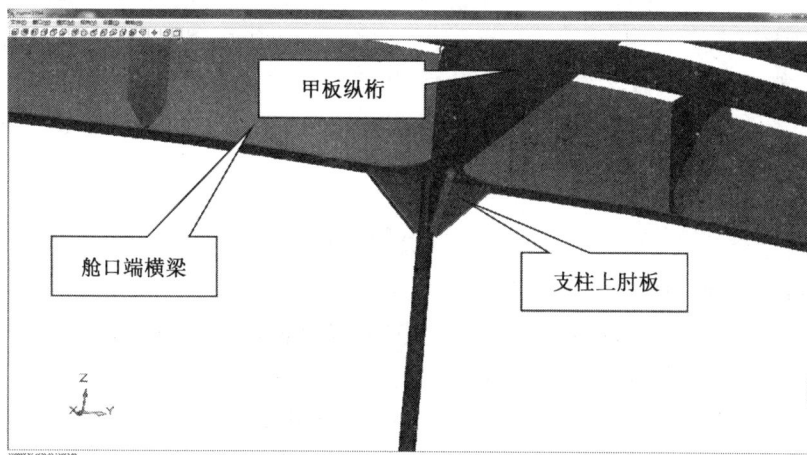

图 6 – 68　支柱上肘板结构

第7章 舱壁结构设计

7.1 概 述

船体的内部,有许多横向和纵向布置的舱壁,是船体较重要的构件之一。横向舱壁对船梁能起到内部的加强作用,承受横向载荷,但不直接提供纵向强度;纵向舱壁如果有一定的连续范围,能提供纵向强度。舱壁具有增加船梁刚性与减少振动,支撑甲板、舷侧、底部结构的作用。同时,它们将船体内部空间分隔成若干舱室以满足分舱要求,并供居住、工作、装载货物、备品及压载水等。

7.1.1 舱壁的分类

舱壁分类很多,按用途与密性要求分为:

水密舱壁——为干货舱的分舱与抗沉性的要求而设置者,需水密;

油密舱壁——作为货油、燃油及滑油舱的周界,需油密;

深舱舱壁——双层底以外装载液体舱的周界,需水密或油密;

非水密舱壁——作为分隔舱室或因强度要求而设置者,无水密要求;

防火舱壁——作为防火区域的分隔,有防火与一定的隔热要求。

按结构布置分为:

纵舱壁——沿船长方向布置;

横舱壁——沿船宽方向布置;

半舱壁——沿船宽或船长方向布置,但不与横舱壁或纵舱壁组成封闭部分;

活动舱壁——临时可拆卸的纵舱壁,它的作用在于船舶发生严重横摇时,防止粮食、煤、矿砂或其他散装货物移动到一舷去;

按结构形式分为:

平面舱壁——由扶强材与舱壁板组成,根据扶强材的布置,又可分为水平扶强材与垂直扶强材两类;

槽形舱壁——利用折曲的舱壁板代替扶强材,根据板折曲的剖面形状,又有弧形、梯形、三角形以及矩形等数种。

7.1.2 舱壁的受载

舱壁的受载状态与其布置和作用有关,主要有:

(1)水密横舱壁。船舶破损后,具有水密作用,承受静水压力,船梁弯曲时承受横向剪力,在进坞时尤甚。

(2)油密横舱壁。除具有水密横舱壁的作用外,尚能承受油货的载荷及其晃荡冲击载荷。

（3）水密纵舱壁。船舶破损后,具有水密作用,承受静水压力,在船中 $0.4L$ 范围内,长度超过 $0.4L$ 的连续纵舱壁还参与船体的总纵强度。

（4）油密纵舱壁。除具有水密纵舱壁作用外,尚能承受油货的载荷及其晃荡冲击载荷。

所有舱壁皆作为与其正交的船体构件的支座,将构件所受的载荷,传递到与其相邻的构件。例如,水密横舱壁,可作为甲板和船底纵向构件的支座,将纵向构件的载荷传递到舷侧、甲板与船底等部分。

非水密舱壁的载荷须按具体情况确定,例如,作为支撑甲板的舱室舱壁,则仅需考虑垂向载荷。水密舱壁的载荷是按破舱情况而定,载荷需算到舱壁甲板;液货舱舱壁按液货满舱时,液货面到达溢流管顶;干货舱舱壁需考虑干货对舱壁的横向压力。

7.2　舱壁设计原则

7.2.1　舱壁的数量与布置

水密横舱壁的设置需满足船舶抗沉性和强度的要求,各国船级社对此均有明确的规定:

1. 水密横舱壁

（1）防撞舱壁;

（2）艉尖舱舱壁;

（3）机舱的端部舱壁。

货舱区不设置纵舱壁的船舶,其水密横舱壁的总数通常不少于表 7-1 所规定的数目。在对水密舱壁的布置和强度做特殊考虑后,其数目可予减少。驳船应设有防撞舱壁和艉尖舱舱壁。

表 7-1　水密舱壁数量要求

	$L\leq60$ m	60 m$<L\leq85$ m	85 m$<L\leq105$ m	105 m$<L\leq125$ m
中机型	4	4	5	6
艉机型	3	4	5	6
	125 m$<L\leq145$ m	145 m$<L\leq165$ m	165 m$<L\leq190$ m	190 m$<L\leq210$ m
中机型	7	8	9	10
艉机型	7	7	8	10

2. 防撞舱壁位置

（1）防撞舱壁应通至干舷甲板。

（2）货船的防撞舱壁距艏垂线的距离应不小于 $0.05L_L$;对船长大于 200 m 的船舶,应不小于 10 m;并且均应不大于 $0.08L_L$。对具有球鼻艏的船舶,防撞舱壁距艏垂线的距离可减小,其减小值可为球鼻艏在艏垂线前方夏季载重水线上投影长度的一半,但减小值应不大于:$L_L\leq200$ m 时,为 $0.015L_L$;$L_L>200$ m 时,为 3 m。

客船的防撞舱壁距艏垂线的距离应不小于 $0.05L_S$,但也不大于 $(0.05L_S+3)$m。对具有球鼻艏的客船防撞舱壁距艏垂线的距离可减小，其减小值可为球鼻艏在艏垂线前方最深分舱载重线上投影长度的一半，但减小值应不大于：$L_S \leqslant 200$ m 时，为 $0.015L_S$；$L_S > 200$ m 时，为 3 m。防撞舱壁在上述限度内，可以具有阶梯或凹折。

L_L 是指量自龙骨上缘至最小型深的 85% 处水线总长的 96% 或沿该水线从艏柱前缘至舵杆中心线的长度，取较大者。船体为倾斜式龙骨时，其计量长度的水线和设计水线平行。

L_S 是指在最深分舱载重线两端的垂线间量得的长度，而此最深分舱载重线应为相应于适用的分舱要求所允许的最大吃水的水线。

(3)当船舶首部设有长的上层建筑时，其防撞舱壁应风雨密地延伸至干舷甲板的上一层甲板。此延伸部分不必直接设于下面舱壁之上，但应位于上述规定的限度内，并且形成台阶部分的甲板应有效地做成风雨密。

(4)当设有艏门和装货斜坡道形成干舷甲板以上的防撞舱壁延伸部分时，高出干舷甲板的坡道部分可从上述规定的限度向前延伸至坡道全长范围内都应风雨密。

3. 水密纵舱壁

水密纵舱壁沿船长方向布置，一般平行于纵中剖面。在矿砂船、集装箱船及油船上设有这种舱壁，以保证使用要求和总纵强度或扭转强度，以及减小自由液面对船舶稳性的影响。除油船纵、横舱壁有特殊要求外，通常设 2 道或者 1 道纵舱壁，应视船舶大小及使用要求而定。一般在液舱宽度超过 9 m 或舱宽超过 $0.7B$，且由一舷至另一舷无其他分隔者，则从稳性考虑应在纵中剖面处设置水密纵舱壁。

4. 制荡舱壁

制荡舱壁是设在油舱或水舱内的带有一定开孔的舱壁。在船舶横摇和纵摇时，它能减轻液体的晃动，并减轻液体对周围结构的冲击。在距艏垂线 $0.3L$ 以前区域，如液舱宽度最大处超过 $0.5B$ 或尖舱宽度大于 $2/3B$，则应在中心线处设置纵向制荡舱壁。同样，液舱长度大于 9 m，应设横向制荡舱壁。制荡舱壁开孔的面积一般为 5% ~ 10% 的舱壁面积。

7.2.2　舱壁类型的选择

(1)槽形舱壁与平面舱壁因构造差异，各有其利弊，现综合比较如下：

a. 在同等强度的条件下，中小型船舶的槽形舱壁的质量比平面舱壁轻 12% ~ 20%，节省了钢材。

b. 槽形舱壁由于剖面对称，中和轴通过其横剖面的中央，弯曲强度比较均匀，而平面舱壁的剖面中和轴靠近舱壁板一面，靠近扶强材面板一面强度较差。

c. 槽形舱壁采用模具压力加工，较符合现代造船工艺的要求，在批量生产时，可节省劳动量；而平面舱壁则因构件繁多，切割、校正、焊接等工作量较大，相对地增加了劳动量。

d. 槽形舱壁在垂直于折曲轴线的平面内弯曲刚性比平面舱壁弱，受剪刚性亦较差。

e. 槽形舱壁在承受总的剪力时，强度较平面舱壁差。

f. 槽形舱壁比平面舱壁清舱方便，对防止腐蚀有利。

g. 槽形舱壁易损失包装货的容积，但对散装货、液体货不受影响。

h. 槽形舱壁在应用上受到一定的限制，因槽体板厚需满足最小厚度要求，并不经济。压载舱与散装货舱的横舱壁，通常在甲板与内底之间设置垂向槽形舱壁。为了减小在大船上的这一跨距，控制槽形舱壁的板厚，常常设置上下壁凳，增加了相当多的构件，与平面舱壁相比质量反而增加。此外，艏艉型线变化较大，由于施工原因，也不宜采用槽形舱壁。

（2）平面舱壁扶强材，可垂直布置，亦可水平布置，主要根据舱壁的高度与宽度之比决定。凡高宽比小于 2，宜垂直布置，水密横舱壁多采用此种形式；反之，宜采用水平布置。艏艉尖舱舱壁的扶强材常采用垂直布置。

（3）平面舱壁扶强材的设置，为使其理论线一致，便于放样与装配，通常设置于靠船中的一边，也有工厂习惯全部设在靠尾一面。

（4）槽形舱壁的槽体，也有垂直与水平之分。但在油船上，纵舱壁因参加总纵弯曲，多布置成水平。若不考虑参与总纵弯曲，垂直槽形也是常见的；横舱壁的槽体，考虑与纵舱壁水平槽形连接方便，一般垂直布置较多，且对支撑甲板载荷也有利。

（5）为了减少舱壁扶强材（槽体剖面）尺度，需设置与扶强材（槽体剖面）成正交的桁材。这类桁材往往在其平面内，与其他加强构件连接形成框架结构，以改善强度。

总之，舱壁结构形式的选择，应具体分析。舱壁板的排列，一般按水压力与腐蚀情况，自下而上逐渐减薄，以减轻质量。

7.2.3　舱壁结构的选择

1. 水（油）密舱壁

水（油）密舱壁的扶强材两端形式见图 7 - 1。设置肘板，可改善扶强材的支撑情况。

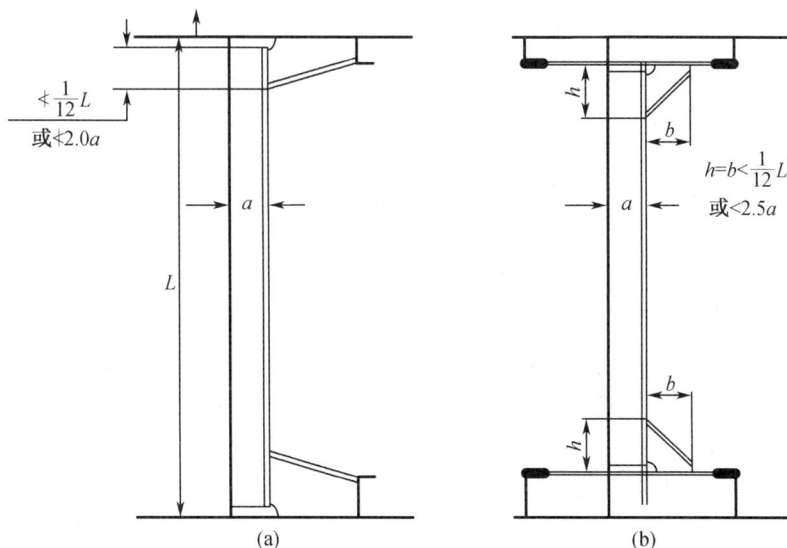

图 7 - 1　扶强材端部形式
（a）横骨架式；（b）纵骨架式

除扶强材外，常增设桁材加强，作为前者的中间刚性支座，从而减小扶强材的计算跨距。

桁材的位置，可按两种方法考虑：一种是将扶强材分成相等的跨距；一种是使其具有相等的强度，由于顾及相连接的构件在其同一剖面内，例如，水平桁材应布置在舷侧水平桁材或舷侧平台的平面上，故采用后者较多。桁材的端部应用肘板连接，以组成框架。若无强构件，则桁材端部的肘板应延伸至邻近的肋骨或舱壁扶强材。

舱壁上的桁材的端部应设置防倾肘板，扶强材与桁材连接处亦需设置适当数量的防倾肘板或加强筋,如图 7 - 2 所示。当防倾肘板自由边长较大时,尚需设置平行于自由边的加强筋。

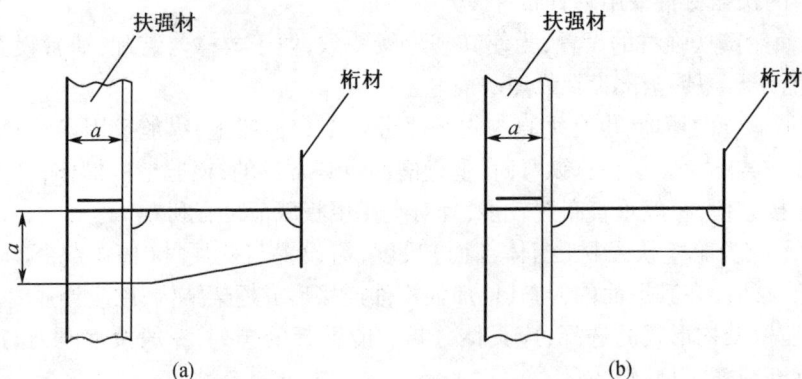

图 7 - 2　桁材与扶强材的连接
(a)连接处设置防倾肘板;(b)连接处设置加强筋

2. 非水密舱壁

一般按轻型围壁考虑,扶强材垂直布置,两端有时不加肘板,采用削斜形式。倾斜舱壁的扶强材与甲板横梁应用加强筋连接。

一般作为舱口端梁或舱口区域间横梁的刚性支座的局部半纵舱壁,扶强材下端可不加肘板,壁上可开门,半纵舱壁的端部可用扁钢或圆钢予以加强。

7.3　舱壁结构设计

7.3.1　平面舱壁结构设计要点

(1)扶强材的间距应考虑与其他船体构件的位置配合。通常为 600 ~ 900 mm,超大型船舶也有至 950 mm。横舱壁扶强材一般是垂直布置,当甲板和船底是纵骨架式时,扶强材间距与纵骨间距尽量一致。

纵舱壁扶强材水平布置时,应尽量与舷侧水平纵骨间距一致。

(2)扶强材端部肘板尺寸可按第 6 章表 6 - 7。此时,表中骨材是指舱壁扶强材。扶强材上下端的肘板应分别延伸到舱壁邻近的横梁或肋板,并牢固地与之焊接。如舱壁扶强材端部的肘板不在纵骨平面内时,应在肘板末端与纵骨之间设置加强筋。

(3)当横向舱壁支撑甲板纵桁时,应在甲板纵桁位置设置舱壁扶强材,该扶强材连带板剖面积应满足支柱要求。

(4)舱壁板厚按钢板宽度,自舱壁下端逐渐向上,依次横向排列;中间甲板一般是连续纵通,将舱壁分成上、下两部分,甲板间的舱壁板与舱内的舱壁板应分开排列;有时由于装配要求,也有将整个舱壁分成几个部分而带入相邻分段,如将上部或两侧 200 ~ 500 mm 宽度的舱壁结构分别带入甲板和舷侧分段,下部带入底部分段。

7.3.2 舱壁结构设计尺寸确定

1. 非水密支承舱壁

非水密支承舱壁即无水密要求的一般舱壁,其结构尺寸规范计算如表 7 - 2 所示。

表 7 - 2 非水密支承舱壁的结构尺寸规范计算表

名称	尺寸要求		
舱壁板	$L > 90$ m	下层货舱内: $t \geqslant 7$ mm	甲板间舱内: $t \geqslant 6$ mm
	$L < 90$ m	下层货舱内: $t \geqslant 5$ mm	甲板间舱内: $t \geqslant 5$ mm
扶强材	间距	$s \leqslant 1\,500$ mm	
	剖面积	当 $\dfrac{s}{t} \leqslant 80$ 时: $A = \dfrac{P}{12.26 - 5.1 \dfrac{l}{r\sqrt{K}}}$ 当 $\dfrac{s}{t} \geqslant 120$ 时: $A = \dfrac{P}{4.86 - 1.475 \dfrac{l}{r\sqrt{K}}}$ 当 $80 < \dfrac{s}{t} < 120$ 时; A 用内插值	
	腹板高度 $L > 90$ m	下层货舱内: $h \geqslant 150$ mm	甲板间舱内: $h \geqslant 100$ mm
	腹板高度 $L < 90$ m	下层货舱内: $h \geqslant 100$ mm	甲板间舱内: $h \geqslant 75$ mm

注:s——扶强材间距,m;

r——支柱剖面的最小惯性半径,cm;

P——载荷,kN;

t——舱壁板厚度,mm;

l——扶强材跨距,m;

K——材料系数,见表 1 - 4,但取值应不小于 0.72。

2. 水密舱壁

(1)尺寸计算

水密舱壁是指在规定压力下能保持不透水的舱壁,可达到一舱或数舱破损时,船舶不沉的目标。由于进水后舱壁上静压力为线性分布上小下大,因而舱壁板厚的分布也为上小下大,其尺寸规范计算如表 7 - 3 所示。

表 7 - 3 水密舱壁结构尺寸规范计算表

名称	尺寸要求		
舱壁板	$t = 4s \sqrt{hK}$ 且 $t \geqslant 5.5$ mm		
平面扶强材	$W = Cshl^2K$		
对称槽形舱壁	剖面模数	$W = Cshl^2K$	
	厚度	在顶部: $t = \dfrac{s}{85\sqrt{K}}$	在底部: $t = \dfrac{s}{70\sqrt{K}}$
双层板舱壁	剖面模数	$W = Cshl^2K$	
	板厚	在顶部: $t_p = \dfrac{s}{75\sqrt{K}}$	在底部: $t_p = \dfrac{s}{65\sqrt{K}}$
	隔板厚度和剪切面积	在顶部: $t_w = \dfrac{b}{85\sqrt{K}}$ $A_w = 0.12\dfrac{W}{l}$	在底部: $t_w = \dfrac{b}{75\sqrt{K}}$ $A_w = 0.18\dfrac{W}{l}$
桁材	$W = 6.6bhl^2K$		
水密舱壁台阶	$W = 4.2shl^2K$		

注:s——扶强材间距、槽形宽度或隔板间距,m;

$\quad P$——载荷,kN;

$\quad t$——舱壁板厚度,mm;

$\quad l$——扶强材、槽形或隔板跨距,m;

$\quad h$——在舷侧处由列板下缘量或型材跨距中点到舱壁甲板的垂直距离,m;

$\quad b$——双层板舱壁的舱壁板之间的间距,mm,桁材支撑面积的宽度,m;

$\quad K$——材料系数,见表 1 - 4。

(2)布置要求

①污水沟或舱底污水井处的舱壁板应增厚 2.5 mm,艉管通过处舱壁板的厚度应增加 1 倍。如与其连接的桁材腹板厚度相差过大时,该连接区域的舱壁板应予增厚。

②扶强材端部直接同纵骨架式甲板板(内底板)连接,且扶强材和纵骨的腹板在同一平面内;扶强材端部同甲板或桁材腹板直接连接,但甲板或桁材另一边应具有与之连接且与该扶强材在同一直线上的至少为相同剖面的相邻构件。扶强材上、下端的肘板应分别延伸到舱壁邻近的横梁或肋板,并牢固地与之焊接。

③槽形舱壁跨距中点的板厚应保持至不低于跨距中点以上 0.2l 处。

④双层板舱壁跨距中点处板的厚度应保持至不低于跨距中点以上 0.2l。双层板舱壁隔板自每端 1/3 长度内不应开人孔或类似开孔。

⑤桁材腹板高度应不小于其支撑的舱壁扶强材腹板高度的 2.5 倍,腹板厚度应不小于舱壁板在桁材平面处的厚度,面板宽度应不大于腹板高度或面板厚度的 35 倍。桁材的末端应用肘板连接。肘板应延伸至邻近的肋骨或舱壁扶强材。

⑥台阶处甲板板或平台板的厚度及横梁尺寸,在任何情况下皆应不小于对相应的甲板板和横梁所要求的尺寸。

3. 深舱舱壁

该部分所说的深舱即为双层底以外的压载舱、船用水舱、货油舱及按闭杯试验法闪点不低于 60 ℃的燃油舱。

(1)尺寸计算

与水密舱壁不同,深舱舱壁要承受经常性的液体静压力和动压力,其尺寸规范计算表如表 7 - 4 所示。

表 7 - 4　深舱舱壁结构尺寸规范计算表

名称		尺寸要求	
平面舱壁板		$t = 3.95s \sqrt{\rho h K} + 2.5$ 当 $L \geq 90$ m, $t = 8$;当 60 m $< L \leq 90$ m, $t = 7$;当 $L \leq 60$ m, $t = 6$	
平面扶强材		$W = 8.2shl^2K$	
对称槽型舱壁	板厚	$t = 3.95s \sqrt{\rho h K} + 2.5t = \dfrac{a}{70\sqrt{K}}$	
	槽形剖面模数	$W = Cs\rho hl^2K$	
双层板舱壁	剖面模数	$W = Cs\rho hl^2K$	
	舱壁板间距	$b = 40l$	
	板厚	在顶部: $t_p = \dfrac{s}{75\sqrt{K}}$	在底部: $t_p = \dfrac{s}{65\sqrt{K}}$
	隔板厚度和剪切面积	在顶部: $t_w = \dfrac{b}{85\sqrt{K}}$ $A_w = 0.07\dfrac{W}{l}$	在底部: $t_w = \dfrac{b}{75\sqrt{K}}$ $A_w = 0.1\dfrac{W}{l}$
桁材		$W = 11.7b\rho hl^2K$	
横骨架式舷侧	肋骨	$W = 6.8s\rho hl^2K$	
	舷侧纵桁	$W = 11.7b\rho hl^2K$	

表 7 -4(续)

名称		尺寸要求
纵骨架式舷侧	纵骨	$W = 8.8s\rho hl^2 K$
	强肋骨	$W = 11.7s\rho hl^2 K$
甲板及其骨架	甲板或平台	$t = 3.95s\sqrt{\rho hK} + 3.5$
	纵骨或横梁	$W = 8.8s\rho hl^2 K$
	纵桁或强横梁	$W = 11.7S\rho hl^2 K$
船底骨架	中内龙骨	$W = 9.8s\rho h_2 l^2 K$ $W = 9sh_1 l^2 K$

注:h_1——在舷侧处由跨距中点量到上甲板的垂直距离,m;

h_2——由跨距中点量到深舱顶的垂直距离,或量到溢流管顶垂直距离的一半,取较大者,m;

s——扶强材间距、槽形宽度或隔板间距,m;

ρ——液体密度,t/m^3,计算时取值应不小于 1.025;

t——舱壁板厚度,mm;

l——扶强材、槽形或隔板跨距,m;

h——由舱壁板列下缘量至深舱顶的垂直距离,或量至溢流管顶垂直距离的一半,取较大者,m;

b——双层板舱壁的舱壁板之间的间距,mm,桁材支撑面积的宽度,m;

K——材料系数,见表 1 -4。

(2)布置要求

①最下列板的厚度应增厚 1 mm,污水沟或污水井处的舱壁板应增厚 2.5 mm。

②扶强材端部应用肘板连接,其尺寸符合《钢规》1.2.6 的规定;当甲板或桁材另一边有相同且共线的扶强材时,扶强材可以与甲板或桁材直接相连。

③槽形斜面部分与平面部分的夹角大于 40°;当槽形跨距超过 15 m 时,应在跨距中点附近设置水平桁材;槽形舱壁跨距中点处的板厚应保持至不低于跨距中点以上 0.2l 处。

④双层板舱壁跨距中点处的板厚应保持至不低于跨距中点以上 0.2l 处;隔板自每端1/3 长度内不应开人孔或类似开孔。

⑤桁材腹板高度应不小于被支撑的舱壁扶强材腹板高度的 2.5 倍,面板的宽度应不大于腹板高度或面板厚度的 35 倍。桁材的末端应用肘板连接。肘板应延伸至邻近的肋骨或舱壁扶强材。

⑥肋骨端部肘板的臂长应增加 20% 。在距艏垂线 0.2L 以前区域的深舱内,应设置间距不大于 5 m 的舷侧纵桁,或设置开孔平台。当舱长超过 14 m 且以开孔平台代替舷侧纵桁时,应设置强肋骨或横向制荡舱壁。

⑦距艏垂线 0.2L 以前区域的深舱内,支撑纵骨的强肋骨剖面模数应再增加 20% 。强肋骨的间距:当船长等于或小于 100 m 时,一般应不大于 3.0 m;当船长等于或大于300 m 时,一般应不大于 4.2 m,中间值用内插法求得。当深舱深度大于 16 m 时,应设置开孔平台且在强肋骨处设置强横梁。

7.4　舱壁结构建模实例

7.4.1　平面舱壁结构建模实例

平面舱壁结构模型范围:X = (FR188,FR195);Y = (6 600,12 000);Z = (0,12 000)。
如图 7 - 3 所示。

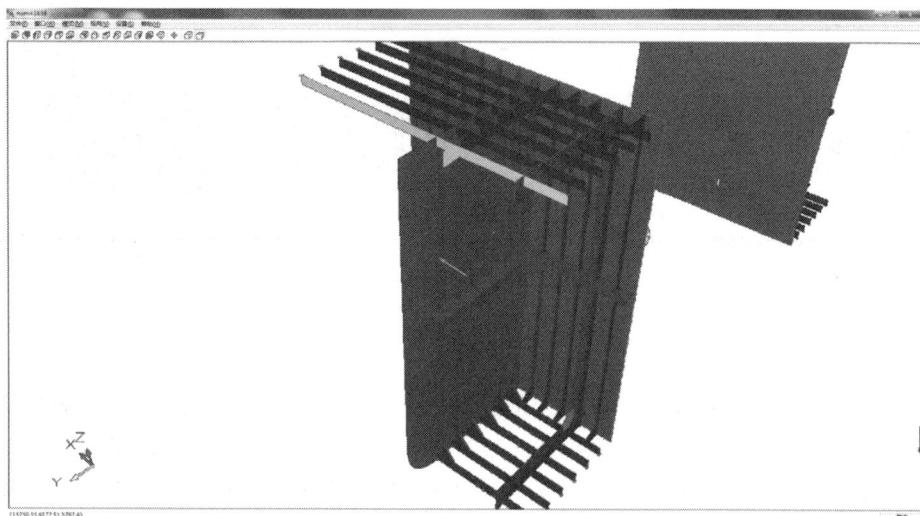

图 7 - 3　平面舱壁结构模型

1. 纵舱壁建模(6800Y)

纵舱壁指沿船长方向的舱壁,其结构如图 7 - 4 所示,较长的纵舱壁能提高船体的总纵
强度。

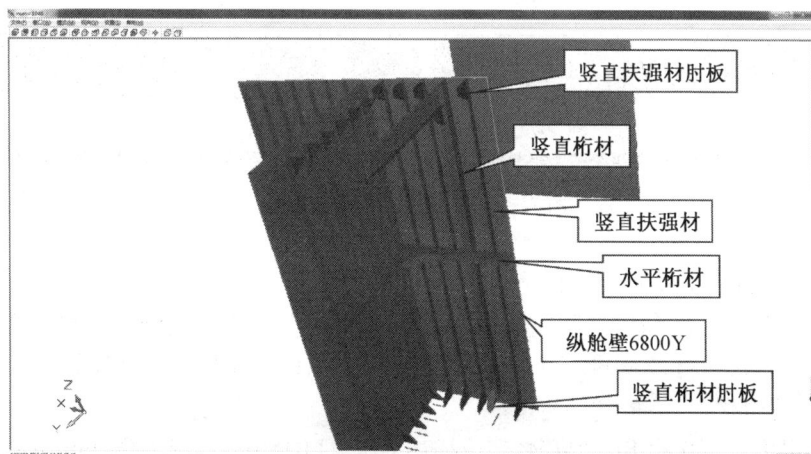

图 7 - 4　纵舱壁结构

（1）板架属性

板架名：6800Y；定位面：Y=6 800，左右对称。

（2）边界定义

Lim1：船体曲面"SHELL"。Lim2：直线"X=FR201+250"。Lim3：船体曲面"DECK=1D"。Lim4：直线"X=FR188+100"，如图7-5所示。

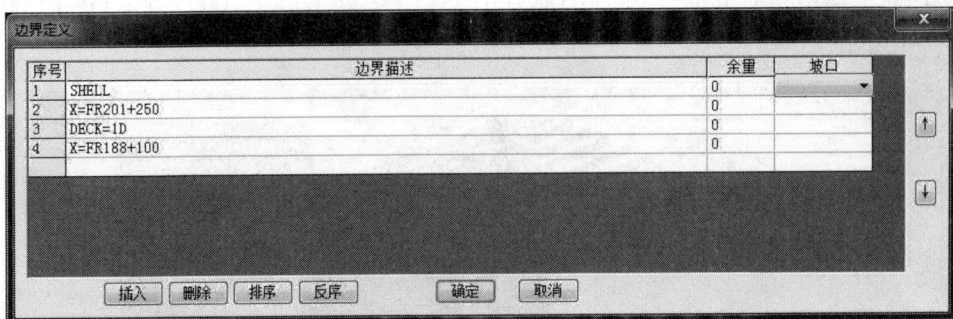

图7-5　纵舱壁结构边界定义

（3）板缝和板零件定义

Seam1：沿直线"Z=1980"。Seam2：沿板缝偏移"SEAM=1，M1=1990"。Seam3：沿边界偏移"LIM=1，M1=5970"。Seam4：沿直线"X=FR193，FROM（LIM3）TO（SEAM3）"。Seam5：与边界垂直"PERLIM=3"，X=FR197，FROM（LIM3）TO（SEAM3），如图7-6所示。同时进行板零件添加，如图7-7所示。

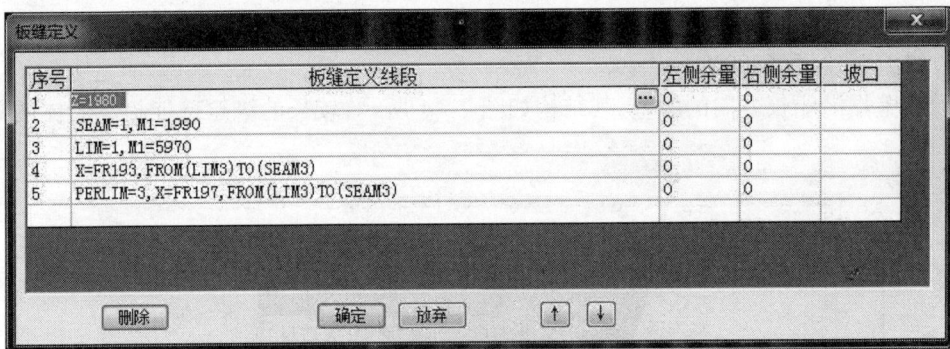

图7-6　纵舱壁结构板缝定义

（4）竖直扶强材及其上下端肘板定义

从FR189到FR195位置之间区域板架结构布置为：X=FR189、FR191、FR192、FR193四个位置设置竖直扶强材，X=FR190位置设置竖直桁材，FR194位置设置横舱壁。

①竖直扶强材

扶强材规格为180＊9BP，20#钢，定位描述为X=FR189……，起始端和终止端端截平面为边界点平面，端部连接为4，0，端部形式为2110，如图7-8所示。

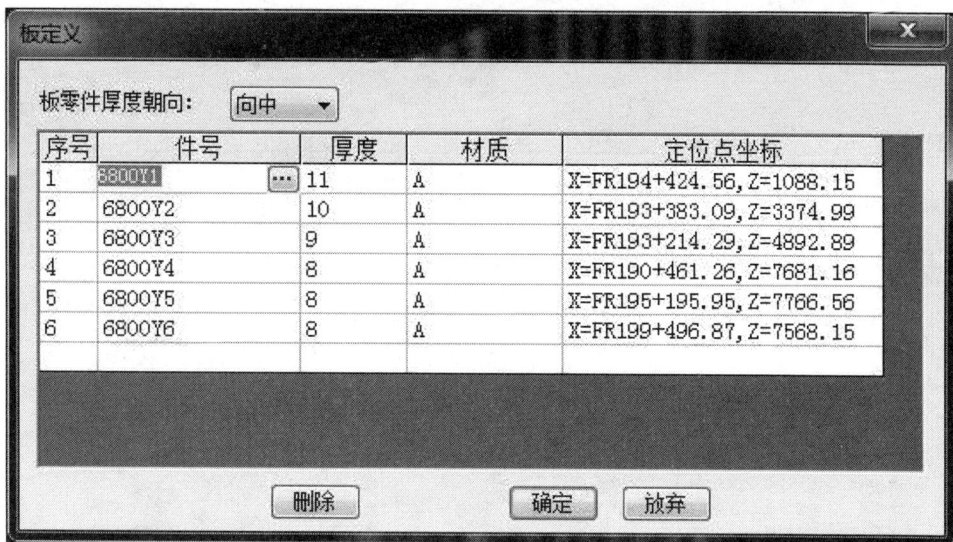

图 7 - 7　纵舱壁结构板零件定义

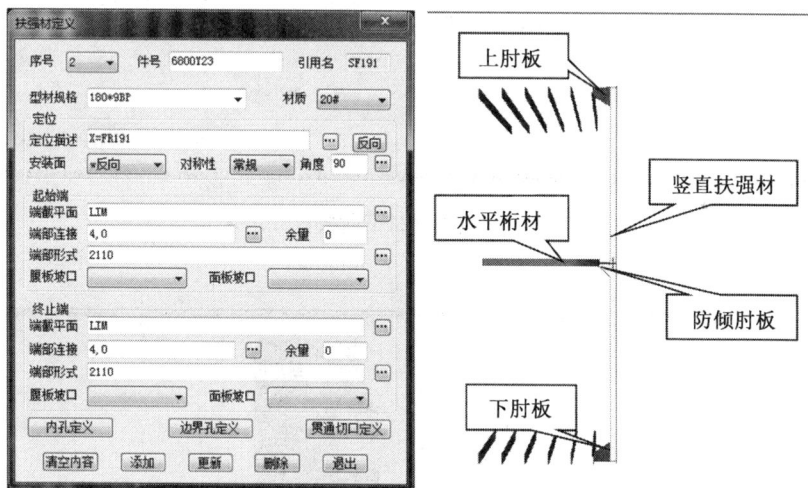

图 7 - 8　垂直扶强材参数定义及结构模型

②竖直扶强材下肘板

肘板类型:CS1, 板厚为 10 mm,牌号为 A 级钢。

A 边界:船体曲面"SHELL",参考边界。

B 边界:竖直扶强材"221PS - 6800Y,SF189",沿边界,L = 500。

A 端:曲面型材"221PS - STF11",H = 220。

无折边无面板,切角 = 切角 A = R50,如图 7 - 9、图 7 - 10 所示。

③竖直扶强材上肘板

肘板类型:CS1, 板厚为 10 mm,牌号为 A 级钢。

A 边界:船体曲面"DECK = 1D",参考边界。

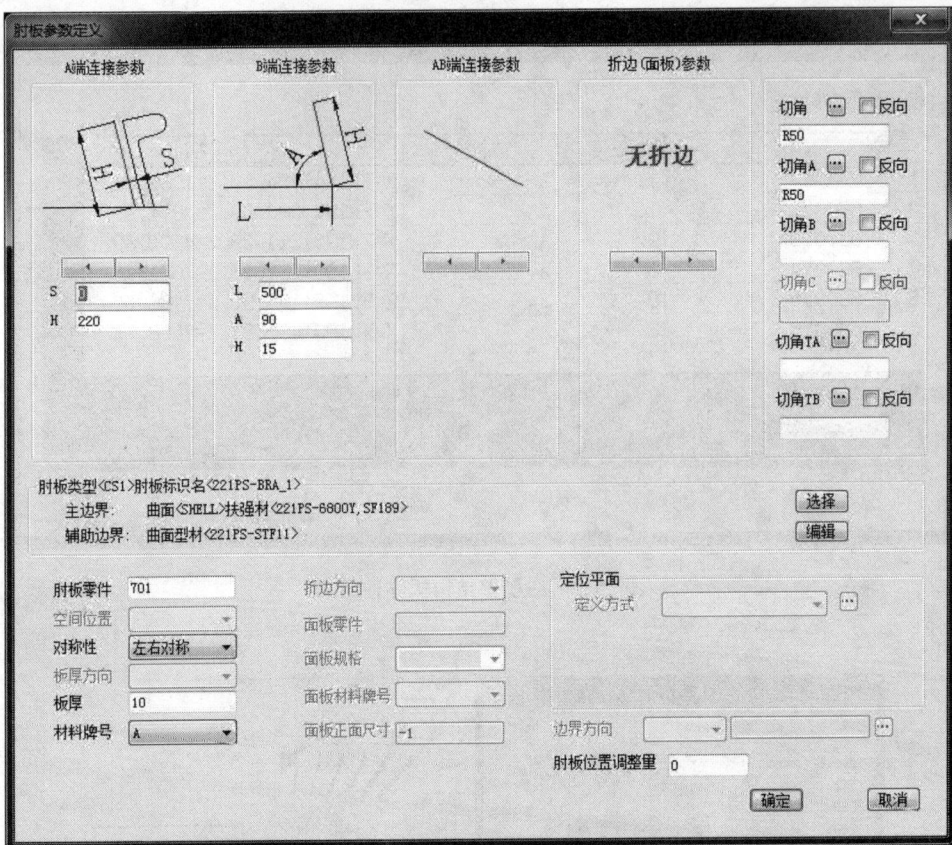

图 7-9　竖直扶强材下肘板参数定义

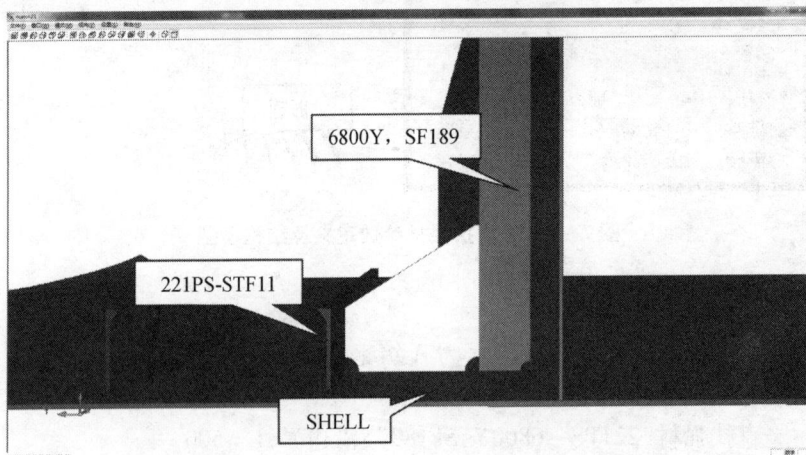

图 7-10　竖直扶强材下肘板结构

B 边界：竖直扶强材"221PS – 6800Y，SF189"，沿边界，L = 500。

A 端：曲面型材"221PS – STF101"，H = 220。

无折边无面板，切角 = 切角 A = R50，如图 7 – 11、图 7 – 12 所示。

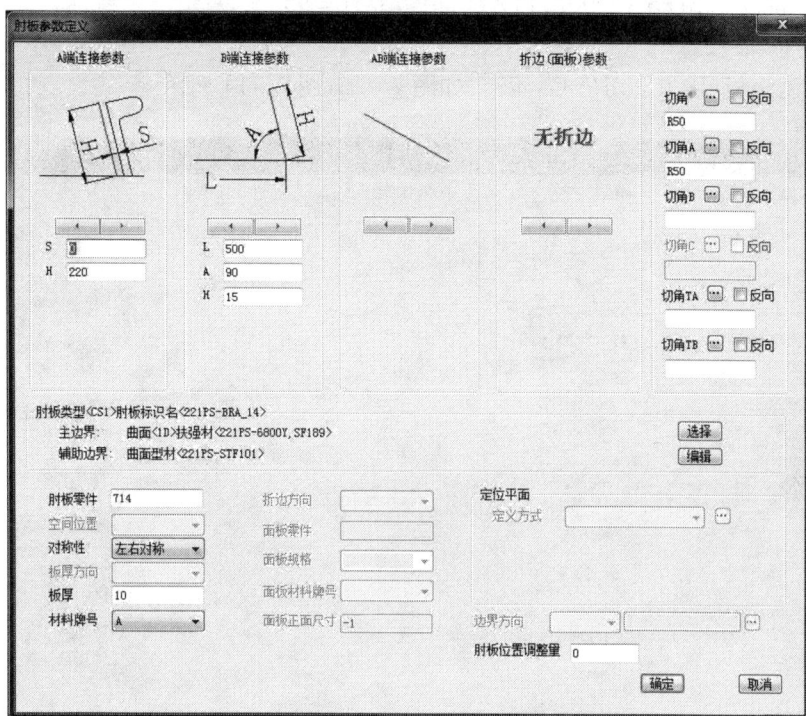

图 7 – 11 竖直扶强材上肘板参数定义

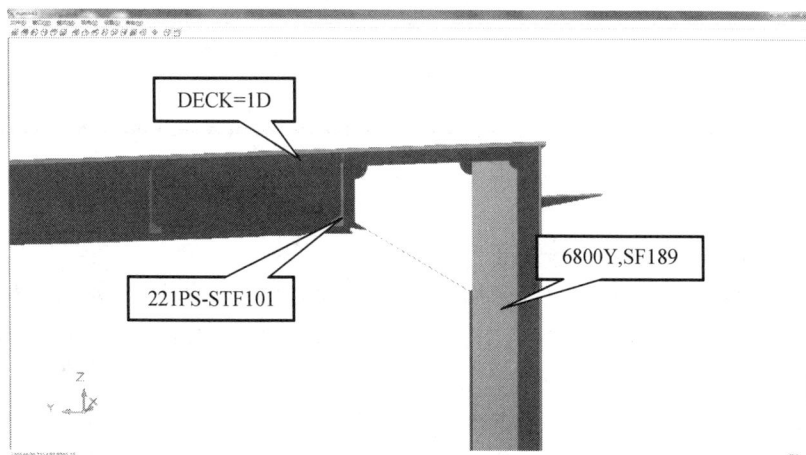

图 7 – 12 竖直扶强材上肘板结构

④竖直扶强材防倾肘板

肘板类型:SPF,板厚为 10 mm,牌号为 A 级钢。

A 边界:竖直扶强材"221PS - 6800Y,SF189",沿边界,L = 350。

B 边界:面板 "221PS - 5500Z,FLA1",沿边界,L = 95。

C 边界:板架 "221PS - 5500Z"。

无折边无面板,切角 = 切角 C = R35,如图 7 - 13、图 7 - 14 所示。

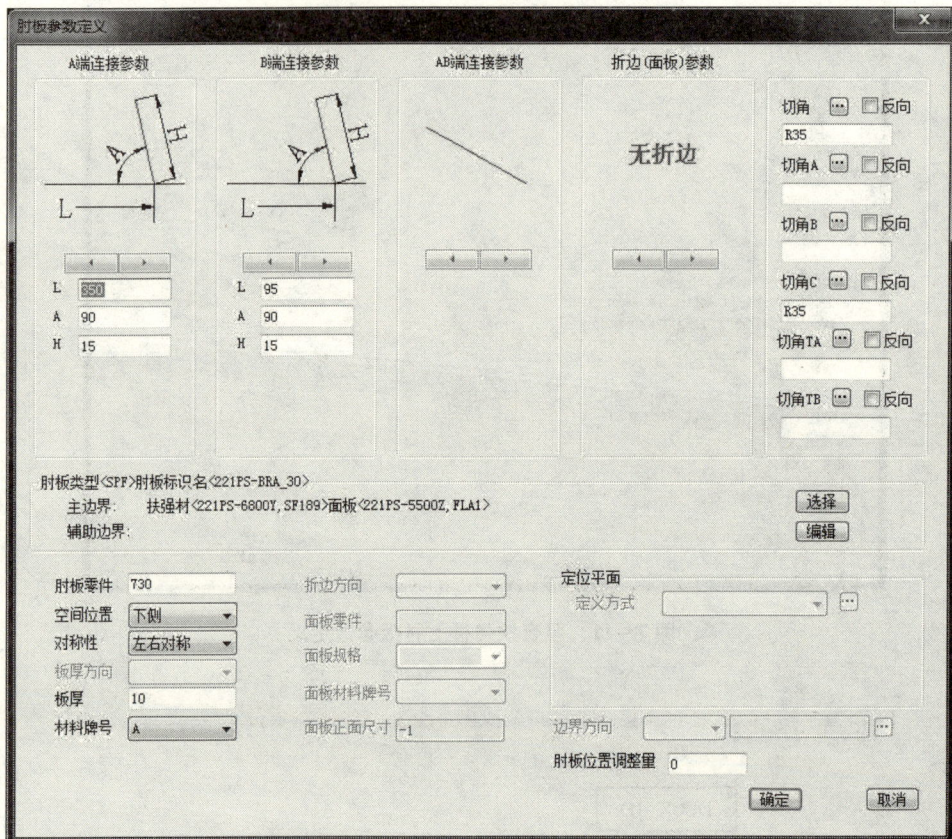

图 7 - 13　竖直扶强材防倾肘板参数定义

(5)竖直桁材及其上下端肘板定义

X = FR190 位置设置竖直桁材,扶强材规格为 T500 * 200 * 10 * 12,20#钢,定位描述为 X = FR190,该竖直桁材被水平桁材的腹板"221PS - 5500Z"分割成上下两段,如图 7 - 15 所示。

①竖直桁材上半段

起始端:端截平面→板架剖面线"221PS - 5500Z",端部连接为 4,0,端部形式为 3520,50,95。终止端:端截平面→直线"Z = 500",端部连接为 4,0,端部形式为 3120,如图 7 - 16 所示。

②竖直桁材下半段

起始端:端截平面→板架剖面线"221PS - 5500Z",端部连接为 4,0,端部形式为 3520,50,95。终止端:端截平面→船体曲面"DECK = 1D",端部连接为 4,0,端部形式为 3120,如图 7 - 17 所示。

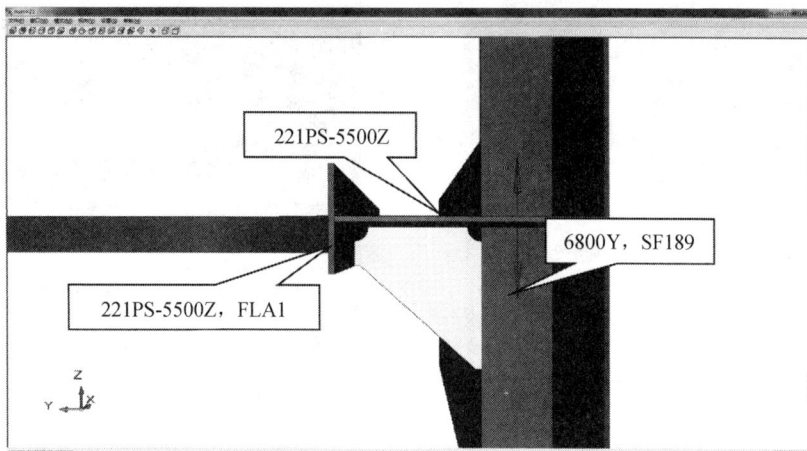

图 7 - 14　竖直扶强材防倾肘板结构

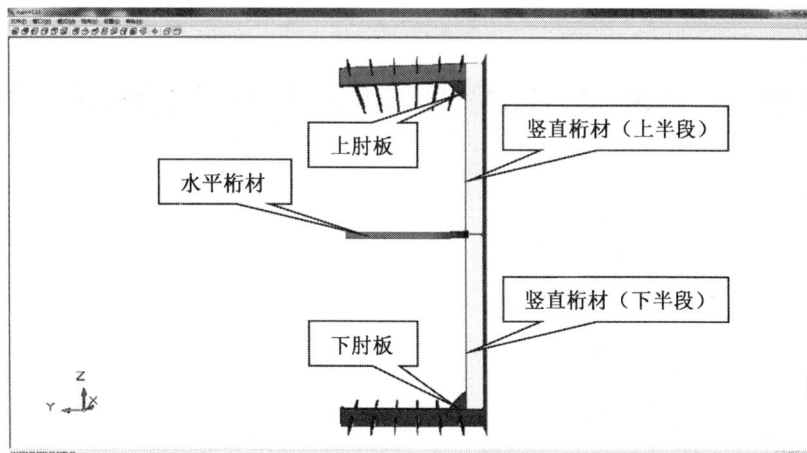

图 7 - 15　竖直桁材及其上下端肘板

③竖直桁材下肘板

肘板类型:SL1,板厚为 10 mm,牌号为 A 级钢。

A 边界:竖直桁材:"221PS - 6800Y,SF190",沿边界,L = 500。

B 边界:船体型材"221PS - STF50",沿边界,L = 500。

面板规格为 200 * 10FB,材料牌号为默认,切角 = R50,如图 7 - 18、图 7 - 19 所示。

④竖直桁材上肘板

肘板类型:OAB,板厚为 10 mm,厚度方向为向艏,牌号为 A 级钢。

A 边界:沿边界,L = 500。

B 边界:沿边界,L = 500。

面板规格为 200 * 10FB,材料牌号为默认,切角 = R50,如图 7 - 20、图 7 - 21 所示。

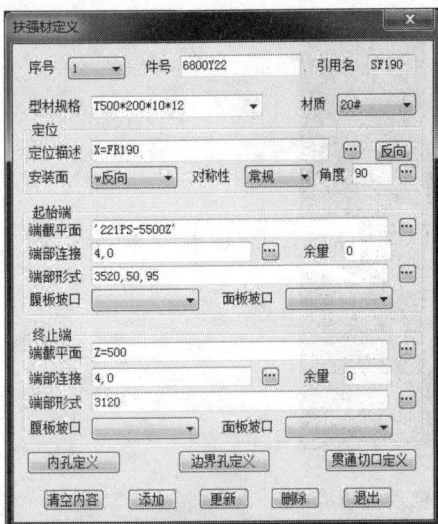

图 7-16 竖直桁材上半段定义

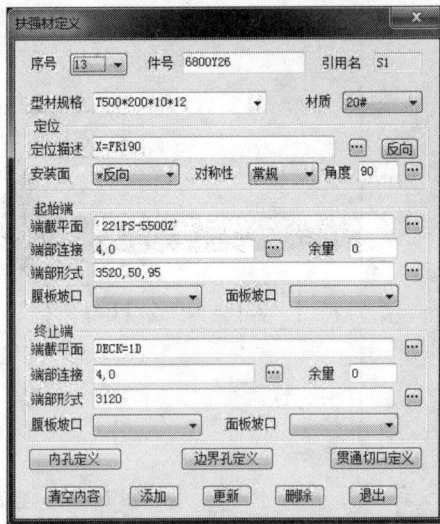

图 7-17 竖直桁材下半段定义

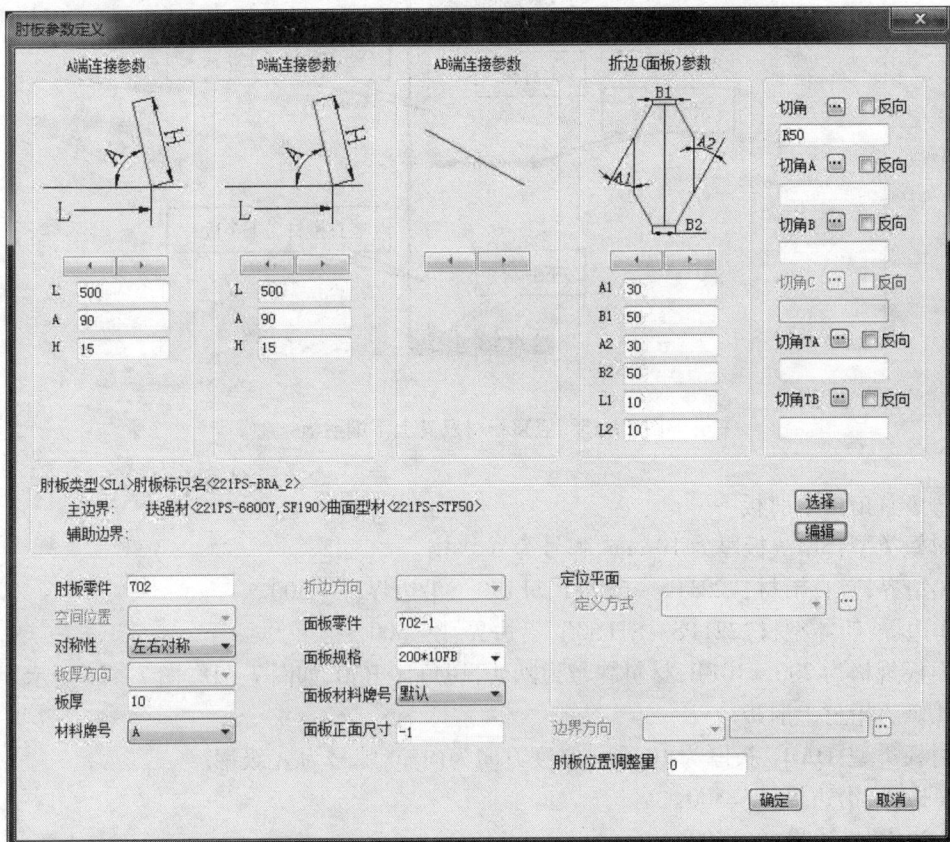

图 7-18 竖直桁材下肘板参数定义

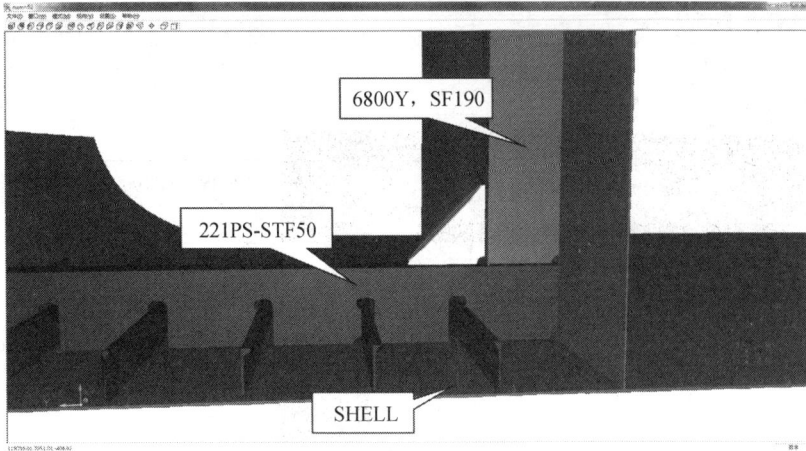

图 7 – 19　竖直桁材下肘板结构

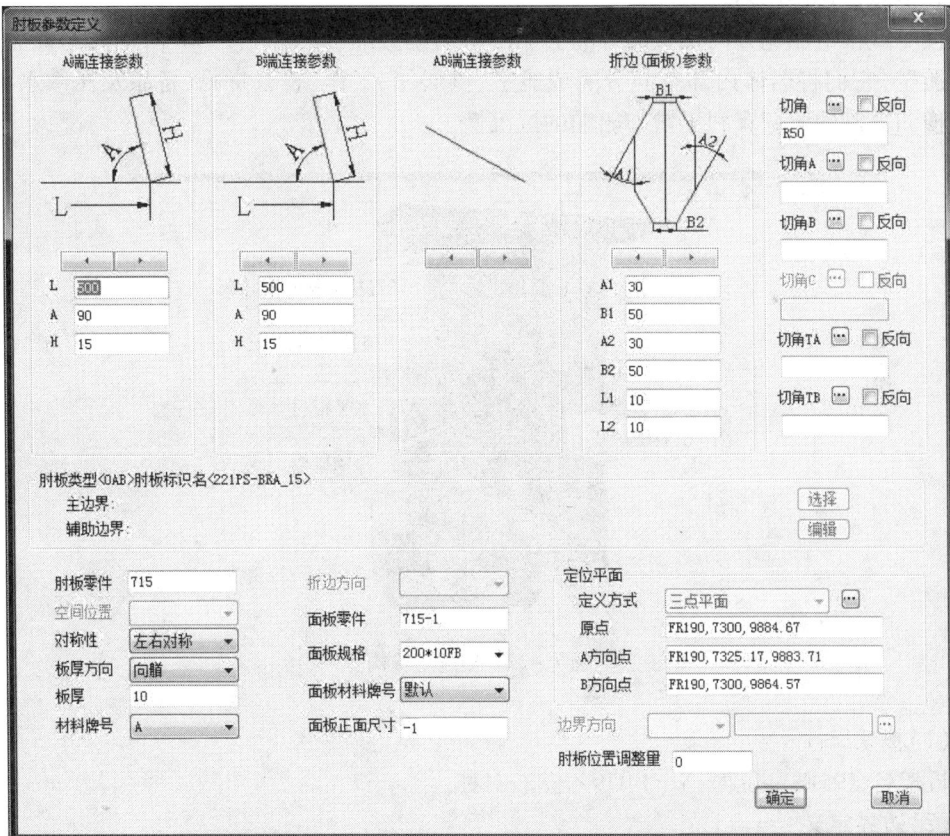

图 7 – 20　竖直桁材上肘板参数定义

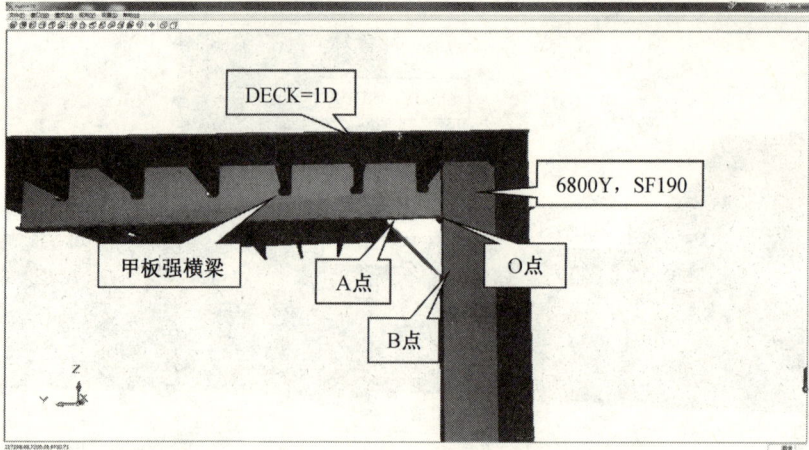

图 7 – 21　竖直桁材上肘板结构

2. 横舱壁建模(194F)

横舱壁指沿船宽方向设置的分隔船舶舱室的垂直隔板,如图 7 – 22 所示。与纵舱壁合称为舱壁,它们将船体内部空间分隔成舱室,供居住、工作、装载货物、备品及压载水等用,同时横向分割的舱壁有利于增加船舶的抗沉性。

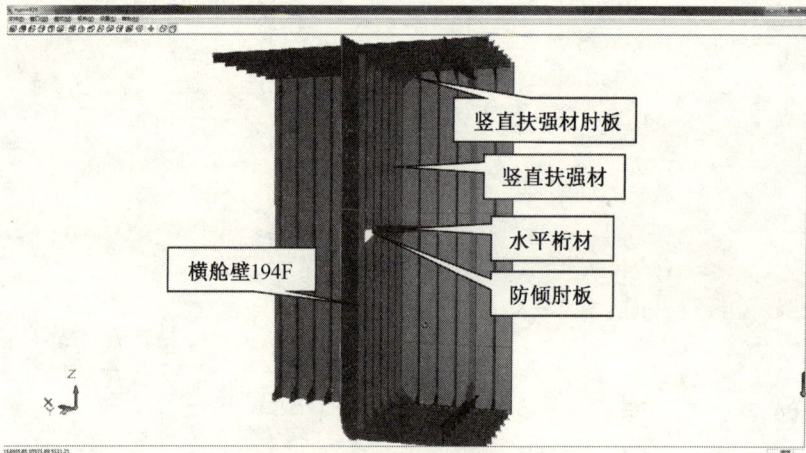

图 7 – 22　横舱壁结构

(1)板架属性

板架名:194F;定位面:X = FR194,左右对称。

(2)边界定义

Lim1:船体曲面"SHELL"。Lim2:船体曲面"DECK = 1D"。Lim3:平面板架"221PS – 6800Y",如图 7 – 23 所示。

(3)板缝和板零件定义

Seam1:沿直线"Z = 1980"。Seam2:沿直线"Z = 3960"。Seam3:沿直线"Z = 5940"。Seam4:沿直线"Z = 7920",如图 7 – 24 所示。同时进行板零件添加,如图 7 – 25 所示。

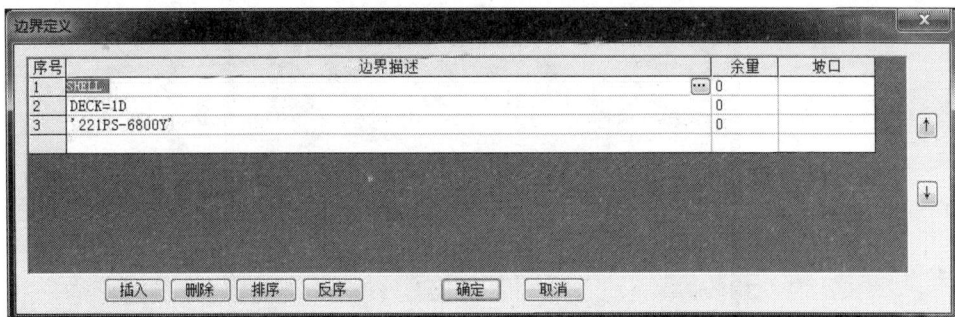

图 7 – 23　横舱壁边界定义

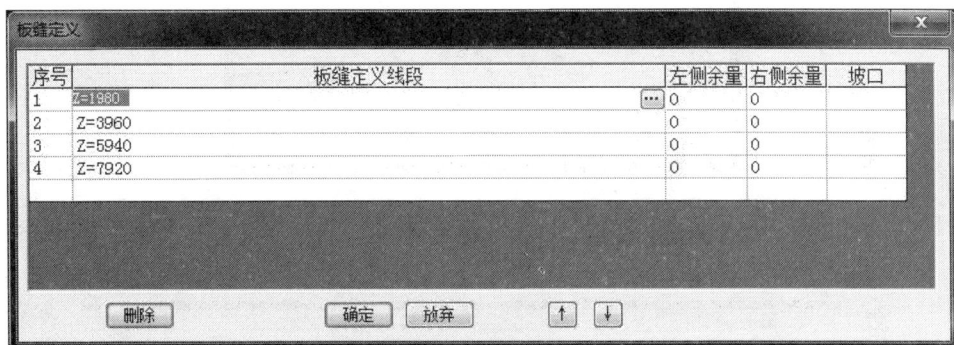

图 7 – 24　横舱壁板缝定义

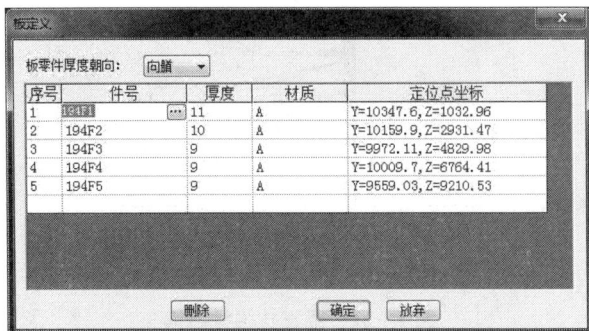

图 7 – 25　横舱壁板零件定义

（4）竖直扶强材及其上下端肘板定义

从 L11 到 L16 纵骨位置之间区域设置竖直扶强材，以 L16 纵剖面为例，讲解板架的建模过程。

①竖直扶强材

扶强材规格为 180 ∗ 9BP,20#钢，定位描述为"┠———┨"→BY = L11,L11D⋯⋯
BY = L16,L16D 共 6 根，起始端和终止端端部连接为 1,0,端部形式为 2110,如图 7 – 26、图
7 – 27所示。

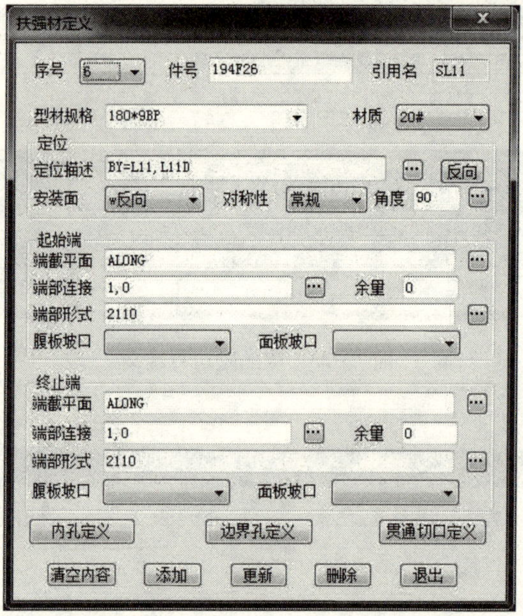

图 7－26　竖直扶强材参数定义

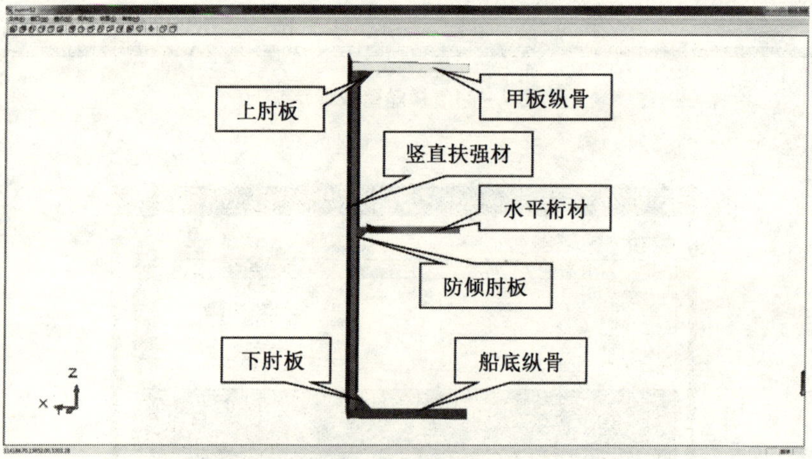

图 7－27　竖直扶强材结构

②竖直扶强材下肘板

肘板类型:SL1,板厚为 10 mm,牌号为 A 级钢。

A 边界:竖直扶强材"221PS－194F,SL16",沿边界,L＝450。

B 边界:曲面型材:"221PS－STF16",沿边界,L＝450。

折边方向向中,切角＝R50,如图 7－28、图 7－29 所示。

③竖直扶强材上肘板

肘板类型:SL1,板厚为 10 mm,牌号为 A 级钢。

A 边界:竖直扶强材"221PS－194F,SL16",沿边界,L＝450。

B 边界:曲面型材"221PS－STF106",沿边界,L＝450。

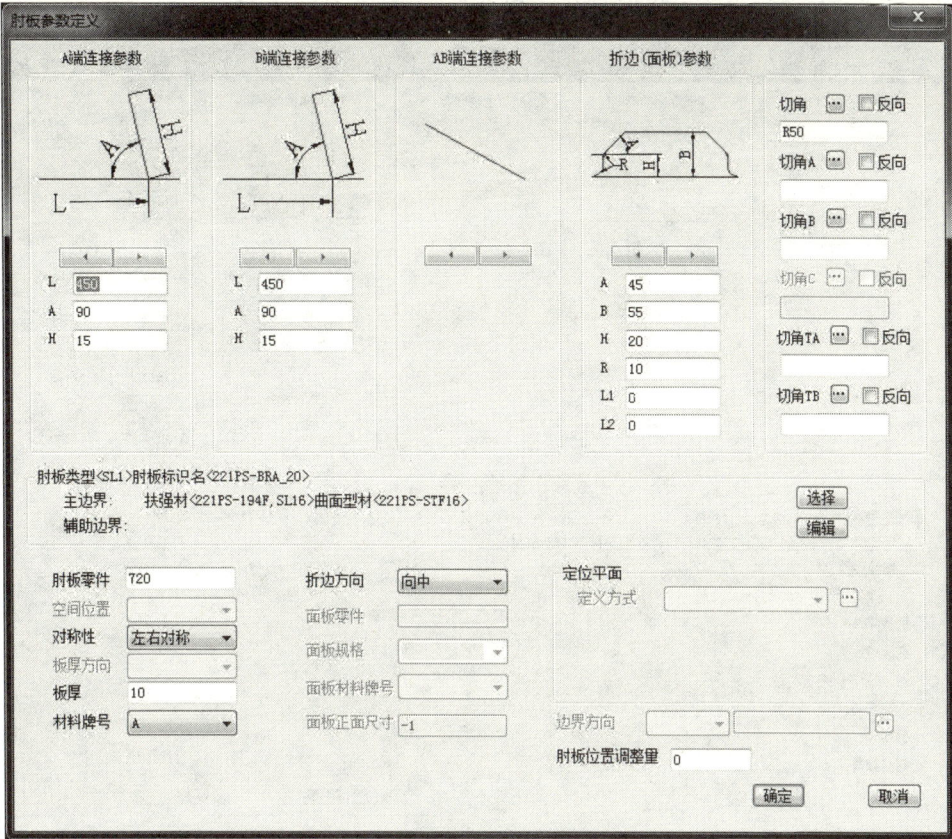

图 7 – 28　竖直扶强材下肘板参数定义

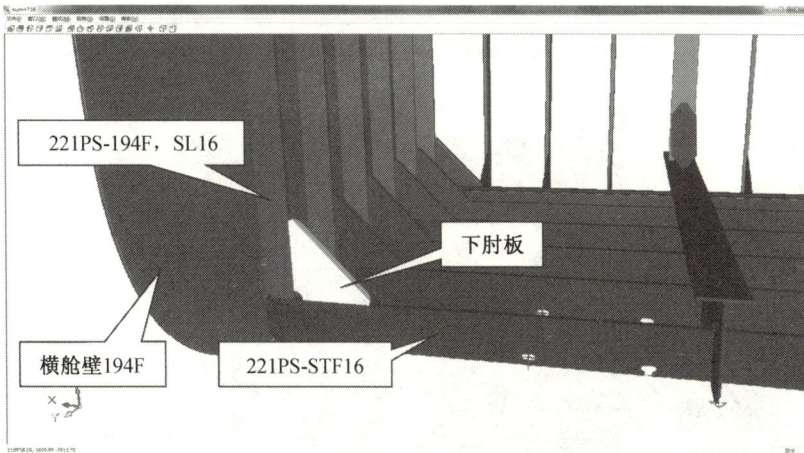

图 7 – 29　竖直扶强材下肘板结构

折边方向向中,切角 = R50,如图 7 - 30、图 7 - 31 所示。

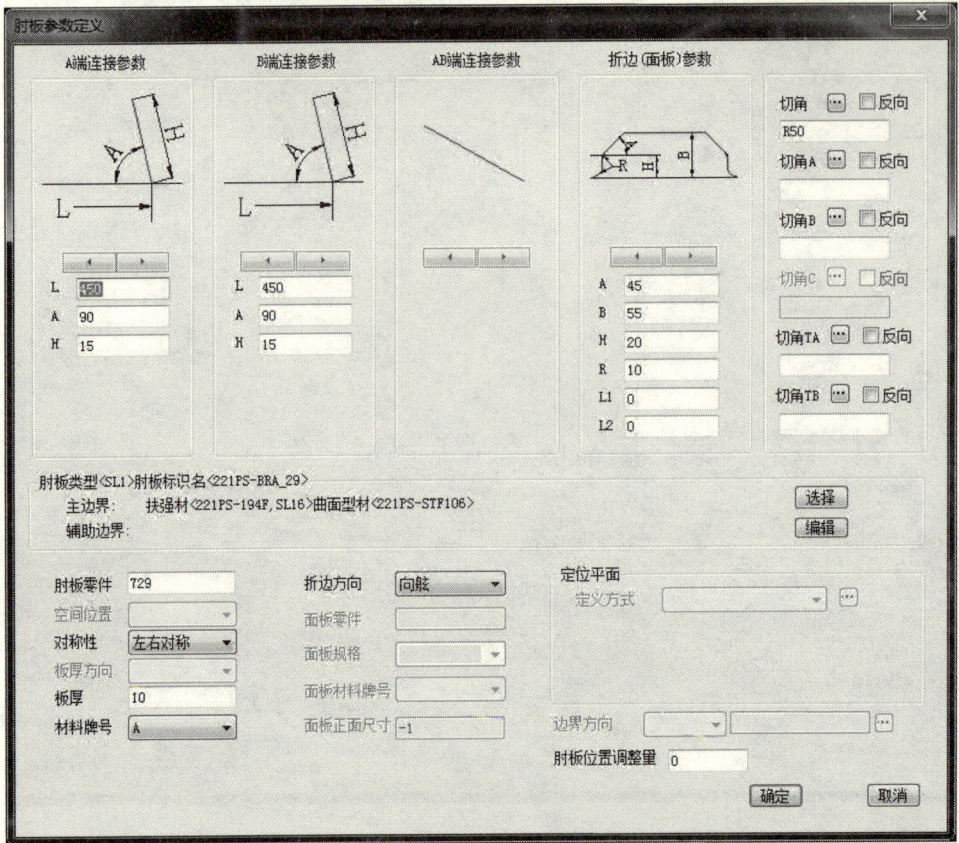

图 7 - 30 竖直扶强材上肘板参数定义

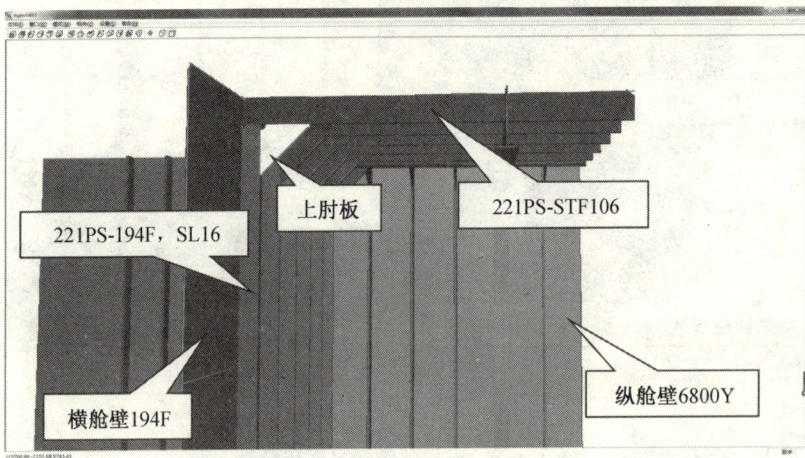

图 7 - 31 竖直扶强材上肘板结构

④竖直扶强材防倾肘板(待水平桁材 221PS － 5500Z 完成后添加,扶强材穿过水平桁处每隔 2 ~ 4 档扶强材间距装设防倾肘板)。

肘板类型:SPF,板厚为 10 mm,牌号为 A 级钢。

A 边界:竖直扶强材"221PS － 194F,SL16",沿边界,L = 350。

B 边界:面板"221PS － 5500Z,FLA1",沿边界,L = 95。

C 边界:板架"221PS － 5500Z"。

无折边无面板,切角 = 切角 C = R35,如图 7 － 32、图 7 － 33 所示。

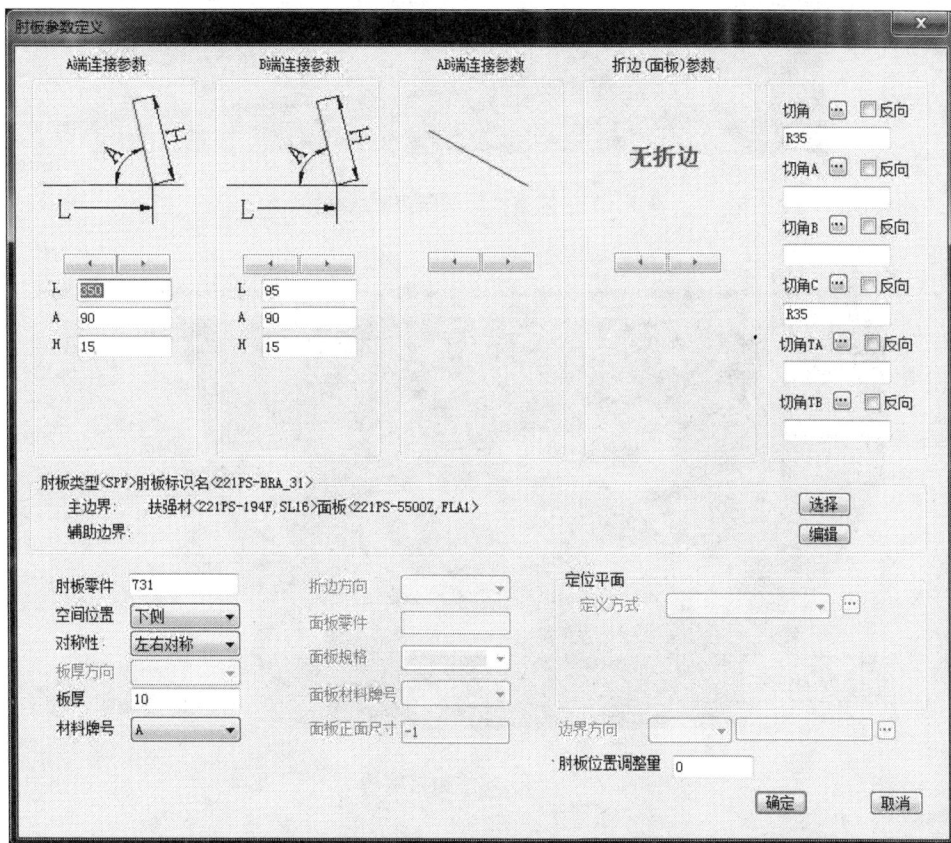

图 7 － 32　竖直扶强材防倾肘板参数定义

3.水平桁材

当深舱或液舱的深度较大且舱壁采用垂直扶强材时,必须设置水平桁作为扶强材的中间支座,如图 7 － 34 所示。水平桁应与舷侧纵桁在同一平面内,组成坚固的水平框架,水平桁两端须用肘板固定,肘板宽度至少与水平桁腹板高度相同。

(1)板架属性

板架名:5500Z。定位面:Z = 5500,左右对称。

(2)边界定义

Lim1:平面板架"221PS － 6800Y"。Lim2:平面板架"221PS － 194F"。Lim3:直线"Y = 11000"。Lim4:曲线"CUR = A"。Lim5:直线"X = FR188 + 100",如图 7 － 35、图 7 － 36 所示。

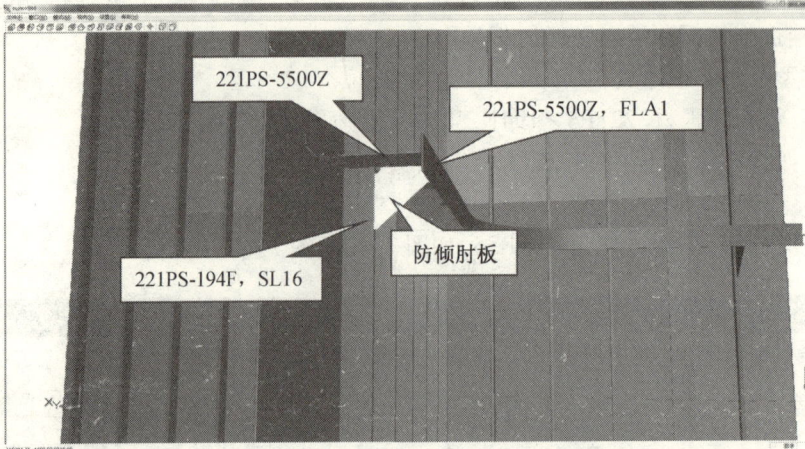

图 7 – 33　竖直扶强材防倾肘板结构

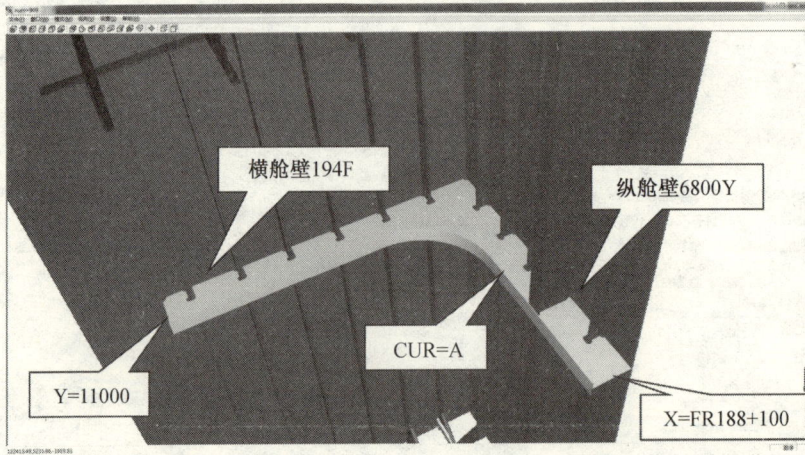

图 7 – 34　水平桁材结构

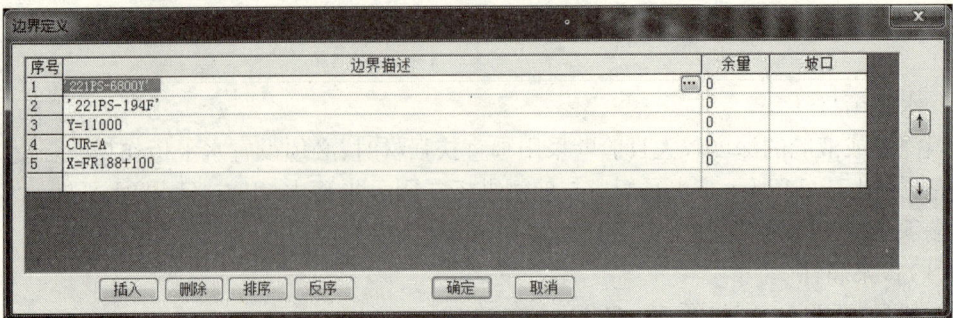

图 7 – 35　水平桁材边界定义

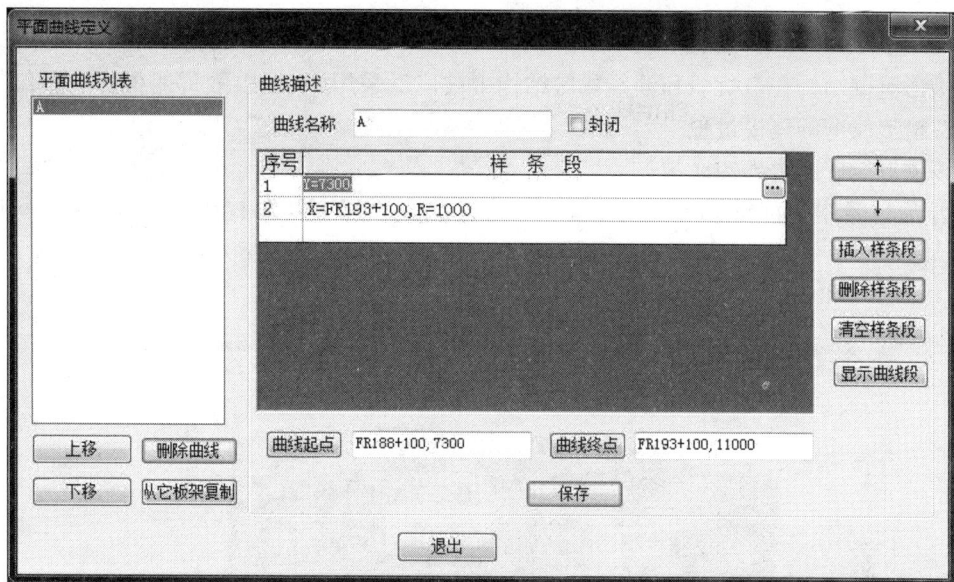

图 7 – 36　水平桁材曲线边界线"CUR = A"定义

（3）板缝和板零件定义

板缝位置为 Y = 8400，生成两个板零件，材质为 A 级钢，厚度为 10 mm，厚度方向为向上。

（4）贯穿切口添加

为贯穿 5500Z 板架的竖直扶强材添加贯穿切口，切口类型为 22R，无补板。

（5）面板添加

在 Y = 8400 位置把面板断开成两个零件，面板规格为 200 * 10FB，材质为 A 级钢，定位描述为沿边界 LIM = 4，如图 7 – 37 所示。

图 7 – 37　水平桁材面板定义

7.4.2 槽形舱壁结构建模实例

槽形舱壁结构在散货船和油船货舱结构中被广泛采用,该处以散货船槽形舱壁结构为例讲解槽形舱壁的建模过程。

该槽形舱壁的边界构成为:

边界1:船体曲面 SHELL(左右对称)。边界2:斜板架1X(左右对称)。边界3:斜板架2X(左右对称)。边界4:平面板架9600Z(跨中)。边界5:斜板架6X(跨中),如图7−38所示。

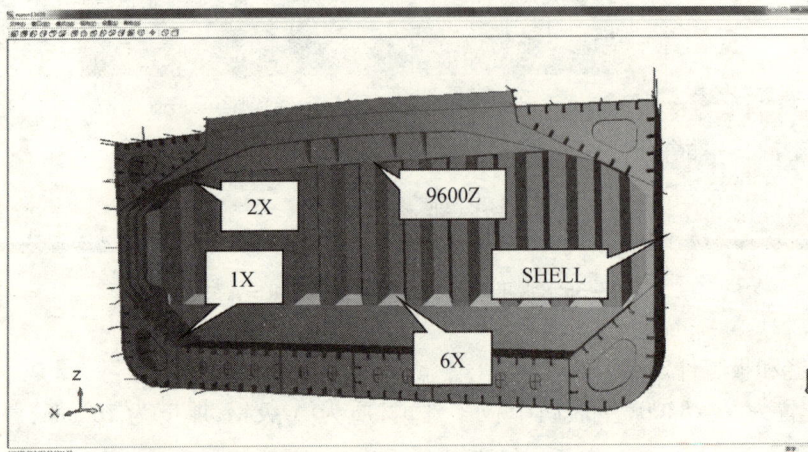

图7−38 槽形舱壁边界构成

1. 槽形舱壁柱面定义

曲面名称:CAO。曲面定义方式:给定样条。准线平面:Z=0。曲面高度范围 Z(2000,12000)。首点处内侧参考点选择该直纹面的一侧以确定曲面的方向,如图7−39所示。

插入周期性样条:

点1(FR198,0);点2(FR198,340);点3(FR197,680);点4(FR197,1360);点5(FR198,1700);点6(FR198,2040)。

正向插入段数为6,反向插入段数为7。

2. 板缝定义

板缝定义数据如表7−5所列。

3. 板零件定义

定义参照曲面板架建模,曲面板名称为 PL18−PL29,对称性为左右对称,材质为 A 级钢,所在曲面为 CAO,型线外厚度为12 mm,边界定义选取相应板缝,如图7−40所示。

4. 附加零件定义

槽形舱壁下口设有泻流板6X,一侧向外倾斜,另一侧向里倾斜,因此向里倾斜的一侧需要设置外倾的斜板架,从船中向舷侧分别为7X、8X、9X……。泻流板结构和属性定义见图7−41和图7−42。图7−43为泻流板7X 的边界定义,其他板架定义不一一列出。

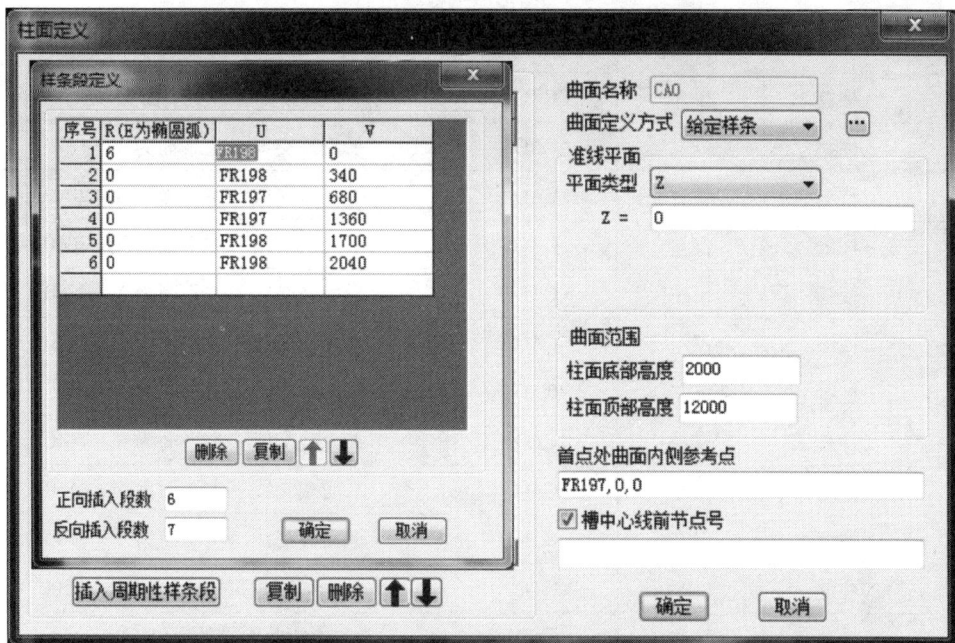

柱面定义

样条段定义

序号	R(E为椭圆弧)	U	V
1	6	FR198	0
2	0	FR198	340
3	0	FR197	680
4	0	FR197	1360
5	0	FR198	1700
6	0	FR198	2040

删除　复制　↑ ↓

正向插入段数　6
反向插入段数　7

确定　取消

插入周期性样条段　复制　删除 ↑ ↓

曲面名称　CA0
曲面定义方式　给定样条　⋯
准线平面
平面类型　Z
Z = 0

曲面范围
柱面底部高度　2000
柱面顶部高度　12000

首点处曲面内侧参考点
FR197,0,0
☑ 槽中心线前节点号

确定　取消

图 7 – 39　槽形舱壁柱面定义对话框

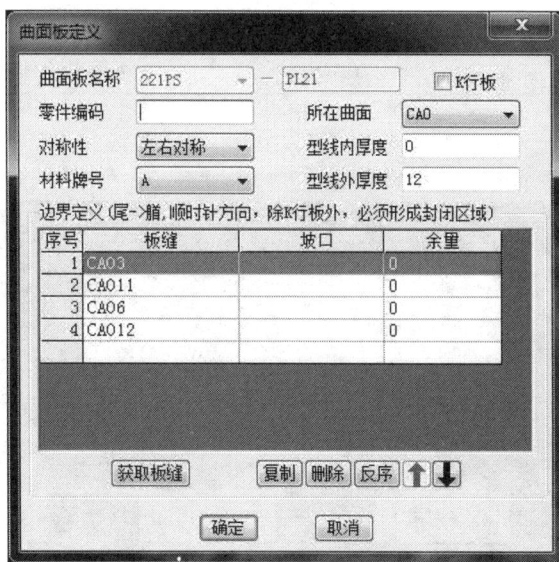

曲面板定义

曲面板名称　221PS　—　PL21　　☐K行板
零件编码
对称性　左右对称　　所在曲面　CA0
材料牌号　A　　型线内厚度　0
　　　　　　　　型线外厚度　12

边界定义 (尾->艏,顺时针方向,除K行板外,必须形成封闭区域)

序号	板缝	坡口	余量
1	CA03		0
2	CA011		0
3	CA06		0
4	CA012		0

获取板缝　复制 删除 反序 ↑ ↓

确定　取消

图 7 – 40　槽形舱壁板零件定义

表7-5　槽形舱壁板缝汇总表

序号	板缝类型	对称性	所在曲面	板缝描述
1	柱缝	仅左	CAO	平面截交线→主平面为 Y = 0
2	柱缝	仅左	CAO	平面截交线→主平面为 Y = 1020
3	柱缝	仅左	CAO	平面截交线→主平面为 Y = 2040
4	柱缝	仅左	CAO	平面截交线→主平面为 Y = 3060
5	柱缝	仅左	CAO	平面截交线→主平面为 Y = 4080
6	柱缝	仅左	CAO	平面截交线→主平面为 Y = 5100
7	柱缝	仅左	CAO	平面截交线→主平面为 Y = 6120
8	柱缝	仅左	CAO	平面截交线→主平面为 Y = 7140
9	柱缝	仅左	CAO	平面截交线→主平面为 Y = 8160
10	柱缝	仅左	CAO	平面截交线→主平面为 Y = 9180
11	柱缝	仅左	CAO	平面截交线→主平面为 Y = 10200
12	柱缝	仅左	CAO	两曲面交线→SHELL
13	柱缝	仅左	CAO	平面截交线→斜板架 1X
14	柱缝	仅左	CAO	平面截交线→斜板架 2X
15	柱缝	仅左	CAO	平面截交线→斜板架 6X
16	柱缝	仅左	CAO	平面截交线→板架 9600Z

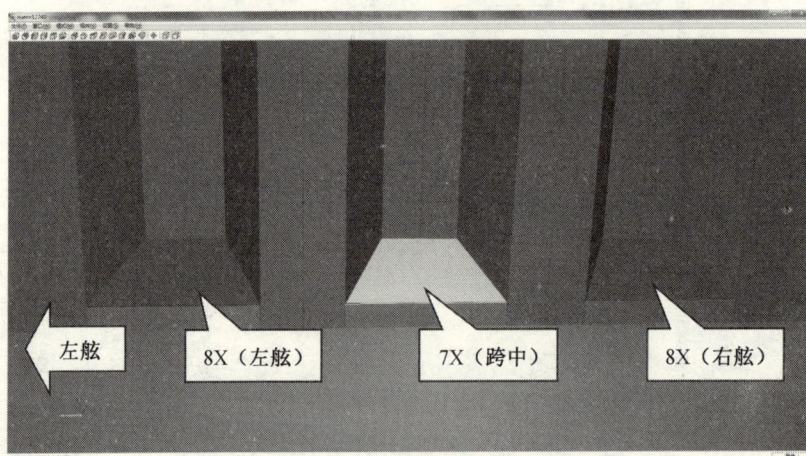

图7-41　泻流板结构

斜板架7X、8X、9X……与斜板架6X之间的空隙需设置角撑板197FD、197FE、197FF……，边界定义用平面截交线→沿直线，这里不一一列出。如图7-44所示。

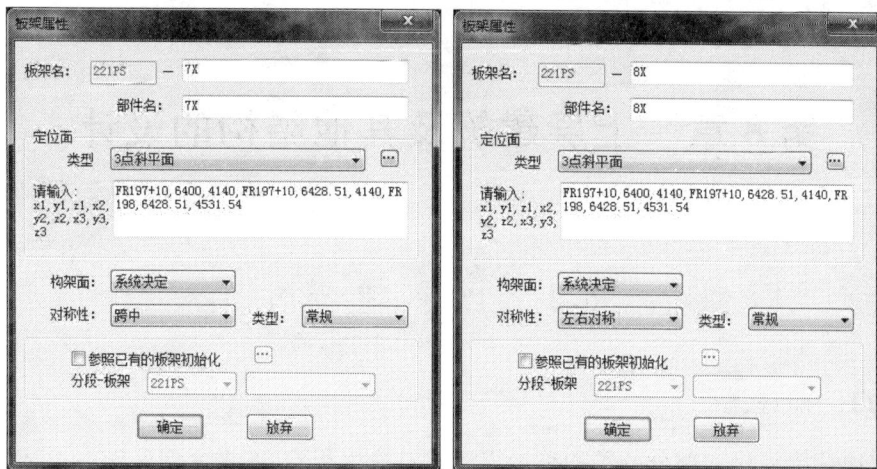

图 7 - 42　泻流板属性定义

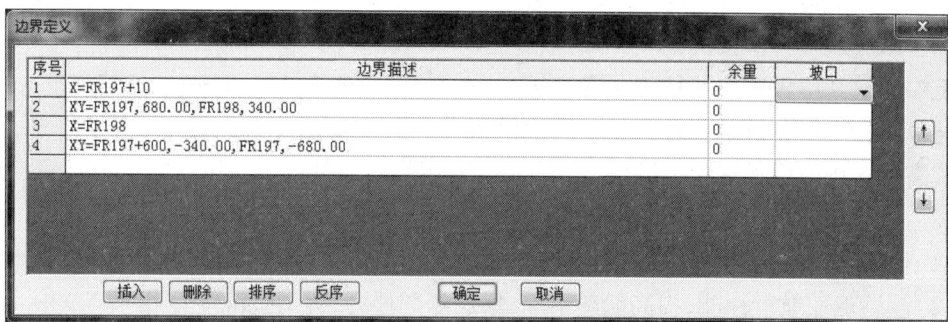

图 7 - 43　泻流板边界定义

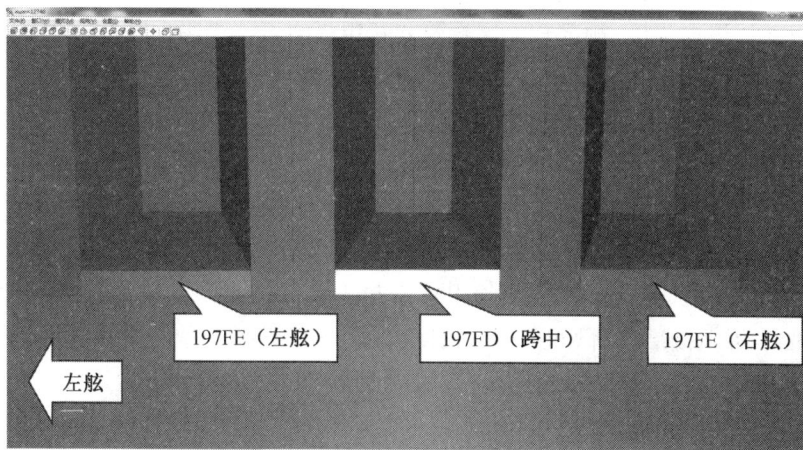

图 7 - 44　角撑板结构

第8章　上层建筑及其他结构的设计

8.1　上层建筑

8.1.1　概述

上层连续甲板以上部分的结构称为上层建筑或甲板室,两者之间区别在于:上层连续甲板上,由一舷伸至另一舷的或其侧壁板离舷侧外板向内不大于4%船宽的围蔽建筑称为上层建筑。除此以外的其他的围蔽建筑称为甲板室。位于艏部的上层建筑称为艏楼,位于舯部的上层建筑称为桥楼,位于艉部的上层建筑称为艉楼。

上层建筑和甲板室按其长度又有长短之分。长度大于 $0.15L$,且不小于其高度6倍的上层建筑为长上层建筑。不符合长上层建筑条件的为短上层建筑。长度大于 $0.15L$,且不小于其高度6倍的甲板室为长甲板室。不符合长甲板室条件的为短甲板室。

1. 上层建筑和甲板室的作用

(1)设置船员或旅客的工作、生活舱室,以及安置各种装置与设备。

(2)改善船舶航行性能,提高船舶干舷,增加船舶浮力,提高抗沉性。

(3)提高驾驶室的高度,驾驶室设于舯、艉部上层建筑上可扩大驾驶人员的视野,提高船舶的航行安全。

(4)保护机舱,通常有机舱棚或由甲板室内的机舱围壁遮蔽机舱开口。

(5)改善船体纵向强度,舯部长上层建筑和长甲板室可承受纵向弯曲应力。

2. 上层建筑和甲板室受力情况

上层建筑和甲板室除了承受其本身及各种装置如桅、救生艇等重力外,还受到下列各种外力的作用:

(1)船舶在波浪中航行时,上层建筑和甲板室承受波浪冲击和飞溅到甲板上的水压载荷。通常在艏楼和上层建筑或甲板室的前端受到的冲击力较大。

(2)船舶在航行时,长上层建筑或长甲板室与主船体一起受到船梁总纵弯曲力矩的作用而发生弯曲。根据该结构所处的位置、长度、形式及其下面支撑的不同,参与船梁弯曲的程度也不同。舯部长上层建筑或长甲板室,可承受很大的纵向弯曲应力。

(3)当船梁产生总纵弯曲时,在长上层建筑或长甲板室结构的间断部分与主船体相连接的接触线上,将产生剪应力,同时使其弯曲应力重新分布,从而在长上层建筑或长甲板室端部引起应力集中。另外,在其门、窗开口的角隅或有胀缩接头处,也会出现应力集中。

(4)船舶摇摆所产生的惯性力,有时还会有热带风暴的冲击载荷。

以上这些载荷中,船体纵向弯曲和应力集中对上层建筑或甲板室的影响最大,应着重考虑。

8.1.2　上层建筑设计原则

上层建筑或甲板室结构设计有两种设计方案:强上层建筑或甲板室——使其结构完全参与船体总纵弯曲;轻型上层建筑或甲板室——采取措施使其尽量少参与或完全不参与船体总纵弯曲。

根据不同形式的上层建筑或甲板室,通常可做如下选择:

(1)长桥楼——按强上层建筑设计;

(2)短桥楼——作为独立结构按局部强度设计,考虑端点应力集中的影响,做必要加强;

(3)长甲板室——按强上层建筑设计,若采用伸缩接头或铝合金材料可设计成轻型上层建筑;

(4)短甲板室——作为独立结构按局部强度设计。

1. 强上层建筑或长甲板室设计

强上层建筑或长甲板室的剖面可计入船体等值梁剖面。从经济性考虑,上层建筑或甲板室甲板应作为最上层的强力甲板。

考虑到强上层建筑或长甲板室的甲板和侧壁是由两端向中部逐渐计入船体等值梁中的,故在距上层建筑或甲板室两端两倍上层建筑或甲板室高度的长度内,可将其厚度减小到为保证局部强度所要求的,或由磨损条件所确定的数值。

从上层建筑或甲板室中部的厚度向其两端较薄厚度的过渡应尽可能和缓。

强上层建筑或甲板室下面的主船体上部构件的尺寸,可以随上层建筑或甲板室计入船舶总弯曲的程度,由两端向中间逐渐减小,其中部构件的尺度应考虑上层建筑或甲板室全部纵向构件计入等值梁剖面而由计算确定。

2. 轻型上层建筑或短甲板室设计

轻型上层建筑或甲板室设计要点在于如何减小上层建筑或甲板室长度,以及增大支撑上层建筑或甲板室的主船体的刚性,以减小轻型上层建筑或甲板室参加船体总纵弯曲的程度。通常可采用下列措施:

(1)采用弹性模数值低的材料,如采用铝合金作上层建筑或甲板室的纵向构件,以减小上层建筑或甲板室内的应力和其两端区域内的应力集中。

(2)使上层建筑或甲板室仅与主船体的两个横向强力构件刚性连接,使上层建筑或甲板室有可能产生与主船体弯曲反向的弯曲。

(3)在上层建筑或甲板室的横剖面引入特殊的接头(在横剖面装上一个可伸缩的连接装置),把上层建筑或甲板室分割成若干长度不超过其 5.5 倍高度的较短的独立小段。若采取这种措施,应将伸缩接头或滑动接头支撑在纵舱壁或一系列支柱上,则接头的位置与数量可以任意选择,但应使接头至甲板的大型开口角隅的距离不小于上层建筑或甲板室的高度。

3. 上层建筑和甲板室的结构布置

(1)上层建筑或甲板室的前、后端壁以及其侧壁的构件原则上都采用垂直布置。但对于位于船中、承受很大船梁总纵弯曲力矩的强上层建筑和轻型上层建筑侧壁,为了保证板有足够的稳定性,宜采用纵骨架式。

如第二层甲板室的侧壁与上层建筑或第一层甲板室的侧壁不相吻合,则上层建筑或第一层甲板室甲板横梁作为第二层甲板室侧壁的支座。上层建筑或第一层甲板室甲板下、第二层甲板室的侧壁平面内应设置纵桁或肘板。

(2)为了使上层建筑或甲板室两端由船体弯曲产生的垂向力传递给主船体,上层建筑或甲板室的前、后端壁必须布置在主船体的横舱壁平面内。若不能这样布置时,则对于侧壁与舷侧或主船体纵舱壁在同一平面内的上层建筑或甲板室,在其前、后端壁处的上甲板下设置能将上层建筑端壁的垂向力传递到主船体构件的附加肘板。对于侧壁板不与舷侧或船体纵舱壁位于同一平面的上层建筑或甲板室,在上层建筑或甲板室的侧壁处的上甲板下应设置甲板纵桁或相应的附加肘板。

(3)上层建筑以上有多层甲板室或多层甲板室设计中,必须有两层以上的外围壁(侧壁与端壁)上下对齐,并至少有一道横向内围壁及两道纵向内围壁上下对齐,以保证整体的必要刚性,改善振动。

(4)上层建筑外围壁或最下层甲板室的外壁板上,特别是前端壁上可能承受很大波浪飞溅力作用。因此前端壁的扶强材应延伸至甲板,与甲板直接焊接,或在扶强材下端设置肘板。同时,应注意在肘板趾端增设加强筋,以消除硬点。

(5)上层建筑或甲板室的舷侧和甲板构架一般与主船体构架的间距一致;有时为配合门、窗开口的布置,可视具体情况安排,并予加强。

(6)尽可能将上、下支柱布置在同一直线上,或使上层支柱位于下层围壁的扶强材上。

(7)部分甲板下构件应考虑布置舾装设备,如救生艇架等,予以加强。

8.1.3 上层建筑结构设计

1.计算压头

露天的上层建筑端壁和甲板室围壁(端壁和侧壁)的计算压头 h 应按下式计算,且应不小于表 8-1 所列的最小值:纵舱壁扶强材水平布置时,应尽量与舷侧水平纵骨间距一致。

$$h = \alpha\delta(\beta\lambda - \gamma) \tag{8-1}$$

式中　α、β、λ 和 δ——系数;

　　γ——自夏季载重线至扶强材跨距中点或至板格中心的垂直距离,m。

表 8-1　计算压头取值表

船长 L/m	计算压头 h_{min}/m	
	最下层无保护前端壁	其他位置
$L \leqslant 50$	3.0	1.5
$50 < L < 250$	$0.01L + 2.5$	$0.005L + 1.25$
$L \geqslant 250$	5.0	2.5

（1）系数 α 的确定

①最下层无保护前端壁：$\alpha = 0.008\ 3L_1 + 2.0$；

②第二层无保护前端壁：$\alpha = 0.008\ 3L_1 + 1.0$；

③第三层及以上无保护前端壁、各层有保护前端壁和各层侧壁：$\alpha = 0.006\ 7L_1 + 0.5$；

④各层位于船中以后的后端壁：$\alpha = 0.001L_1 - 0.8(X/L) + 0.7$；

⑤各层位于船中以前的后端壁：$\alpha = 0.001L_1 - 0.4(X/L) + 0.5$。

以上各式中，L、L_1 为船长，m，L_1 取值不必大于 300 m；X 为艉垂线至所考虑舱壁的距离，m；在确定甲板室侧壁的构件尺寸时，应将甲板室分成长度大致相等而不超过 $0.15L$ 的若干部分，而 X 则应量至每一部分长度的中点。

（2）系数 β 的确定

①当 $X/L \leqslant 0.45$ 时，$\beta = 1.0 + \left(\dfrac{X/L - 0.45}{C_B + 0.2}\right)^2$；

②当 $X/L > 0.45$ 时，$\beta = 1.0 + 1.5\left(\dfrac{X/L - 0.45}{C_B + 0.2}\right)^2$。

以上各式中，L 为船长，m；X 为艉垂线至所考虑舱壁的距离，m；在确定甲板室侧壁的构件尺寸时，应将甲板室分成长度大致相等而不超过 $0.15L$ 的若干部分，而 X 则应量至每一部分长度的中点；C_B 为方形系数，当 $C_B < 0.6$ 时，取 $C_b = 0.6$；当 $C_B > 0.8$ 时，取 $C_B = 0.8$；当上层建筑后端壁位于船中以前，用以确定后端壁 β 值的 C_B 应不小于 0.8。

（3）系数 λ 的确定

（1）当 $L < 150$ m 时，$\lambda = \dfrac{L}{10}e^{-L/300} - \left[1 - \left(\dfrac{L}{150}\right)^2\right]$；

（2）当 $150\ \text{m} \leqslant L < 300$ m 时，$\lambda = \dfrac{L}{10}e^{-L/300}$；

（3）当 $L > 300$ m 时，$\lambda = 11.03$。

以上各式中，L 为船长，m。

（4）系数 δ 的确定

$$\delta = 0.7\frac{b}{B_1} + 0.3,\ 且不小于\ 0.475。$$

上式中，b 为所考虑位置的甲板室宽，m；B_1 为船舶的露天甲板在所考虑位置处的最大实际宽度，m。

对于上层建筑、机舱棚的露天部分和保护泵舱开口的甲板室应取 $\delta = 1$。

2.尺寸计算

对于钢结构船来说，船舶上层建筑结构是由板材和型材组合的板架结构，可分为纵骨架式结构和横骨架式结构以及混合骨架式结构，其结构尺寸需满足表 8-2 的规范最低要求。

表 8 - 2　上层建筑结构尺寸规范计算表

名称	尺寸要求		
上层建筑端壁和甲板室围壁	厚度 t/mm	$t = 3s\sqrt{hK}$	
		对最下层：$t = (0.01L + 5.0)\sqrt{K}$	对其他各层：$t = (0.01L + 4.0)\sqrt{K}$ 且不小于 5 mm
	扶强材剖面模数 W/cm^3	$W = 3.5shl^2K$	
上层建筑的侧壁	厚度 t/mm	艏楼：$t = (0.028L + 5.5)\sqrt{\dfrac{sK}{S_b}}$	桥楼和艉楼：$t = (0.025L + 5)\sqrt{\dfrac{sK}{S_b}}$
	上层建筑舷侧骨架 W/cm^3	横骨架式：参照主船体舷侧结构相关要求 纵骨架式且位于艉垂线向船首 0.3L 区域内：$W = 6.5sl^2(0.6 + 0.167D_1)K$ 纵骨架式且位于艉垂线向船首 0.3L 区域外：$W = 7.5sl^2(0.6 + 0.167D_2)K$	
上层建筑的甲板	厚度 t/mm	艏楼甲板板：$t = (0.02L + 6)\sqrt{\dfrac{sK}{S_b}}$ 除艏楼外的上层建筑和甲板室的甲板板：$t = (0.02L + C)\sqrt{\dfrac{sK}{S_b}} - t_c$，且不小于 5	
	甲板室甲板纵骨或横梁剖面模数 W/cm^3	$W = 5shl^2K$	

注：s——扶强材间距，m；

　　S_b——标准间距，m；

　　D_1、D_2——$d + H_b$，H_b 为根据《1966 年国际载重线公约》附则 I 第 39 条定义的最小船首高度，m；

　　l——扶强材跨距，m；

　　h——计算压头，m；

　　L——船长，m；

　　K——材料系数，见表 1 - 4。

8.2　基　座　结　构

主机基座用于安装固定船上主机,保证主机在船舶横摇或纵摇时得以稳定;同时将主机的重力及运转时产生的力传递给船体结构。

主机基座承受以下的作用力:

(1)机器重力,均匀地垂直作用于主机基座上;

(2)气缸中气体燃烧压力所形成的机器运动的倾斜力矩;

(3)船舶横摇时,机器的惯性力和倾覆力;

(4)机器运转的不均匀性而产生的惯性力;

(5)此外,如基座纵桁兼作船底纵向连续桁材时,尚承受船体总纵弯曲应力和船底板架的局部弯曲应力。

主机基座的结构应具有足够的强度和刚度。主机基座通常是由两道纵桁及设在每个肋位处的横隔板及横肘板组成。横隔板设在纵桁之间,并应尽量升高。横肘板设在纵桁外侧,宽度一般不小于其高度。横肘板应与纵桁面板焊接。

主机基座纵桁应与底部旁桁材设在同一平面内;如无法办到,则应在机座纵桁下设置与旁桁材同厚的局部桁材。在个别情况下,局部桁材可为仅与内底及肋板焊接的半高旁桁材。

主机基座构件尺寸主要包括:纵桁的水平面板厚度、纵桁的腹板厚度,以及横隔板、横肘板的厚度,这些尺寸与主机功率、肋骨间距以及纵桁材的高度有关,具体可参考《钢规》,这里不再详述。

8.3　舭　龙　骨　结　构

设置舭龙骨可以减少船舶的横摇角,增加附连水质量惯性矩,船舶横摇周期也稍有增大,但却增加船体阻力。故在设计舭龙骨时,应注意使其位置尽可能顺着流线方向布置(通常由船模试验获得)。

舭龙骨一般设于船体中部,不考虑参与船体总纵弯曲,仅承受船舶摇摆时的水压力。水压力用每平方米舭龙骨面积的载荷进行表述,这里不再详述。

8.4　舷　墙　及　栏　杆

所有露天甲板四周应装设栏杆或舷墙。舷墙或栏杆的高度应至少离甲板 1 m,当此高度妨碍船舶正常工作时,可准许采用较小的高度。

舷墙可以防浪,并能确保船舶摇摆时船员和乘客的安全。有参与和不参与船体总纵弯曲的两种结构,前者设计时尚应考虑该处的总纵强度,后者只考虑承受波浪的冲击载荷。

对船长小于 65 m 的船舶,干舷甲板上的舷墙板厚度应不小于 5 mm;对船长等于或大于 65 m 的船舶,干舷甲板上的舷墙板厚度应不小于 6 mm。对其他甲板上的舷墙可予以适当减薄。舷墙的上缘应设有扁钢或型钢。

应在甲板的横梁或梁肘板位置设置舷墙的支撑肘板。支撑肘板应有折边或面板。当肋距不大于 620 mm 时,肘板的间距应不大于 3 档肋距;当肋距大于 620 mm 或需在甲板上载运木材时,肘板的间距应不大于 2 档肋距。当艏楼甲板上的舷墙外倾较大时,应在甲板的每档横梁位置设支撑肘板。

装设在上层建筑和干舷甲板上的栏杆应至少为 3 档。栏杆的最低一档以下的开口应不超过 230 mm,其他各档的间隙应不超过 380 mm。如船舶设有圆弧形舷缘,则栏杆支座应置于甲板的平坦部位。其他位置上应装设至少有 2 档的栏杆。

8.5　上层建筑及其他结构建模实例

主机基座结构由两道基座纵桁及设在每个肋位处的横隔板及横肘板组成,如图 8 - 1 所示。

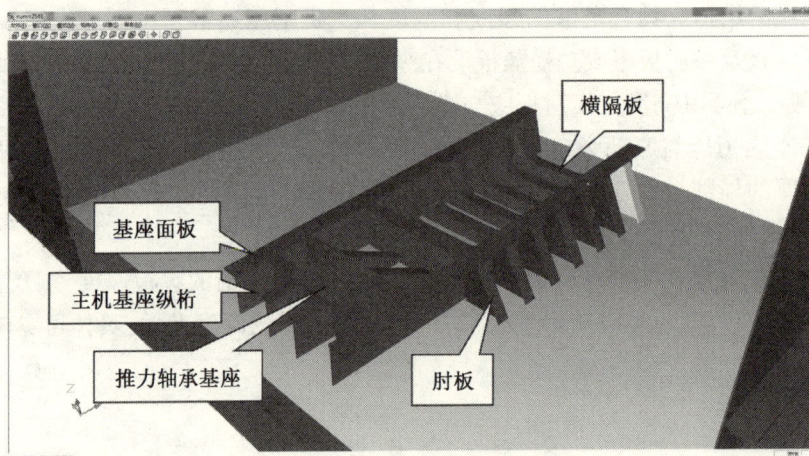

图 8 - 1　主机基座结构

1. 主机基座纵桁及面板

(1)板架属性

板架名:1000YA。定位面:Y = 1000,左右对称。

(2)边界定义

Lim1:板架剖面线"221PS - 1600Z"。Lim2:直线"XZ = FR200,2500,FR200 + 300,1610"。Lim3:直线"XZ = FR189,2200,FR200,2500"。Lim4:直线"X = FR189"。如图 8 - 2 所示。

(3)板缝和板零件定义

厚度为 20 mm,材质为 A 级钢。

(4)面板定义

件号为 1000YA21,型材规格为 300 * 30FB,材质为 A 级钢,正面尺寸为 20,定位描述为 LIM = 3,REV。起始端:连接方式为 5,端部形式为 1100。终止端:连接方式为 5,端部形式为 1100。如图 8 - 3 所示。

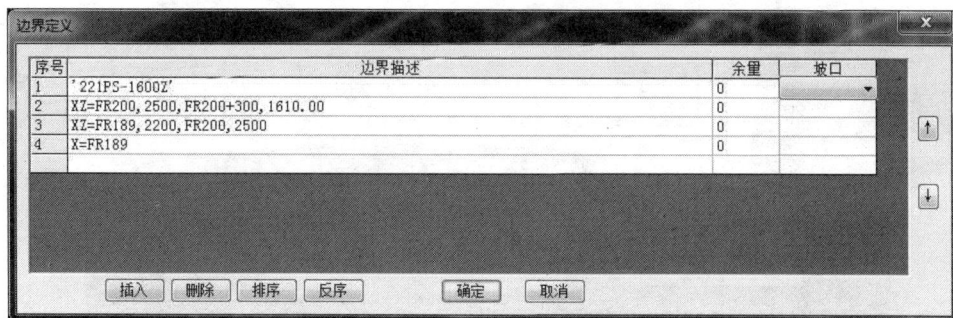

图 8 – 2　主机基座纵桁边界定义

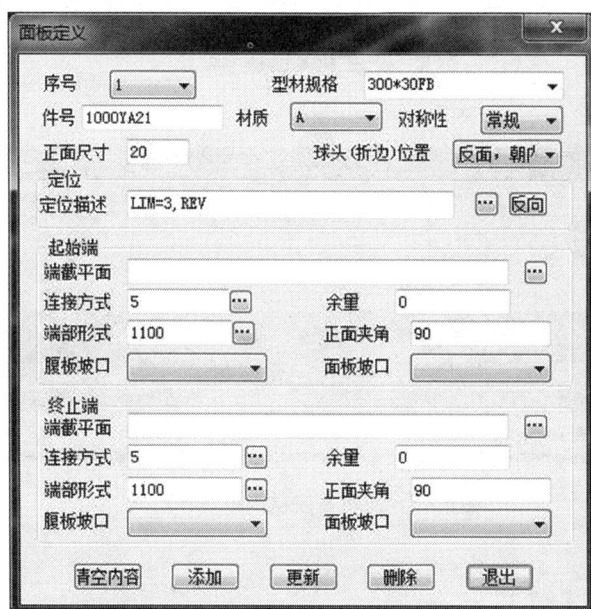

图 8 – 3　主机基座纵桁面板定义

2. 横隔板

横隔板起到从内侧支撑主机基座的作用,其结构如图 8 – 4 所示。

(1)板架属性

板架名:193FA,定位面:X = FR193,跨中。

(2)边界定义

Lim1:自由边"FREE,Z1 = 2309.08,Z2 = 2309.08,M1 = 20,M2 = 20,LINE(LIM = 3, M1 = 300),R1 = 500,T1 = 60,R2 = 500,T2 = 60"。Lim2:板架剖面线"221PS – 1000YA, REF"。Lim3:板架剖面线"221PS – 1600Z"。Lim4:板架剖面线"221PS – 1000YA"。如图 8 – 5 所示。

(3)板缝和板零件定义

厚度为 15 mm,材质为 A 级钢。

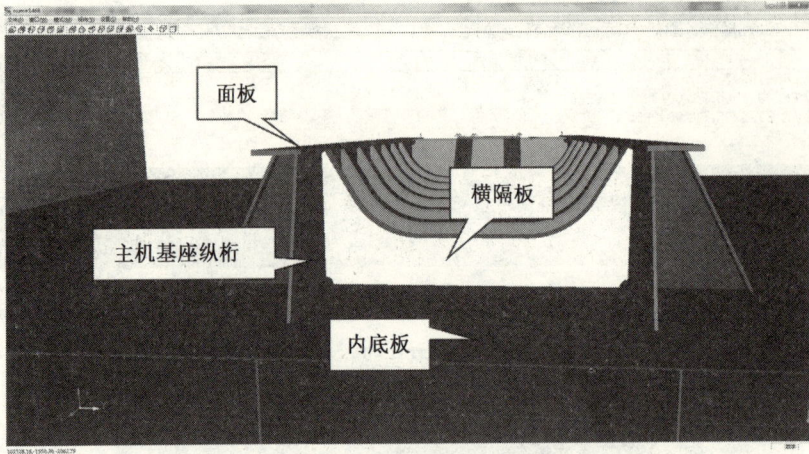

图 8 - 4　主机基座横隔板结构

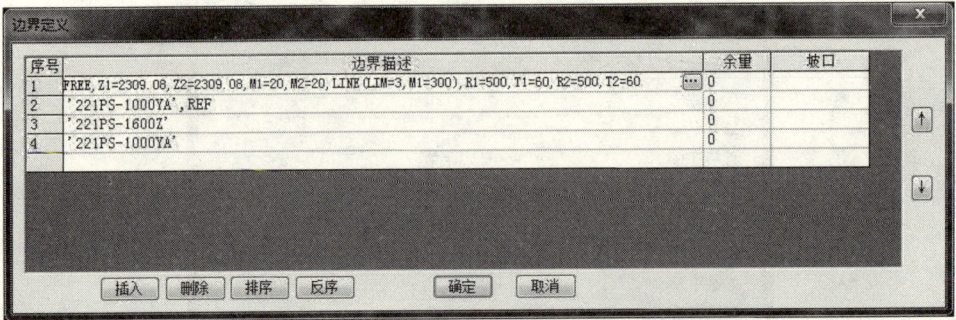

图 8 - 5　主机基座横隔板边界定义

(4)边界孔定义

边界孔类型:R50 的扇形孔。定位坐标:角点定位 CORNER = 3,4。边界孔类型:KS10 的水密角孔。定位坐标:角点定位 CORNER = 1,2。如图 8 - 6 所示。

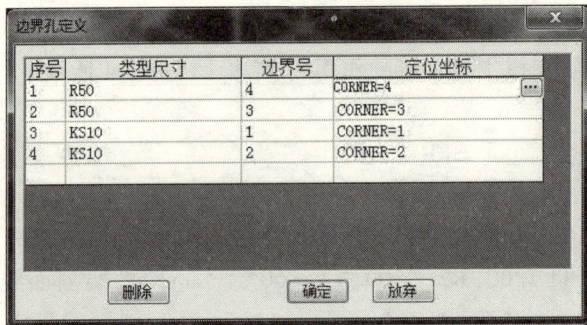

图 8 - 6　主机基座横隔板边界孔定义

（5）面板定义

件号为 193FA21,型材规格为 200 * 20FB,材质为 A 级钢,正面尺寸为 -1,定位描述为 LIM = 1。起始端:端截平面为 Y = -960,连接方式为 5,端部形式为 1100。终止端:端截平面为 Y = 960,连接方式为 5,端部形式为 1100。如图 8 - 7 所示。

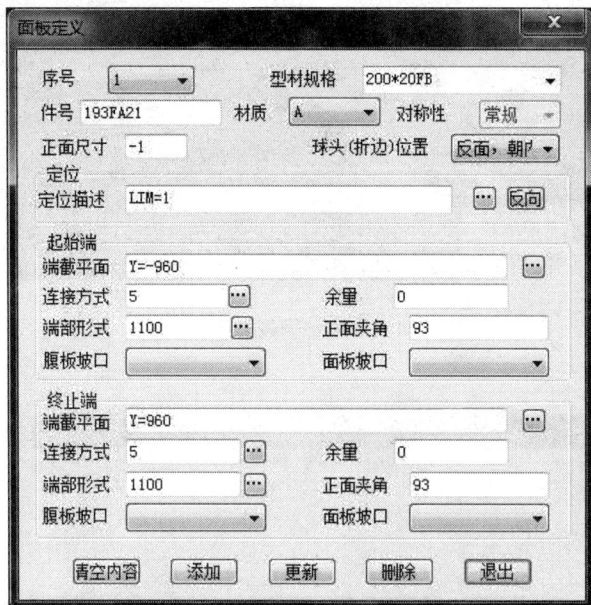

图 8 - 7　主机基座横隔板面板定义

参考板架 193FA 创建 194FA、195FA……199FA,注意自由边 Z1 和 Z2 的值应与所在位置基座纵桁腹板高度一致。

3. 推力轴承基座纵桁

螺旋桨把产生的推力由推力轴承传递给轴承基座从而传递给船体,推力轴承基座由基座纵桁、基座肋板和垫板组成。基座纵桁结构如图 8 - 8 所示。

（1）板架属性

板架名:300Y。定位面:Y = 300,左右对称。

（2）边界定义

Lim1:直线"Z = 1610"。Lim2:直线"X = FR193"。Lim3:直线"XZ = FR191 + 107.35,2260.17,FR193,1721.98"。Lim4:直线"XZ = FR189,2199.99,FR191 + 107.35,2260.17"。Lim5:直线"X = FR189"。见图 8 - 9。

（3）板缝和板零件定义

厚度为 15 mm,厚度方向向中,材质为 A 级钢。

（4）边界孔定义

边界孔类型:R50 的扇形孔;定位坐标:角点定位 CORNER = 2。

图 8-8 推力轴承基座纵桁结构

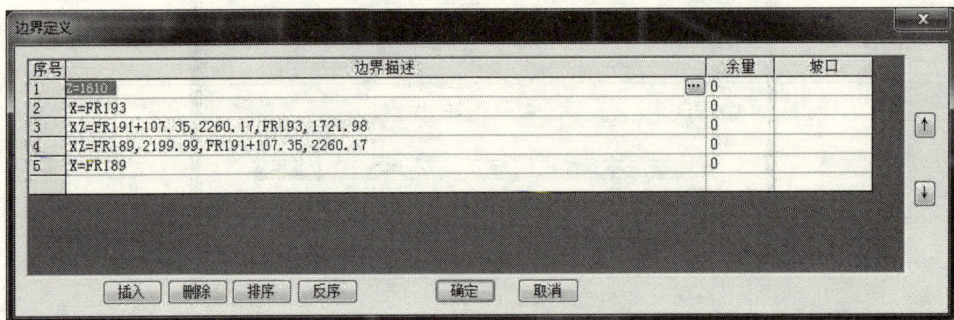

图 8-9 推力轴承基座纵桁边界定义

(5)面板定义

件号为300Y21,型材规格为200 * 20FB,材质为 A 级钢,正面尺寸为 -1,定位描述为 LIM = 4,REV。起始端:连接方式为 5,端部形式为 1100。终止端:连接方式为 5,端部形式为 1100。如图 8-10 所示。

保持推力轴承基座纵桁连续,基座纵桁把肋板分成中间肋板(见图 8-11)和两侧肋板(见图 8-14)。

4. 推力轴承基座中间肋板

(1)板架属性

板架名:190FA。定位面:X = FR189,跨中。

(2)边界定义

Lim1:直线"Z = 2227.26"。Lim2:板架剖面线"221PS - 300Y,REF"。Lim3:板架剖面线"221PS - 1600Z"。Lim4:板架剖面线"221PS - 300Y",见图 8-12。

(3)板缝和板零件定义

厚度为 15 mm,厚度方向向艉,材质为 A 级钢。

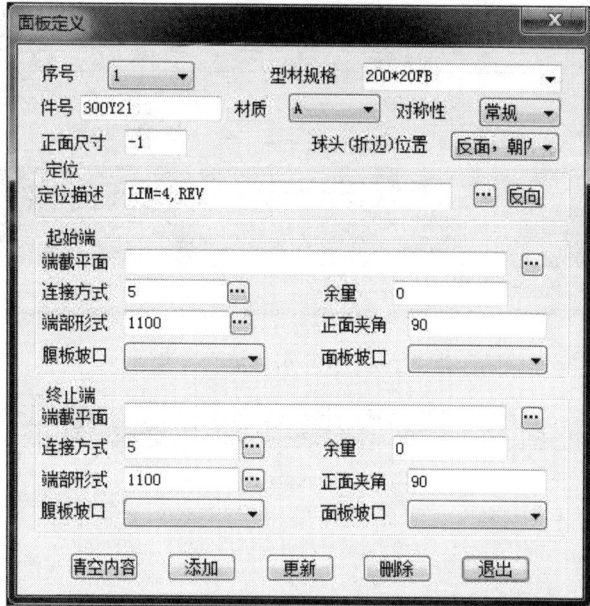

图 8 - 10　推力轴承基座面板定义

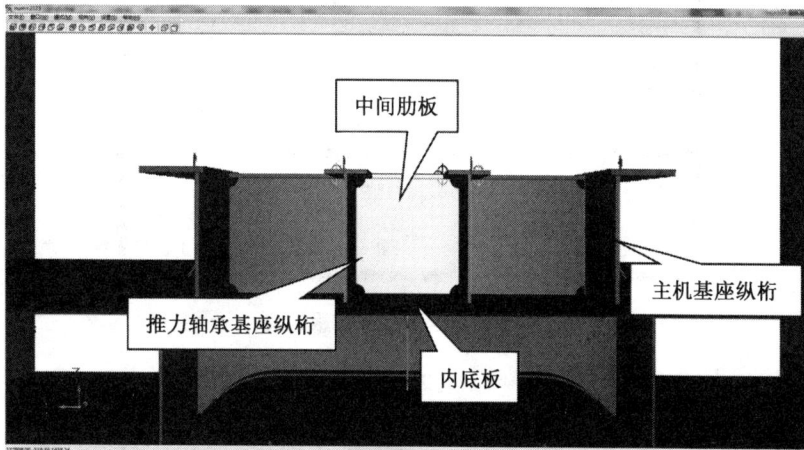

图 8 - 11　推力轴承基座中间肋板结构

（4）边界孔定义

边界孔类型：R50 的扇形孔。定位坐标：角点定位 CORNER = 1,2,3,4。

（5）面板定义

件号为 190FA21，型材规格为 200 * 20FB，材质为 A 级钢，正面尺寸为 - 1，定位描述为 LIM = 1。起始端：端截平面：Y = - 192.5，连接方式为 5，端部形式为 1100。终止端：端截平面：Y = 192.5，连接方式为 5，端部形式为 1100。如图 8 - 13 所示。

5. 推力轴承基座两侧肋板

（1）板架属性

板架名：190FB。定位面：X = FR189，左右对称。

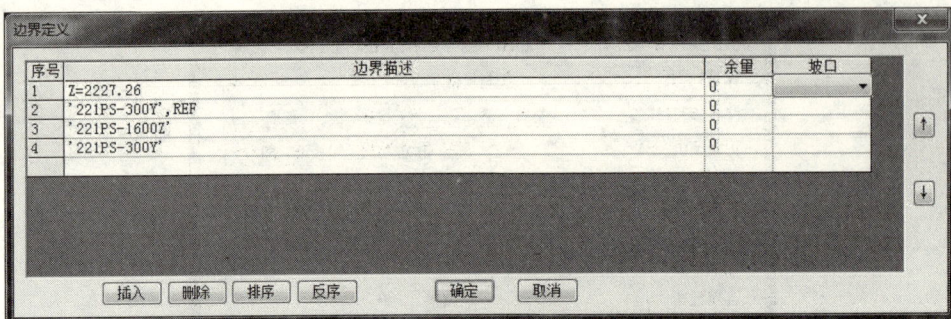

图 8-12　中间肋板边界定义

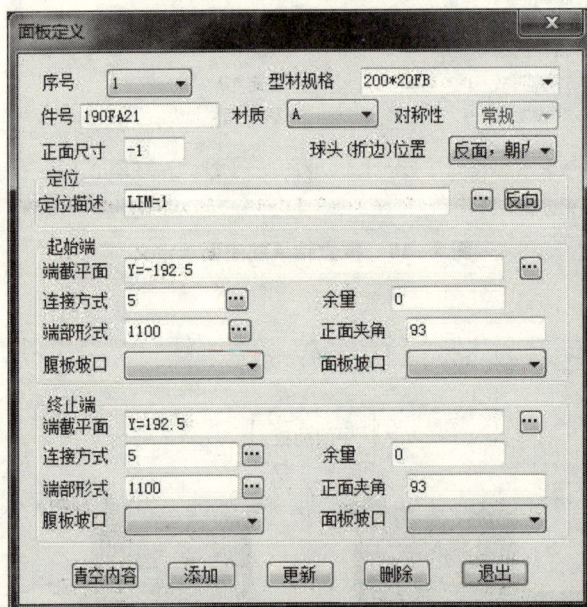

图 8-13　中间肋板面板定义

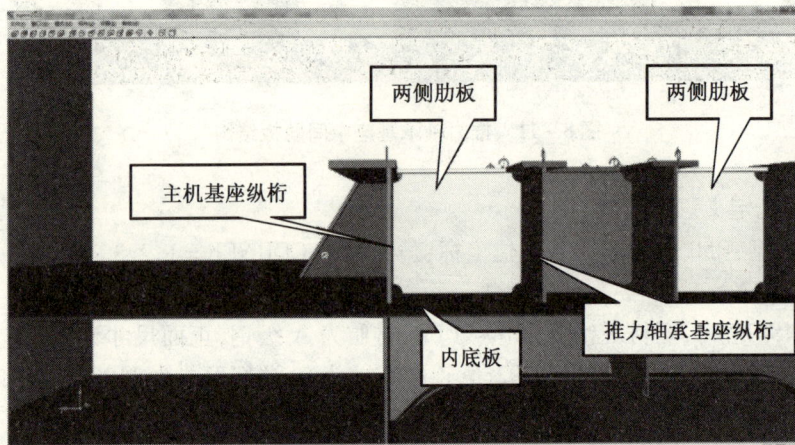

图 8-14　推力轴承基座两侧肋板结构

（2）边界定义

Lim1：直线"Z = 2227.26"。Lim2：板架剖面线"221PS – 300Y"。Lim3：板架剖面线"221PS – 1600Z"。Lim4：板架剖面线"221PS – 1000YA"。见图 8 – 15。

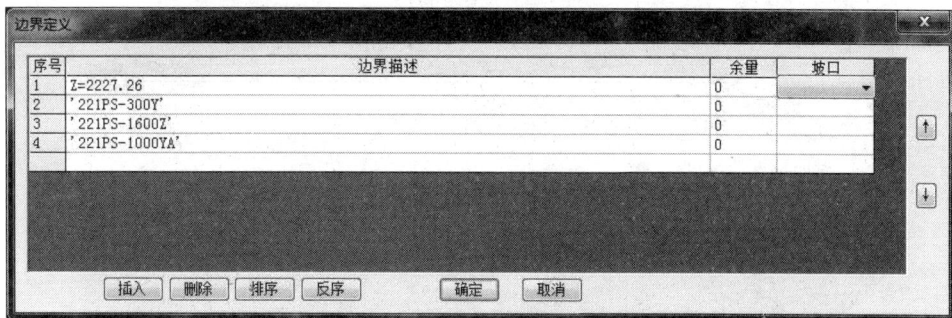

图 8 – 15　两侧肋板边界定义

（3）板缝和板零件定义

厚度为 15 mm，厚度方向向艏，材质为 A 级钢。

（4）边界孔定义

边界孔类型：R50 的扇形孔。定位坐标：角点定位 CORNER = 1,2,3,4。

（5）面板定义

件号为 190FB21，型材规格为 200 * 20FB，材质为 A 级钢，正面尺寸为 –1，定位描述为 LIM = 1。起始端：端截平面为 Y = 392.5，连接方式为 5，端部形式为 1100。终止端：端截平面为 Y = 960，连接方式为 5，端部形式为 1100。如图 8 – 16 所示。

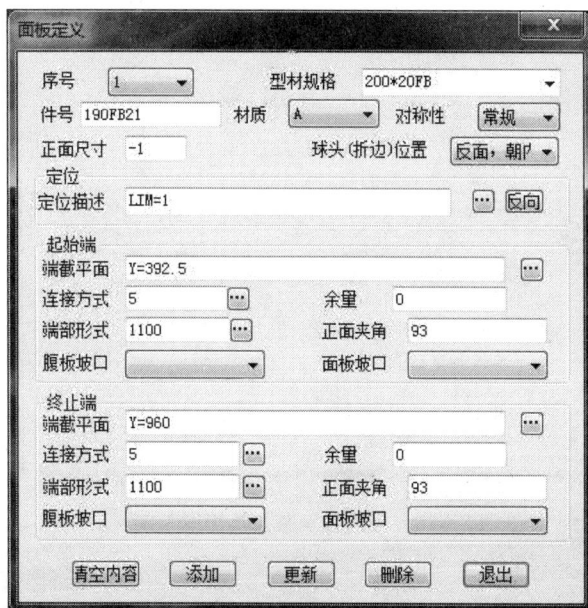

图 8 – 16　两侧肋板面板定义

6. 推力轴承基座垫板

推力轴承与轴承基座之间通过推力轴承基座垫板连接,如图 8 - 17 所示。

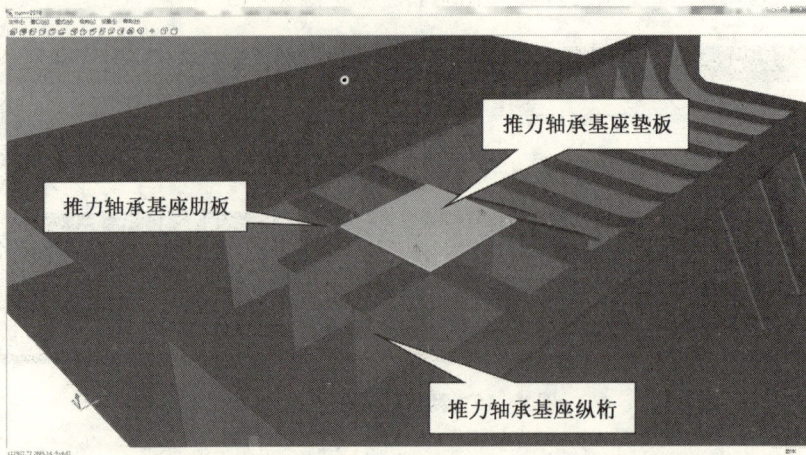

图 8 - 17 推力轴承基座垫板

(1)板架属性

板架名:1X。定位面:三点斜平面,左右对称,如图 8 - 18 所示。

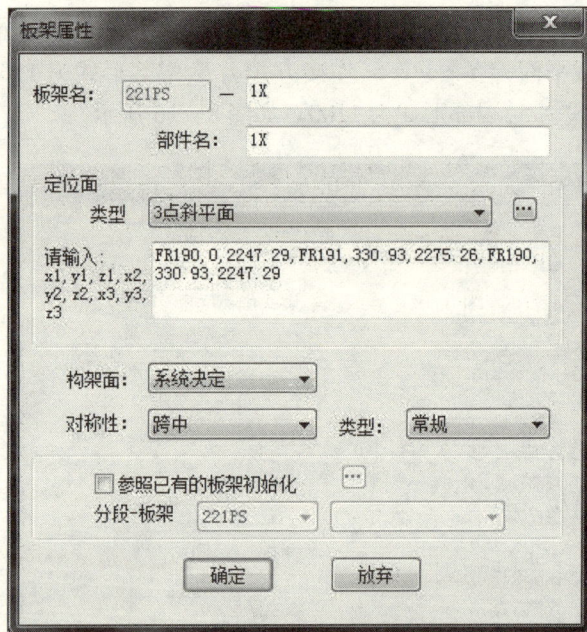

图 8 - 18 推力轴承基座垫板属性定义

（2）边界定义

Lim1：直线"Y = -392.5"。Lim2：直线"X = FR191 + 107.35"。Lim3：直线"Y = 392.5"。Lim4：直线"X = FR189 + 506.58"。见图 8 - 19。

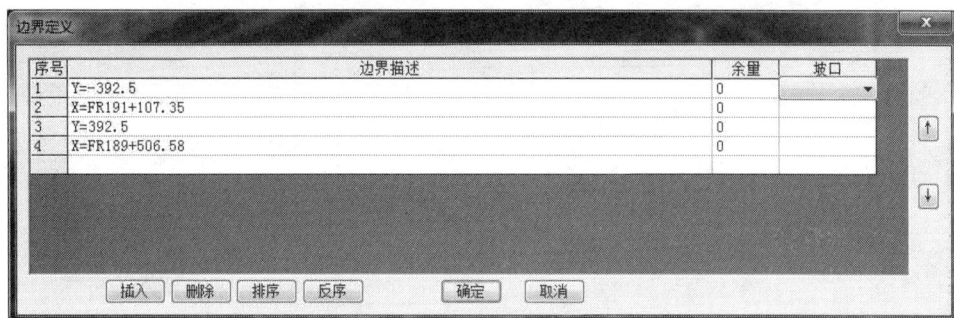

序号	边界描述	余量	坡口
1	Y=-392.5	0	
2	X=FR191+107.35	0	
3	Y=392.5	0	
4	X=FR189+506.58	0	

图 8 - 19　推力轴承基座垫板边界定义

（3）板缝和板零件定义

厚度为 15 mm，厚度方向向上，材质为 A 级钢。

7. 主机基座肘板

在主机基座纵桁的外侧，从 FR193 到 FR199 位置创建肘板，如图 8 - 20 所示。

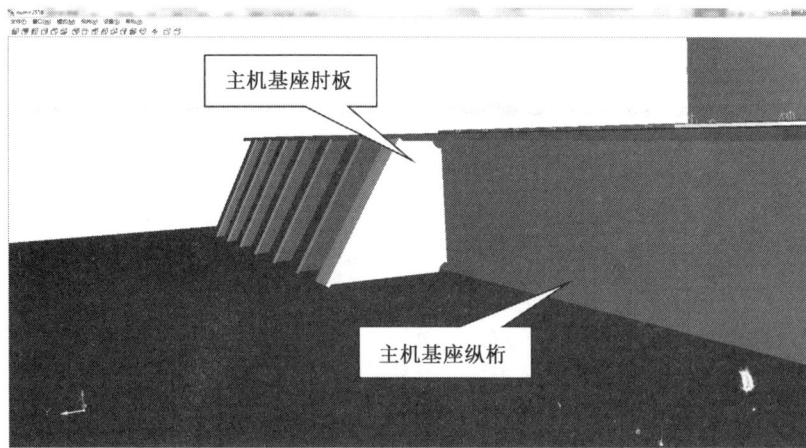

图 8 - 20　主机基座肘板

肘板类型为 PPF，板厚为 10 mm，牌号为 A 级钢。

A 边界：平面板架："221PS - 1600Z"，参考边界，L = 700。

B 边界：面板："221PS - 1000YA，FLA1"，参考边界，L = 260。

面板规格为 200 * 20FB，切角 = 切角 C = R50，如图 8 - 21 所示。

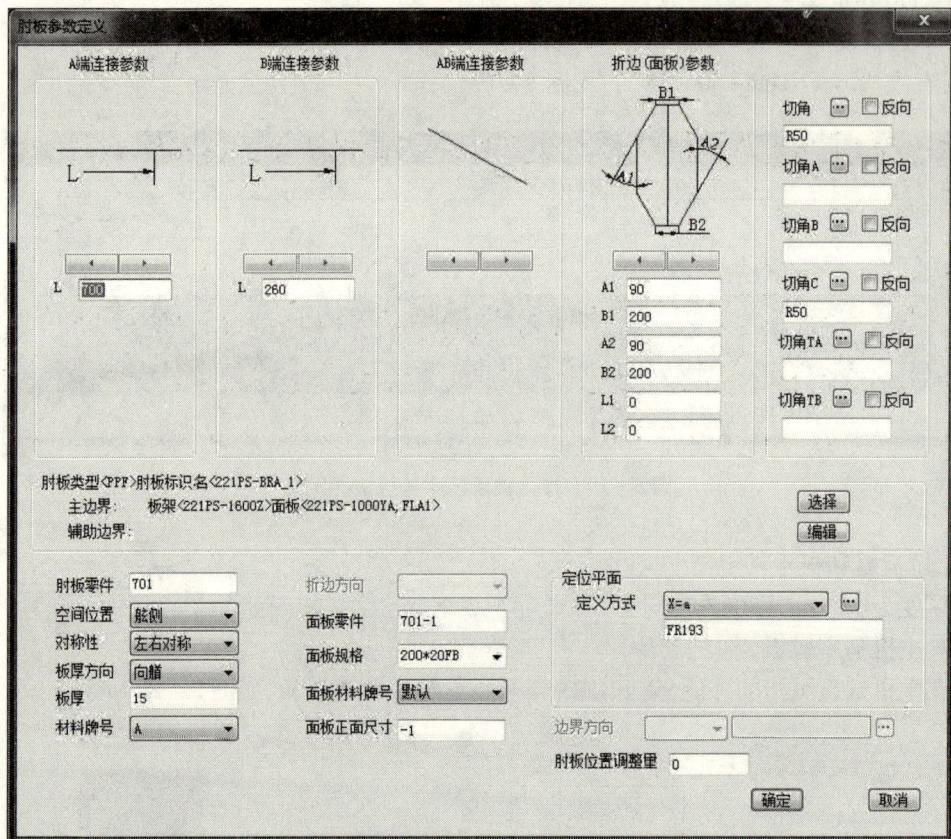

图 8 - 21　主机基座肘板定义

参 考 文 献

［1］中国船级社. 钢质海船入级规范［M］. 北京:人民交通出版社,2015.

［2］刘寅东,谢新连. 船舶设计原理［M］. 北京:国防工业出版社,2010.

［3］王杰德,杨永谦. 船体强度与结构设计［M］. 北京:国防工业出版社,1995.

［4］蔡厚平,杨海燕. 船舶设计基础［M］. 哈尔滨:哈尔滨工程大学出版社,2012.

［5］袁轶,郑斌华,陶自强. SHD 船体设计系统操作使用说明书［Z］. 沪东中华造船(集团)
    有限公司信息技术研究所,2006.

［6］龚昌奇,刘益清,谢玲玲. 船体结构与制图［M］. 北京:国防工业出版社,2010.

［7］彭公武. 船体结构与制图［M］. 哈尔滨:哈尔滨工程大学出版社,2007.

［8］中国船舶工业总公司. 船舶设计实用手册:结构分册［M］. 北京:国防工业出版社,2000.